この本《ほん》を読《よ》むあなたへ

同《おな》じ読《よ》み方《かた》をする言葉《ことば》でも、意味《いみ》が違《ちが》うと別《べつ》の漢字《かんじ》を使《つか》うものがあります。「同訓異字《どうくんいじ》」「同音異義語《どうおんいぎご》」とよばれるそれらの言葉《ことば》は、意味《いみ》や状況《じょうきょう》に応《おう》じて使《つか》い分《わ》ける必要《ひつよう》があります。

この本《ほん》では、「同訓異字《どうくんいじ》」「同音異義語《どうおんいぎご》」に加《くわ》え、似《に》た意味《いみ》をもつ「類義語《るいぎご》」や、反対《はんたい》の意味《いみ》をもつ「対義語《たいぎご》」を合《あ》わせて700以上《いじょう》紹介《しょうかい》しています。特《とく》に日常生活《にちじょうせいかつ》でよく見聞《みき》きする言葉《ことば》は、マンガで紹介《しょうかい》していますので、意味《いみ》や使《つか》い方《かた》をしっかりと学《まな》ぶことができます。

また、マンガは章《しょう》ごとにお話仕立《はなしじた》てになっており、どんどん読《よ》み進《すす》めることができます。楽《たの》しく読《よ》むうちに、自然《しぜん》と漢字《かんじ》の使《つか》い分《わ》けが身《み》についていくでしょう。

この本《ほん》で、漢字《かんじ》の使《つか》い分《わ》けについて学《まな》んだら、ぜひ毎日《まいにち》の生活《せいかつ》の中《なか》で使《つか》ってみてください。

意見《いけん》が分《わ》かれたな
ジャンケンで決《き》めたらどうだ

関羽《かんう》らしさっていうか

メガカツ丼《どん》⁉
意外《いがい》と大食《おおぐ》いなんだねー‼

もくじ

さくいん

太字《ふとじ》はこの本《ほん》の中《なか》で大《おお》きく取《と》り上《あ》げている言葉《ことば》だよ。

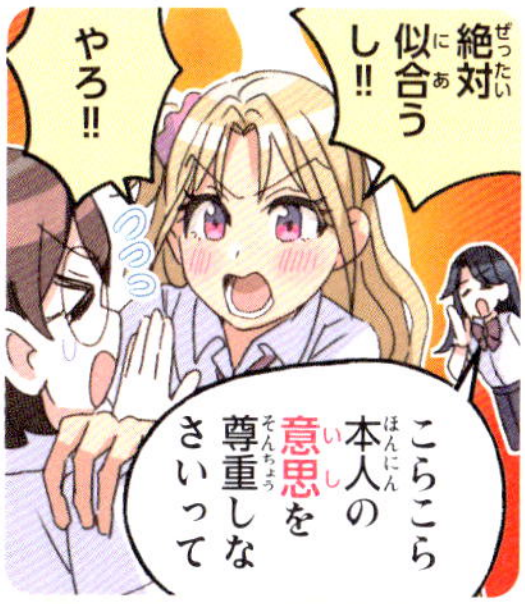

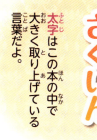

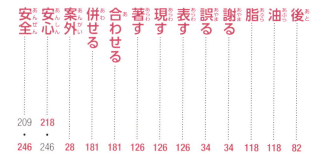

写《うつ》ってる写真《しゃしん》とかないっスか!?
ひょこっ!

そっかー ぼくも練習《れんしゅう》しなくちゃな〜
何《なに》を?
ソーラン節《ぶし》
踊《おど》ってみるからお姉《ねえ》ちゃん見《み》ててよ

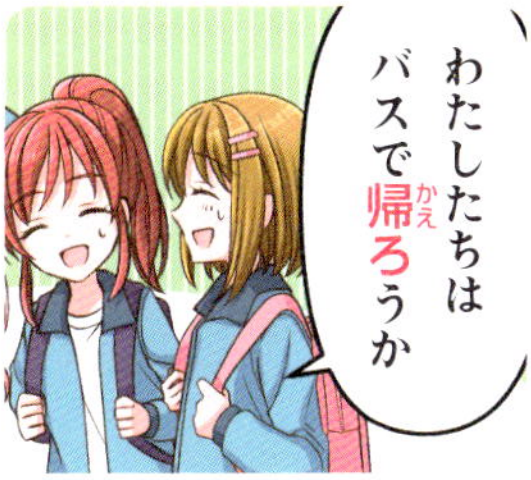

わたしたちは
バスで帰《かえ》ろうか

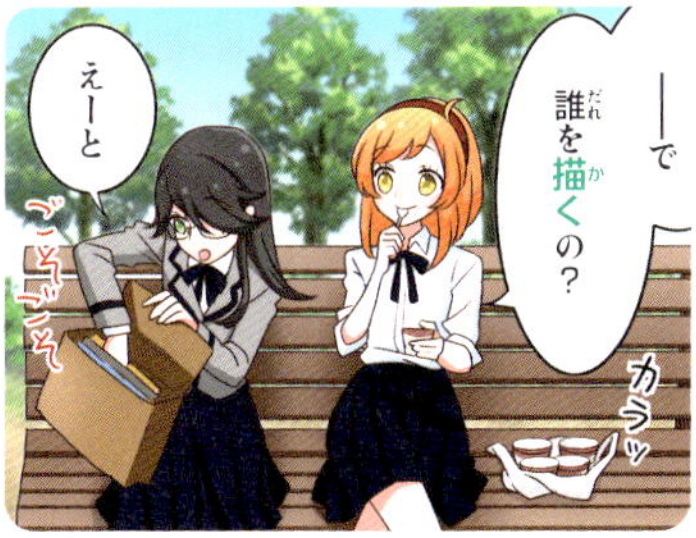

――で
誰《だれ》を描《か》くの?
カラッ
えーと
ごそごそ

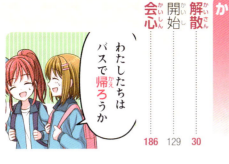

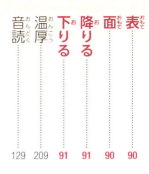

すごい
歓声《かんせい》だな
キャー
キャー
キャー
ワー
ワー

き

いい機会《きかい》だから
ボクのことを知《し》ってもらいたくてね

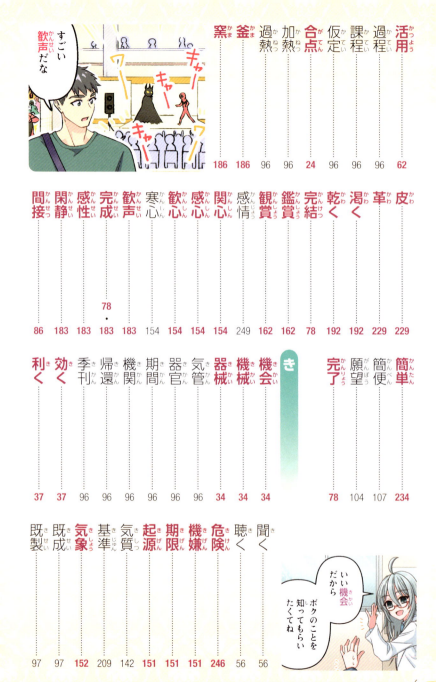

下校《げこう》途中《とちゅう》に寄《よ》り道《みち》
コーヒーショップへ
Cafe

そしたらバイトばっかりでひとりの時間《じかん》はないっていうね
理想《りそう》と現実《げんじつ》のギャップがね
ははは…

プラスチックの原料《げんりょう》って何《なん》だっけ？
石油《せきゆ》？
そうだよ
サンキュー

肩《かた》から提《さ》げられるのがいいな
いいね～
ふだんのお買《か》い物《もの》にも使《つか》えそうね

びっくりして眠気《ねむけ》が覚《さ》めたよ～

朝《あさ》7時《じ》集合《しゅうごう》って
5時《じ》起《お》きだからつらい…
ふわあ～…
ガタン
ゴトン

ぎゅっ
できた いざ出発《しゅっぱつ》!!

やってみる?
もちろん!
正々堂々《せいせいどうどう》と勝負《しょうぶ》よ!!

このまま
川《かわ》に沿《そ》って
行《い》けば 町《まち》に
着《つ》くんだ
行《い》こう！

エマは叔父《おじ》のサムがやっている雑貨屋《ざっかや》を訪《たず》ねることにした
えーと

カチューシャかわいい
えへへ作《つく》った〜

その前《まえ》に
アイスが溶《と》けてますよ

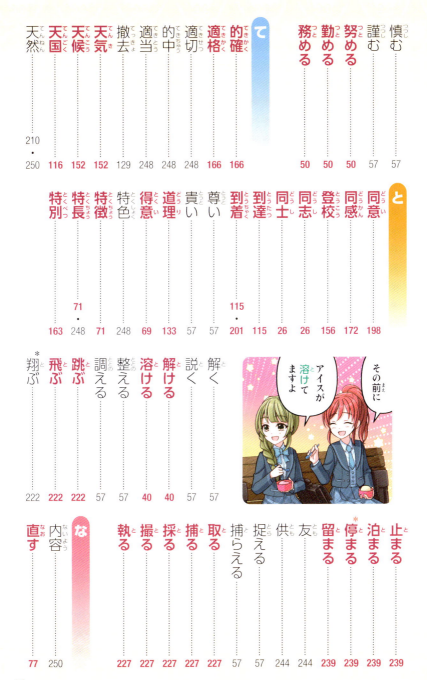

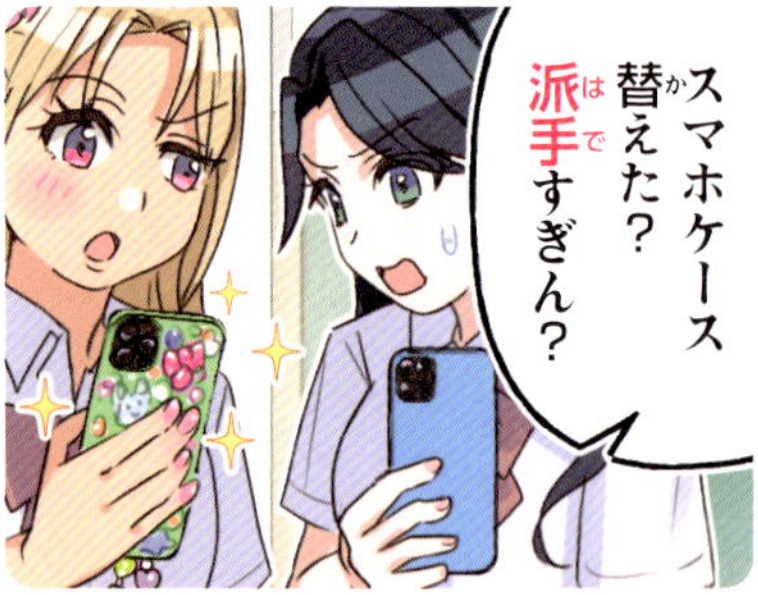

スマホケース替《か》えた？派手《はで》すぎん？

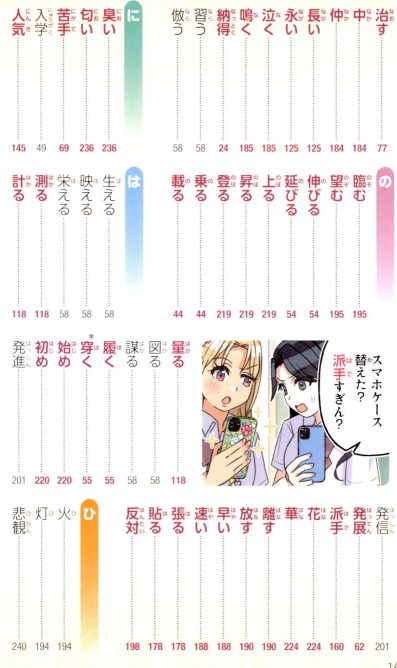

気《き》をつけてね～
ありがとうございます
ペコペコ
必死《ひっし》で探《さが》していたんだぞ!!
ぎゅっ
お父《とう》さーん!!
よかった ぶじで…
お父《とう》さんに会《あ》えたみふゆだった

ふ

へ

でも1つだけ不満《ふまん》があって――

こっちが北《きた》だから…キャンプ場《じょう》はあっちの方角《ほうがく》だな
ブオン
北

周《まわ》りを見《み》るとカップルばかり
恋愛映画《れんあいえいが》なんて仕方《しかた》ないっスね
イチャ
そうだね

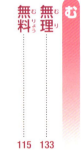

バイトは？
辞《や》めた
大学受験《だいがくじゅけん》だから勉強《べんきょう》してるのよ

今《いま》の説明《せつめい》…理解《りかい》できた？
イマイチ…
こそっ
ほうじゅてんって なに？

この本《ほん》の楽《たの》しみ方《かた》

言葉《ことば》の使《つか》い方《かた》をマンガでわかりやすく説明《せつめい》しているよ。お話《はなし》になっているので、ページ順《じゅん》に読《よ》むと楽《たの》しいよ！

使《つか》える度《ど》

日常生活《にちじょうせいかつ》での使《つか》いやすさです。

◆◆◆ よく使《つか》える
◆◆◇ 使《つか》える
◆◇◇ ときどき使《つか》える

カテゴリー

取《と》り上《あ》げた言葉《ことば》を「同訓異字《どうくんいじ》」「同音異義語《どうおんいぎご》」「類義語《るいぎご》」「対義語《たいぎご》」に分《わ》けています。

読《よ》み方《かた》

同訓異字《どうくんいじ》・同音異《どうおんい》義語《ぎご》にのみ、共通《きょうつう》の読《よ》み方《かた》をつけています。

同訓異字
おくれる
遅れる
後れる
風邪が長引いて1週間も休んでしまった
トモちゃん久しぶり
どうしてたの？
この子はルリまじめでおっとりした子
風邪引いてダウンしてた
1週間も休んじゃったから心配だよ～
同じ授業のノート貸そうか？
ほんと!? 助かる!!
女神!!
わっもうこんな時間!!
急がないと遅れちゃう！
語学の先生厳しいからね
バタバタ
遅《おく》れる　ある基準《きじゅん》よりも後《あと》になること。
後《おく》れる　取《と》り残《のこ》されること。
使い分けのポイント
遅《おく》れるは主《おも》に時間《じかん》や速度《そくど》について後《あと》になること。後《おく》れるは位置《いち》や状態《じょうたい》が後《うし》ろになることで、反対《はんたい》の言葉《ことば》は「先《さき》」など。
例文
♥寝坊《ねぼう》して待《ま》ち合《あ》わせに遅《おく》れてしまった。
♥流行《りゅうこう》に後《おく》れないように、ファッションのページはいつもチェックしている。
なるほど！
「後《おく》れを取《と》る」
競争《きょうそう》に負《ま》けて取《と》り残《のこ》されるという意味《いみ》。「後《あと》」は「うしろ」「あと」という意味《いみ》なので、「後《おく》れる」は「取《と》り残《のこ》される」という意味《いみ》になり、さらに慣用句《かんようく》として使《つか》われるようになったよ。
106

言葉《ことば》

このページで取《と》り上《あ》げている言葉《ことば》です。1～2セット紹介《しょうかい》します。

意味《いみ》

違《ちが》いや使《つか》い分《わ》けがわかるように、意《い》味《み》を説明《せつめい》しています。

使《つか》い分《わ》けのポイント

どういうときに使《つか》うのかを紹介《しょうかい》しています。

例文《れいぶん》

このページで紹介《しょうかい》した言葉《ことば》を使《つか》った例文《れいぶん》です。

まだまだあるよ！ 同音異義語《どうおんいぎご》

マンガで紹介《しょうかい》しきれなかった言葉《ことば》を取《と》り上《あ》げ、意味《いみ》と例文《れいぶん》を載《の》せています。

なるほど！

取《と》り上《あ》げている言葉《ことば》を理解《りかい》しやすくする知識《ちしき》や使《つか》い方《かた》、関連《かんれん》する言葉《ことば》などを紹介《しょうかい》しています。

※以下《いか》の漢字《かんじ》にはマークを付《つ》けています。
＊常用漢字表《じょうようかんじひょう》にない漢字《かんじ》
＊常用漢字《じょうようかんじ》の、常用漢字表にない読《よ》み方《かた》

もうひとオシ！ 本文《ほんぶん》に入《はい》りきらなかった豆知識《まめちしき》を紹介《しょうかい》しています。

漢字《かんじ》の使《つか》い分《わ》けって？

同《おな》じ読《よ》み方《かた》や似《に》た意味《いみ》の言葉《ことば》を、4つのカテゴリーに分《わ》けています。

同訓異字《どうくんいじ》

同《おな》じ訓読《くんよ》みで、違《ちが》う漢字《かんじ》の言葉《ことば》です。漢字《かんじ》が違《ちが》えば、意味《いみ》も変《か》わります。

例 暑《あつ》い♥熱《あつ》い♥厚《あつ》い♥篤《あつ》い、固《かた》い♥硬《かた》い♥堅《かた》い　など

同音異義語《どうおんいぎご》

同《おな》じ音読《おんよ》みで、違《ちが》う漢字《かんじ》の言葉《ことば》です。読《よ》み方《かた》が同《おな》じだけで、まったく違《ちが》う意味《いみ》の言葉《ことば》もあります。

例 歓声《かんせい》♥完成《かんせい》♥感性《かんせい》♥閑静《かんせい》、講演《こうえん》♥公演《こうえん》♥公園《こうえん》　など

類義語《るいぎご》

言葉《ことば》は違《ちが》っても、似《に》たような意味《いみ》をもつ言葉《ことば》があります。

例 今後《こんご》★以後《いご》、賛成《さんせい》★同意《どうい》　など

対義語《たいぎご》

ある言葉《ことば》に対《たい》して、正反対《せいはんたい》の意味《いみ》をもつ言葉《ことば》を紹介《しょうかい》しています。

例 肯定《こうてい》↔否定《ひてい》、地味《じみ》↔派手《はで》　など

同《おな》じような言葉《ことば》でも意味《いみ》が違《ちが》うんだね！

1章《しょう》 桜華学院女子《おうかがくいんじょし》たちの日常《にちじょう》

名門《めいもん》女子《じょし》高校《こうこう》・桜華学院《おうかがくいん》に入学《にゅうがく》したカオリ。同《おな》じアニメが好《す》きな友《とも》だちができたり、名家《めいか》のお嬢様《じょうさま》やマッドサイエンティストとも仲《なか》よくなったり、楽《たの》しい高校生活《こうこうせいかつ》が始《はじ》まるよ！

同志《どうし》・同士《どうし》

同志《どうし》がいたー!!

努《つと》める・勤《つと》める・務《つと》める

然《しか》るべき大学《だいがく》へ行《い》き然《しか》るべき研究機関《けんきゅうきかん》に入《はい》るために
日々《ひび》研究《けんきゅう》に努《つと》めているが？
飲《の》むか？

効《き》く・利《き》く

別《べつ》の日《ひ》
この前《まえ》サンキューな
もらった頭痛薬《ずつうやく》すごく効《き》いた！

登場人物紹介《とうじょうじんぶつしょうかい》

1年C組《ねんシーぐみ》

立花《たちばな》カオリ

『スパスパ』というアニメが大好《だいす》き。

アカリ

明《あか》るくて元気《げんき》。『スパスパ』のキャラクターでは「ワンコ」が好《す》き。

仲《なか》よし3人組《にんぐみ》

マナカ

同《おな》じ中学《ちゅうがく》だった

アニメオタクで声優《せいゆう》を目指《めざ》している。

ちょっとブキミ…

実験台《じっけんだい》!?

スミレ

マッドサイエンティストっぽい不思議《ふしぎ》な生徒《せいと》。カオリを気《き》に入《い》っている。

サオリ

名家《めいか》・伊集院家《いじゅういんけ》の一人娘《ひとりむすめ》。ヨシノと仲《なか》よくなる。

親友《しんゆう》

ヨシノ

誰《だれ》とでも仲《なか》よくなれるギャル。サオリを「お嬢《じょう》」とよぶ。

あーちゃん

カオリの中学時代《ちゅうがくじだい》の友人《ゆうじん》。アニメ『スパスパ』のキーホルダーをくれた。

カオリの姉《あね》

高校《こうこう》3年生《ねんせい》。

同音異義語

かくりつ

確立《かくりつ》・確率《かくりつ》

類義語

著名《ちょめい》・有名《ゆうめい》

私立桜華学院《しりつおうかがくいん》
今日《きょう》からここに通《かよ》うんだ…
楽《たの》しみだなぁ
立花《たちばな》カオリ
自由《じゆう》な校風《こうふう》でありながらきめ細《こま》かい指導《しどう》により名門女子高《めいもんじょしこう》としての地位《ちい》を確立《かくりつ》している
何組《なんくみ》だろう…
あった! C《シー》組《ぐみ》だ
同《おな》じ中学《ちゅうがく》の人《ひと》はふたりとも別《べつ》のクラスみたいね
それは残念《ざんねん》だったね
スー…
キャッ
誰《だれ》!?
でも安心《あんしん》したまえ そのふたりと同《おな》じクラスになれる確率《かくりつ》を考《かんが》えれば

確立《かくりつ》	確率《かくりつ》
物事《ものごと》の基礎《きそ》をしっかりと定《さだ》め、打《う》ち立《た》てること。	物事《ものごと》の起《お》こる可能性《かのうせい》を数字《すうじ》で表《あらわ》したもの。

使い分けのポイント

確立《かくりつ》は物事《ものごと》の基礎《きそ》や内容《ないよう》をしっかりと打《う》ち立《た》てるという意味《いみ》で使《つか》う。確率《かくりつ》は物事《ものごと》がどのくらいの割合《わりあい》で起《お》こるかを表《あらわ》す値《あたい》のこと。

例文

- 源頼朝《みなもとのよりとも》は将軍《しょうぐん》の地位《ちい》を確立《かくりつ》した。
- 今日《きょう》は降水《こうすい》確率《かくりつ》が60%だから傘《かさ》を持《も》っていこう。

ボクはスミレ
同《おな》じC組《シーぐみ》だよ
バタンッ
ずい
はは…
はい…
え？
リムジンで
登校《とうこう》!?
ざわ
ざわ…
ですわね
じいや
じいや!?
はっ 著名《ちょめい》な建築家《けんちくか》が設計《せっけい》していらっしゃるとのことでございます
行《い》ってらっしゃいませお嬢様《じょうさま》
行《い》ってまいりますわ
ポャーン…

著名《ちょめい》	社会的《しゃかいてき》に認《みと》められ、広《ひろ》く知《し》られていること。
有名《ゆうめい》	状況《じょうきょう》は問《と》わず、名前《なまえ》が知《し》られていること。

使い分けのポイント

著名《ちょめい》は、広《ひろ》い範囲《はんい》で、よい意味《いみ》で名前《なまえ》が知《し》られているときに使《つか》う。近所《きんじょ》などの狭《せま》い範囲《はんい》や、よい意味《いみ》ではなく名前《なまえ》が通《とお》っているときには有名《ゆうめい》を使《つか》う。

例文

♥今度《こんど》の家族旅行《かぞくりょこう》では著名《ちょめい》な建築物《けんちくぶつ》を見《み》に行《い》く予定《よてい》だ。

♥ぼくの母《はは》は、近所《きんじょ》でネコ好《ず》きとして有名《ゆうめい》だ。

なるほど！

「悪名《あくめい》」って？

悪《わる》い評判《ひょうばん》やよくないうわさのことを「悪名《あくめい》」という。「あくみょう」とも読《よ》むよ。

類義語

納得《なっとく》★合点《がてん》

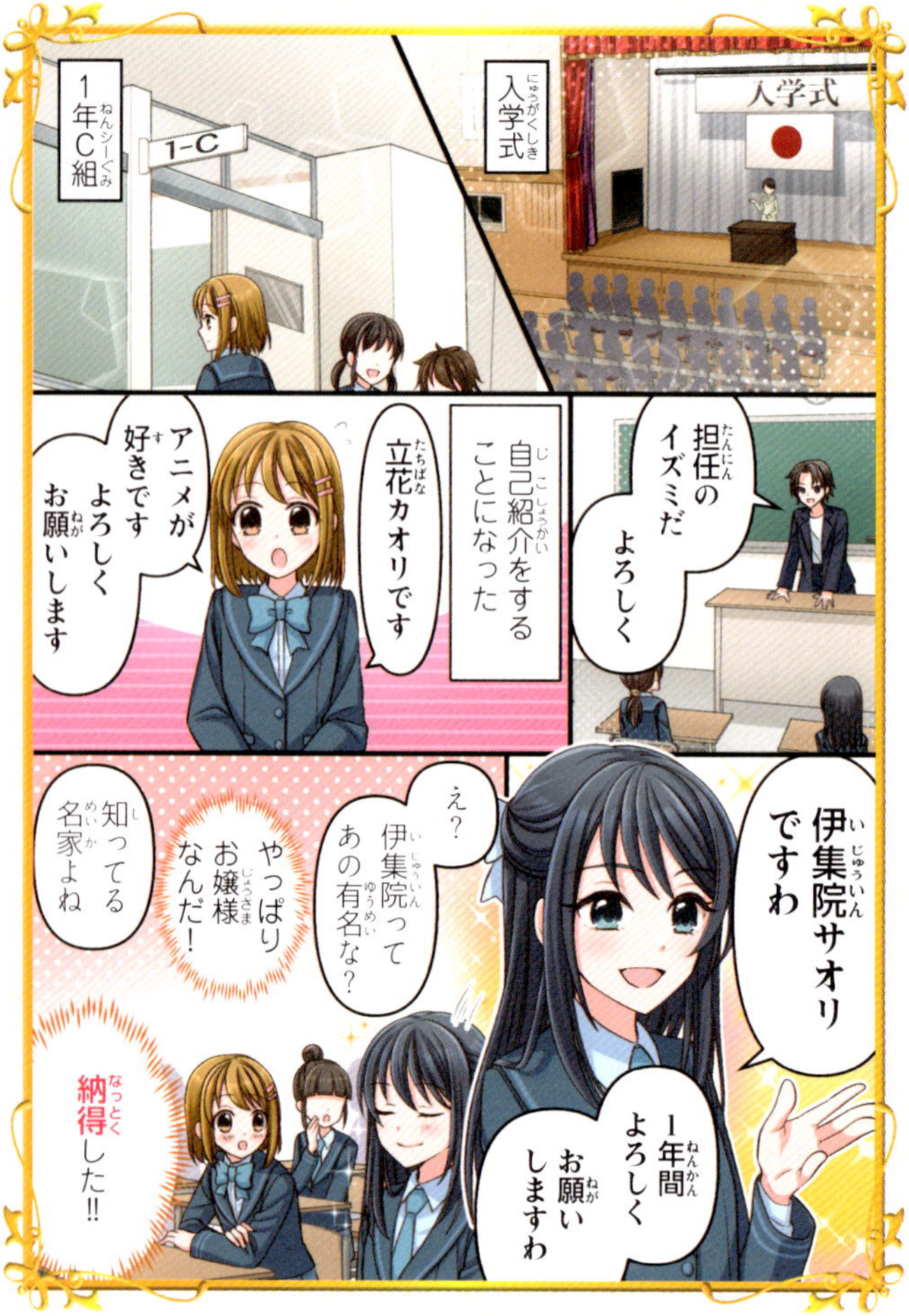

入学式《にゅうがくしき》
入学式
1年C組《ねんシーぐみ》
1-C
担任《たんにん》のイズミだ よろしく
自己紹介《じこしょうかい》をすることになった
立花《たちばな》カオリです
アニメが好《す》きです よろしくお願《ねが》いします
伊集院《いじゅういん》サオリですわ
1年間《ねんかん》よろしくお願《ねが》いしますわ
え？ 伊集院《いじゅういん》ってあの有名《ゆうめい》な？
やっぱりお嬢様《じょうさま》なんだ！
知《し》ってる名家《めいか》よね
納得《なっとく》した!!

納得《なっとく》	合点《がてん》
理解《りかい》して受《う》け入《い》れること。	事情《じじょう》などがわかること。

使い分けのポイント
合点《がてん》も納得《なっとく》も他人《たにん》の考《かんが》えなどを理解《り》したときに使《つか》う言葉《ことば》だが、日常《にちじょう》会話《かいわ》では納得《なっとく》のほうが使《つか》われることが多《おお》い。

例文
♥解説《かいせつ》を読《よ》んで合点《がてん》がいった。
♥練習《れんしゅう》を見《み》て強《つよ》さに納得《なっとく》する。

なるほど！
名家《めいか》って何《なに》？
古《ふる》くから続《つづ》いている家柄《いえがら》のこと。身《み》分《ぶん》や地位《ちい》の高《たか》い人《ひと》が祖先《そせん》にいることが多《おお》いよ。

授業《じゅぎょう》が始《はじ》まった
このグラフのように
生糸《きいと》の生産量《せいさんりょう》は戦後《せんご》再《ふたた》び増加《ぞうか》しましたが1975年《ねん》を境《さかい》に減少《げんしょう》していきます
この問題《もんだい》わかる人《ひと》は?
はい!
ペラペラペラ
サオリさんすごいなあ
で…
そ~…
ぐごぉ~~!!
この人《ひと》は大丈夫《だいじょうぶ》か…!?
休《やす》み時間《じかん》
みんなうまくやってるなあ
教科書《きょうかしょ》でも読《よ》んでいようっと
ひまだし…

対義語

増加《ぞうか》 ↔ 減少《げんしょう》

同音異義語

げんしょう　減少《げんしょう》・現象《げんしょう》

増加《ぞうか》	増《ふ》えること。
減少《げんしょう》	減《へ》ること。

例文

- 春《はる》は授業中《じゅぎょうちゅう》に居眠《いねむ》りをする生徒《せいと》が増加《ぞうか》する。
- 朝練《あされん》の参加者《さんかしゃ》が減少《げんしょう》した理由《りゆう》がわからない。

なるほど!

組《く》み合《あ》わせてできた言葉《ことば》

「増加《ぞうか》」は、「増《ふ》える」と「加《くわ》える」を組《く》み合《あ》わせ、物《もの》や人数《にんずう》、データなどあらゆる「増《ふ》える」ことを表《あらわ》している。「減少《げんしょう》」も同《おな》じように「減《へ》る」と「少《すく》ない」を組《く》み合《あ》わせた言葉《ことば》だよ。

現象《げんしょう》	人《ひと》が感覚《かんかく》によって捉《とら》えられるすべてのこと。

例文

- 今《いま》までに見《み》たことのない現象《げんしょう》だ。

同音異義語

どうし

同志《どうし》・同士《どうし》

あっ
もしかして『スパスパ』見《み》てる?
え? うん 見《み》てる!!
推《お》しは?
ワンコ!!
同志《どうし》がいたー!!
うんうん
それでさー!
あーちゃんからもらったキーホルダーのおかげで 友《とも》だちできるかも!
——ということで5月《がつ》にはオリエンテーリングが行《おこな》われる
生徒《せいと》同士《どうし》の親睦《しんぼく》を深《ふか》めることが目的《もくてき》だ
班分《はんわ》けは来週《らいしゅう》くじ引《び》きで行《おこな》うぞ
同《おな》じ班《はん》になれるといいね!
うん!!

同志《どうし》	同士《どうし》
考《かんが》えや理想《りそう》・目的《もくてき》が同《おな》じ仲《なか》間《ま》のこと。	共通点《きょうつうてん》をもっている人《ひと》たちのこと。

使い分けのポイント

同志《どうし》は同《おな》じ志《こころざし》をもった人《ひと》を指《さ》す言葉《ことば》。同士《どうし》は人《ひと》と人《ひと》の間《あいだ》に共通点《きょうつうてん》があることを表《あらわ》す。

例文

♥あのふたりは、将棋《しょうぎ》のプロを目《め》指《ざ》す同志《どうし》であり、よきライバルだ。

♥明日《あす》は友《とも》だち同士《どうし》で遊《あそ》びに行《い》くことになった。

なるほど!

「こころざし」がある者《もの》

同志《どうし》の「志」は「こころざし」と読《よ》み、心《こころ》の中《なか》で決《き》めた目的《もくてき》や目標《もくひょう》という意《い》味《み》があるよ。

対義語

便《べん》利《り》↔不《ふ》便《べん》

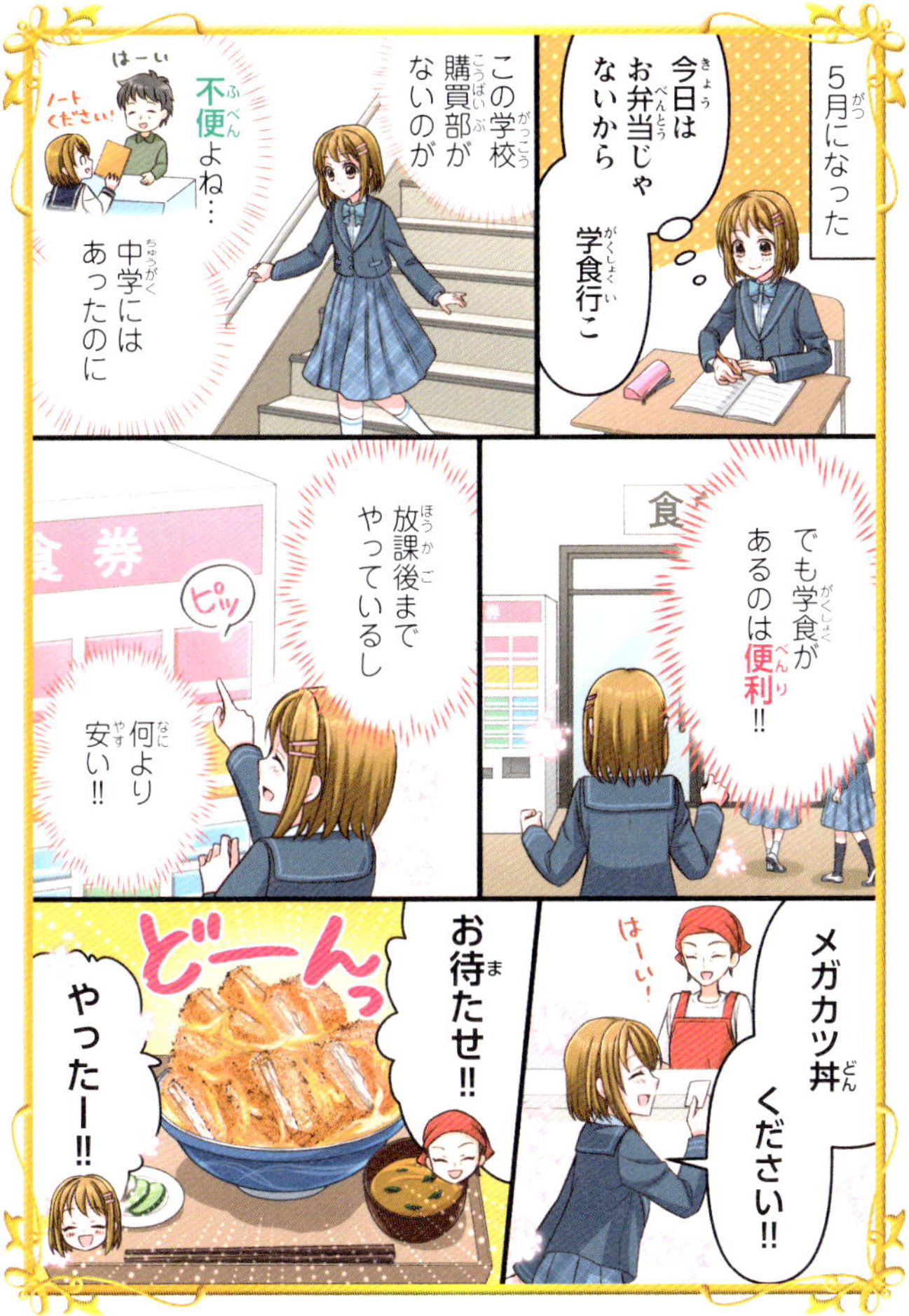

5月《がつ》になった
今日《きょう》はお弁当《べんとう》じゃないから
学食《がくしょく》行《い》こ
この学校《がっこう》購買部《こうばいぶ》がないのが
不便《ふべん》よね…
はーい
ノートください!!
中学《ちゅうがく》にはあったのに
でも学食《がくしょく》があるのは便利《べんり》!!
食
放課後《ほうかご》までやっているし
食券
ピッ
何《なに》より安《やす》い!!
メガカツ丼《どん》ください!!
はーい!
お待《ま》たせ!!
どーんっ
やったー!!

便《べん》利《り》	不《ふ》便《べん》
都合《つごう》がよいこと、役《やく》に立《た》つこと。	勝手《かって》が悪《わる》いこと。便利《べんり》ではないこと。

例文

♥ホームセンターには便利《べんり》な道具《どうぐ》がいろいろ売《う》られている。

♥家《いえ》から駅《えき》まで遠《とお》いし、バスの本《ほん》数《すう》が少《すく》なくて不便《ふべん》だ。

なるほど!

「便利《べんり》」と「利便《りべん》」

どちらも「あることをするのに都合《つごう》がよいこと」を表《あらわ》す言葉《ことば》。便利《べんり》である性質《せいしつ》をいう場合《ばあい》に「利便性《りべんせい》がよい」「利便性《りべんせい》が高《たか》い」といった使《つか》い方《かた》をするよ。

類義語

案外《あんがい》★意外《いがい》

同音異義語

いがい 意外《いがい》♥以外《いがい》

ガヤガヤ
余裕《よゆう》で座《すわ》れると思《おも》ったのに案外《あんがい》混《こ》んでるな…
カオリ〜！
ここ空《あ》いてるよ！
アカリ！ありがとう
メガカツ丼《どん》!?
意外《いがい》と大食《おおぐ》いなんだねー!!
そうそうこの子《こ》マナカ
同《おな》じ中学《ちゅうがく》だったんだ！
よろしくです

案外《あんがい》	予想《よそう》と実際《じっさい》が違《ちが》うこと。
意外《いがい》	思《おも》いがけないこと。

使い分けのポイント

案外《あんがい》は予想《よそう》が外《はず》れたときに使《つか》い、意外《いがい》は思《おも》ってもみなかったときや、印象《いんしょう》と違《ちが》ったときに使《つか》う。

例文

♥試験《しけん》は案外《あんがい》簡単《かんたん》だった。

♥彼《かれ》が英語《えいご》を話《はな》せるのは意外《いがい》だ。

意外《いがい》	思《おも》いがけないこと。
以外《いがい》	それを除《のぞ》いた他《ほか》の物事《ものごと》。

例文

♥この本《ほん》以外《いがい》は、棚《たな》に戻《もど》してください。

マナカは声優《せいゆう》志望《しぼう》なんだよ
はい
えっ？じゃあアニメ好《す》き？
ハイ いわゆるアニオタです
ねえねえ どんなアニメ好《す》きなの？
くちゃ
ぺちゃ
わいわい
それがいいのよー!!
めちゃくちゃ盛《も》り上《あ》がった
あー楽《たの》しかった!!
また3人《にん》で食《た》べようね
はい
来週《らいしゅう》オリエンテーリングだよね
どこへ行《い》くんだっけ？
森林公園《しんりんこうえん》だよ 現地集合《げんちしゅうごう》なんだよね
そして再来週《さらいしゅう》は中間《ちゅうかん》テストですよ…

類義語

志望《しぼう》★志願《しがん》

志望《しぼう》	自分《じぶん》がこうなりたいと望《のぞ》むこと。
志願《しがん》	自分《じぶん》の意志《いし》で願《ねが》い出《で》ること。

使い分けのポイント

志望《しぼう》は「いつかなりたい」という希望《きぼう》、志願《しがん》は「なります」と進《すす》んで願《ねが》い出《で》るときに使《つか》う。

例文

♥親友《しんゆう》と同《おな》じ学校《がっこう》を志望《しぼう》する。
♥飼育係《しいくがかり》に志願《しがん》した。

まだまだあるよ！類義語《るいぎご》

実行《じっこう》…実際《じっさい》に行《おこな》うこと。
実践《じっせん》…考《かんが》えたり教《おそ》わったりしたことを実際《じっさい》に行《おこな》うこと。
♥その計画《けいかく》を実行《じっこう》に移《うつ》してみよう。
♥学校《がっこう》で習《なら》ったことを実践《じっせん》するのはけっこう難《むずか》しい。

対義語

集合《しゅうごう》↔解散《かいさん》

オリエンテーリング当日《とうじつ》
朝《あさ》7時《じ》集合《しゅうごう》って
5時《じ》起《お》きだからつらい…
ふわぁ〜…
ガタン
ゴトン
班《はん》に分《わ》かれてマップにそって進《すす》むこと
チェックポイントにはクイズがあるからな〜
カオリの班《はん》はこの4人《にん》
よろしくね
アカリ
カオリ
サオリ
ヨシノ
早《はや》く行《い》こうぜ!!
まあキノコですわ
B
ウケる〜
K
なんだこの木《き》
オリエンテーリング終了《しゅうりょう》
ではこれで解散《かいさん》だ
気《き》をつけて帰《かえ》るように
はーい!!

集合《しゅうごう》	解散《かいさん》
いくつかのものや人《ひと》が1か所《しょ》に集《あつ》まること。	集《あつ》まった人《ひと》が分《わ》かれて散《ち》ること。団体《だんたい》を終《お》わりにすること。

例文

♥次《つぎ》の体育《たいいく》の授業《じゅぎょう》は、体育館《たいいくかん》に集合《しゅうごう》することになっている。

♥保護者会《ほごしゃかい》は昼前《ひるまえ》に解散《かいさん》したはずだから、そろそろお母《かあ》さんが帰《かえ》ってくるね。

♥ぼくが通《かよ》っているスポーツ少年《しょうねん》団《だん》は来年《らいねん》解散《かいさん》になるらしい。

なるほど!

集《あつ》まったり散《ち》らばったり

人《ひと》が数人《すうにん》ずつ、ばらばらと集《あつ》まってきたり散《ち》らばったりする様子《ようす》を「三々五々《さんさんごご》」という。集合《しゅうごう》するときにも、解散《かいさん》するときにも使《つか》える、便利《べんり》な言葉《ことば》だよ。

同訓異字

かえる 帰る《かえ》・返る《かえ》

キーッ
BUS
迎《むか》えが来《き》ましたわ
よろしければみなさんもお送《おく》りしますわ
いや…悪《わる》いからいいよ
ごきげんよう
ブロロ…
わたしたちはバスで帰《かえ》ろうか
乗《の》ってみたかったなあリムジン

次《つぎ》の週《しゅう》は中間《ちゅうかん》テスト
テスト返《かえ》ってきたけど…
うーん…
54
アカリどうだった?
いまいちかな…
78
54
けっこういいじゃん!!

帰る《かえ》	返る《かえ》
家《いえ》や元《もと》いた場所《ばしょ》に戻《もど》ること。	向《む》きや位置《いち》が反対《はんたい》になること。前《まえ》の状態《じょうたい》に戻《もど》ること。

使い分けのポイント

帰《かえ》るは位置《いち》の変化《へんか》を表《あらわ》し、主《おも》に人《ひと》に使《つか》う。返《かえ》るは主《おも》に物《もの》の位置《いち》・状態《じょうたい》などが戻《もど》る、反対《はんたい》になることに使《つか》われる。

例文

- 授業《じゅぎょう》が終《お》わったので家《いえ》に帰《かえ》る。
- 友《とも》だちに貸《か》したペンが手元《てもと》に返《かえ》ってきた。

まだまだあるよ! 類義語《るいぎご》

返事《へんじ》…呼《よ》びかけに対《たい》する受《う》け答《こた》え。
応答《おうとう》…質問《しつもん》などに対《たい》する受《う》け答《こた》え。

- 手紙《てがみ》の返事《へんじ》はこれから書《か》く。
- ノックをしたらすぐに応答《おうとう》があったので、その部屋《へや》に誰《だれ》かいるのがわかった。

ぴったりなのは、どっち？

カタカナに合《あ》う漢字《かんじ》はどっち？ ♥ と ♥ を線《せん》でつないでね。

1

『青執事《あおしつじ》』のイベントに行《い》ったら**ドウシ**がたくさんいたよ ♥

アニメ好《ず》き**ドウシ**、仲《なか》よくしたいな！ ♥

♥ 同士《どうし》

♥ 同志《どうし》

2

学習習慣《がくしゅうしゅうかん》を**カクリツ**したいとは思《おも》っているよ？ ♥

カオリくんが成功《せいこう》する**カクリツ**は低《ひく》いな… ♥

♥ 確立《かくりつ》

♥ 確率《かくりつ》

3

身体測定《しんたいそくてい》で**イガイ**と体重《たいじゅう》が増《ふ》えてましたの… ♥

豆腐《とうふ》**イガイ**食《た》べなきゃいいんじゃね？ ♥

♥ 以外《いがい》

♥ 意外《いがい》

答《こた》えは253ページを見《み》てね。

へえ～
中間テスト上位30名
1 伊集院サオリ
2 坂上スミレ
サオリさんってすごいんだね学年《がくねん》1位《い》!!
それよりスミレさんだよ…
あの変人《へんじん》が学年《がくねん》2位《い》…
授業中《じゅぎょうちゅう》ほぼ寝《ね》てるのに？
スー…
きみきみ ずいぶん失礼《しつれい》じゃないかね？
ぴゃっ
さ…坂上《さかがみ》さん
きみの名前《なまえ》何《なん》といったかね
すまない級友《きゅうゆう》の名前《なまえ》に興味《きょうみ》がなくてね
立花《たちばな》カオリです…
カオリくんかちょうどいい来《き》たまえ
ぐいっ
え？ちょ…まっ…
さあさあこっちだ早《はや》く早《はや》く
スタスタスタ
たすけへ～
ズルズル
行《い》ってらっしゃ～い

類義語

無礼《ぶれい》★失礼《しつれい》

無礼《ぶれい》	失礼《しつれい》
目上《めうえ》の人《ひと》への礼儀《れいぎ》がないこと。	礼儀《れいぎ》が十分《じゅうぶん》でないこと。軽《かる》い気持《きも》ちのおわびや挨拶《あいさつ》。

使い分けのポイント

無礼《ぶれい》は目上《めうえ》の人《ひと》に対《たい》しての礼儀《れいぎ》を知《し》らないときに使《つか》われる。失礼《しつれい》は目上目下関係《めうえめしたかんけい》なく使《つか》え、簡単《かんたん》な謝罪《しゃざい》にも使《つか》われる。

例文

♥彼《かれ》は先生《せんせい》に無礼《ぶれい》な態度《たいど》を取《と》ったので、こってりしかられた。
♥説明《せつめい》もなく30分《ぷん》も待《ま》たせるなんて失礼《しつれい》だ。
♥失礼《しつれい》ですが、山田様《やまださま》ではございませんか？

同訓異字

あやまる
謝《あやま》る・誤《あやま》る

同音異義語

きかい
機《き》会《かい》・機《き》械《かい》・器《き》械《かい》

謝《あやま》る	悪《わる》かったと思《おも》って、相手《あいて》におわびすること。
誤《あやま》る	間違《まちが》えること。よくないことをすること。

使い分けのポイント

間違《まちが》えたことに対《たい》しておわびすることを**謝《あやま》る**という。**誤《あやま》る**には、わざとではなく、うっかりやりそこなったという意味《いみ》がふくまれる。

例文

♥花《か》びんを割《わ》ってしまったことを**謝《あやま》っ**て許《ゆる》してもらった。

♥次《つぎ》の文章《ぶんしょう》の**誤《あやま》っ**たところを見《み》つけて、正《ただ》しい語句《ごく》を書《か》きましょう。

♥テストで計算《けいさん》を**誤《あやま》る**。

※研究室《けんきゅうしつ》や実験室《じっけんしつ》のこと。

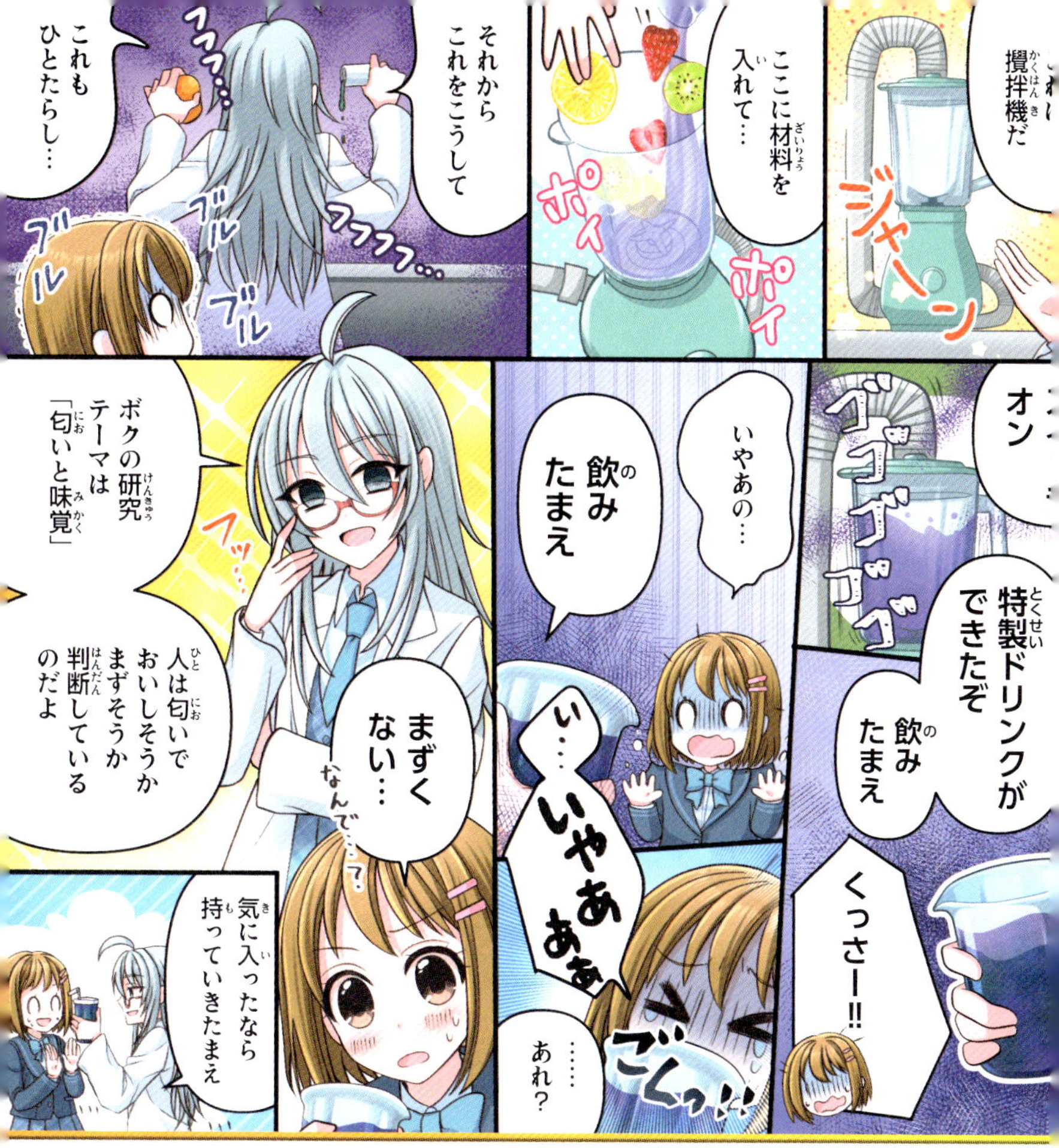
攪拌機《かくはんき》だ
ジャーン
ここに材料《ざいりょう》を入《い》れて…
ポイ
ポイ
それからこれをこうして
フフフ…
フフフフ…
これもひとたらし…
ブル
ブル
ブル
オン
ゴゴゴゴゴ
特製《とくせい》ドリンクができたぞ
飲《の》みたまえ
いやあの…
飲《の》みたまえ
い…いやああ
くっさー!!
ごくっ!!
……あれ?
まずくない…
なんで…って
ボクの研究《けんきゅう》テーマは「匂《にお》いと味覚《みかく》」
フッ…
人《ひと》は匂《にお》いでおいしそうかまずそうか判断《はんだん》しているのだよ
気《き》に入《い》ったなら持《も》っていきたまえ

機会《きかい》	ある行動《こうどう》をするために最《もっと》もよいとき。チャンス。
機械《きかい》	スイッチを入《い》れると、動力《どうりょく》によって動《うご》く道具《どうぐ》。
器械《きかい》	実験《じっけん》や測定《そくてい》、運動《うんどう》などに使《つか》う装置《そうち》や道具《どうぐ》。

使い分けのポイント

機会《きかい》はちょうどよいタイミング。**機械《きかい》**はマシンといわれるような大《おお》きな装置《そうち》、**器械《きかい》**は動力《どうりょく》をもたない装置《そうち》や道具《どうぐ》のこと。

例文

- あこがれの選手《せんしゅ》に話《はな》しかける**機《き》会《かい》**を窺《うかが》う。
- 兄《あに》は**機械《きかい》**の修理《しゅうり》が好《す》きだ。
- 「今日《きょう》の体育《たいいく》は、**器械《きかい》**体操《たいそう》だって」

図書室《としょしつ》の自習《じしゅう》スペース
小数点《しょうすうてん》第《だい》２位《い》まで
数字《すうじ》で答《こた》えよ
A
なあ
小数《しょうすう》ってなんだっけ
えっ
高校生《こうこうせい》にもなってまだそんなことおっしゃってますの!?
小学校《しょうがっこう》で習《なら》いますのよ!!
あきれた…
ここの答《こた》えはこうですわ
サラ
サラ
3.14
そういうことか!!
小《ちい》さい数《かず》かなーと思《おも》ってた
さすがに小数《しょうすう》を知《し》らない人《ひと》は
少数《しょうすう》派《は》だと思《おも》いますわ!
うまい!!
ナイスダジャレ
あのふたり最近《さいきん》よく一緒《いっしょ》にいるなあ…
偶然《ぐうぜん》通《とお》りかかったカオリ

同音異義語

しょうすう

小《しょう》数《すう》・少《しょう》数《すう》

対義語

偶《ぐう》然《ぜん》⇔必《ひつ》然《ぜん》

小数《しょうすう》	1より小《ちい》さく0より大《おお》きい数《かず》。
少数《しょうすう》	数《かず》が少《すく》ないこと。

使い分けのポイント

小数《しょうすう》は、算数《さんすう》や数学《すうがく》で使《つか》う数字《すうじ》。少《すく》なさについていうときは少数《しょうすう》を使《つか》う。

例文

♥小数《しょうすう》点《てん》以下《いか》を切《き》り捨《す》てる。
♥少数《しょうすう》の意見《いけん》が採用《さいよう》された。

偶然《ぐうぜん》	たまたまそうなること。
必然《ひつぜん》	必《かなら》ずそうなること。

例文

♥帰《かえ》り道《みち》で偶然《ぐうぜん》姉《あね》に会《あ》って、アイスをおごってもらった。
♥水《みず》を熱《ねっ》すると、沸騰《ふっとう》するのは必然《ひつぜん》だ。

同訓異字

きく
効《き》く♥利《き》く

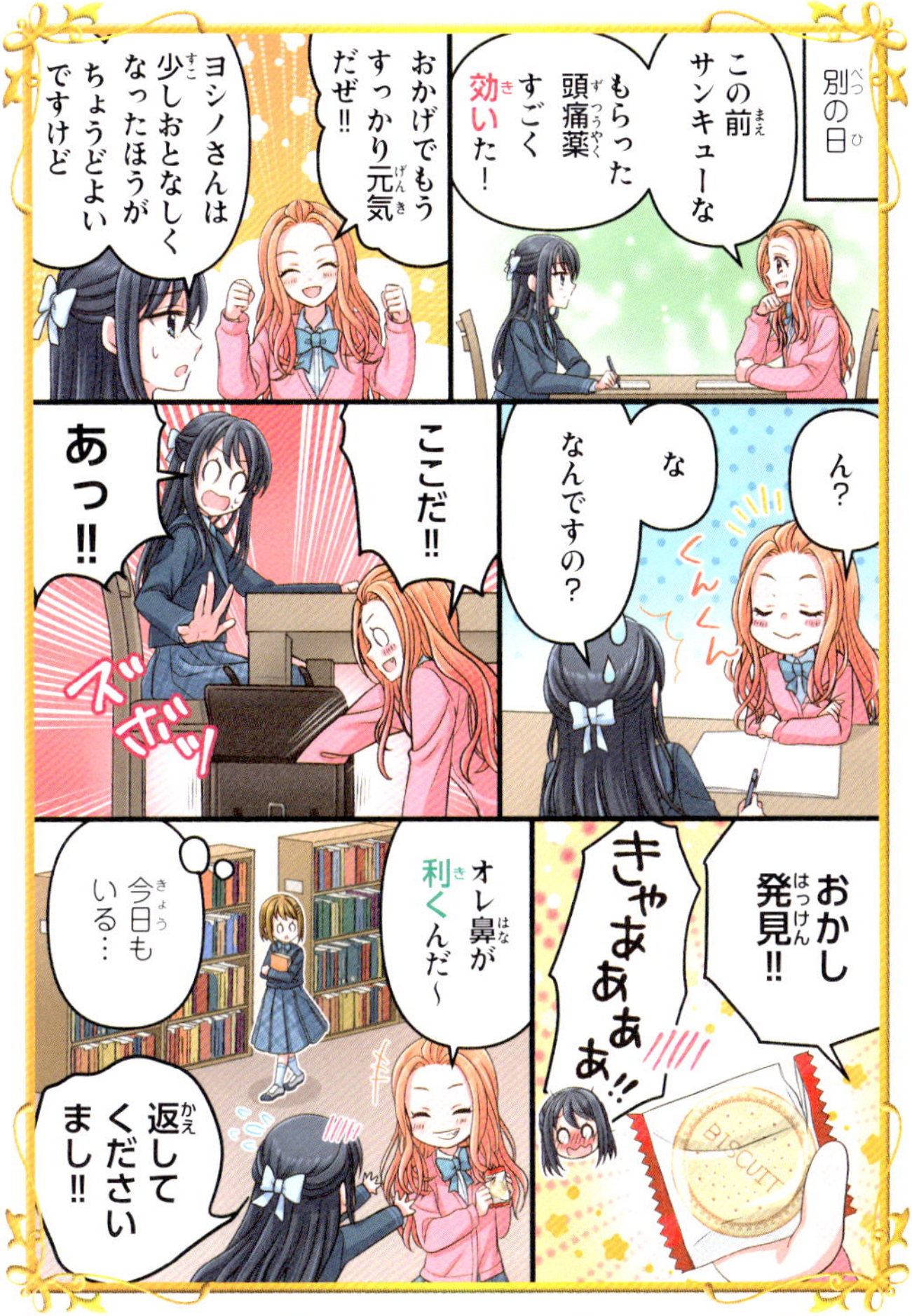

別《べつ》の日《ひ》
この前《まえ》サンキューな
もらった頭痛薬《ずつうやく》すごく効《き》いた！
おかげでもうすっかり元気《げんき》だぜ!!
ヨシノさんは少《すこ》しおとなしくなったほうがちょうどよいですけど
ん？
くんくん
な
なんですの？
ここだ!!
あっ!!
ズザッ
おかし発見《はっけん》!!
きゃあああああ!!
BISCUIT
オレ鼻《はな》が利《き》くんだ〜
今日《きょう》もいる…
返《かえ》してくださいまし!!

効《き》く	利《き》く
効果《こうか》が表《あらわ》れること。	機能《きのう》を十分《じゅうぶん》に発揮《はっき》すること。さかんに活動《かつどう》すること。

使い分けのポイント

効《き》くは薬《くすり》や作戦《さくせん》がうまく作用《さよう》するときに使《つか》う。**利《き》く**はもともとあるものが十分《じゅうぶん》に働《はたら》くことを表《あらわ》す。

例文

♥インフルエンザの特効薬《とっこうやく》が**効《き》い**て、次《つぎ》の日《ひ》には熱《ねつ》が下《さ》がった。

♥手術《しゅじゅつ》のときの麻酔《ますい》が切《き》れていないので、手《て》の自由《じゆう》が**利《き》か**ない。

なるほど！

「気《き》が利《き》く」

「利《き》く」は細《こま》かいところまでよく気《き》がつくという意味《いみ》の慣用句《かんようく》にも使《つか》うよ。

たいしょう

対照《たいしょう》・対称《たいしょう》・対象《たいしょう》

かおりん
これ
ありがとう
おもしろかった!!
よかった!
前作《ぜんさく》と対照的《たいしょうてき》でシリアスものだからさ
カオリたちは仲《なか》よくなって
あだ名でよび合《あ》うようになっていた
まーちゃんは読《よ》んだ?　これ
もちろんです!!
前作《ぜんさく》の『かぐら』は軽快《けいかい》なラブコメディだったのに対《たい》してこの『アイドル』は濃厚《のうこう》なシリアスものなんですよね
それにともなって対象年齢《たいしょうねんれい》も上《あ》がりましたよね
もともと女性読者《じょせいどくしゃ》が
すみません
ベラベラと…
全然《ぜんぜん》平気《へいき》だよ
あかりん
続《つづ》き読《よ》む?
貸《か》して〜

対照《たいしょう》	他《ほか》と照《て》らし合《あ》わせて比《くら》べる。
対称《たいしょう》	2つのものの釣《つ》り合《あ》いが保《たも》たれていること。
対象《たいしょう》	行為《こうい》が向《む》けられるもの。

使い分けのポイント

対照《たいしょう》は2つのものがはっきりと違《ちが》うときや正反対《せいはんたい》なときに使《つか》う。「対照的《たいしょうてき》」の形《かたち》で使《つか》われることが多《おお》い。対称《たいしょう》は2つのもののバランスを表《あらわ》すときに使《つか》う。対象《たいしょう》は気持《きも》ちや行動《こうどう》が向《む》けられる相手《あいて》を表《あらわ》す。

例文

- あの兄弟《きょうだい》は、性格《せいかく》が対照的《たいしょうてき》だね。
- 長方形《ちょうほうけい》は、中心線《ちゅうしんせん》を挟《はさ》んで同《おな》じ形《かたち》になるので線対称《せんたいしょう》な図形《ずけい》だ。
- この絵本《えほん》の対象年齢《たいしょうねんれい》は、5歳《さい》以上《じょう》だ。

掃除《そうじ》の時間《じかん》
今週《こんしゅう》はトイレ当番《とうばん》か
ちょっとめんどくさいね
マナカはけっこう好《す》きですよ！
窓《まど》を開《あ》けて空気《くうき》を入《い》れ換《か》えますね
カラララ…
この位置《いち》だと窓《まど》の開《あ》け閉《し》めのジャマだなあ…
うーん…
ゴシ
ゴシ
花瓶《かびん》の位置《いち》変《か》えてみたよ
見《み》て〜〜！
いいじゃん!!

同訓異字

かえる
換《か》える・変《か》える・替《か》える・代《か》える

換《か》える	変《か》える	替《か》える	代《か》える
あるものを他《ほか》に移《うつ》して、同《おな》じ価値《かち》のものをもってくること。	それまでとは違《ちが》うものにすること。	今《いま》まで使《つか》っていたものを新《あたら》しくすること。	あるものに、別《べつ》のものと同《おな》じ役目《やくめ》をさせること。

例文

- 宝石《ほうせき》をお金《かね》に換《か》える。
- 数年《すうねん》ぶりに髪型《かみがた》を変《か》える。
- 新《あたら》しいノートに替《か》える。
- 「まだ序盤《じょばん》だがピッチャーを代《か》えよう」

同訓異字

とける 解《と》ける・溶《と》ける

もうすぐ期末《きまつ》テストか早《はや》いなあ
そうですね
アイスうまっ!
かおりん聞《き》きたいことってなんですか?
そうそう数学《すうがく》なんだけど
数学
どうしても解《と》けないのがあってさあ
ああこれはこの公式《こうしき》を使《つか》うんです
デロ～ン
うんうん
その前《まえ》に
アイスが溶《と》けてますよ
おっと先《さき》に食《た》べちゃおうか

解《と》ける	答《こた》えが出《で》る。ほどける。
溶《と》ける	物《もの》が液体《えきたい》の中《なか》に均一《きんいつ》に混《ま》ざって一体化《いったいか》する。固体《こたい》が液状《えきじょう》になる。

使い分けのポイント

解《と》けるは、もつれが取《と》れて解決《かいけつ》すること。**溶《と》ける**は水《みず》などの液体《えきたい》の中《なか》に塩《しお》や砂糖《さとう》のような粉状《こなじょう》の物質《ぶっしつ》が混《ま》ざって形《かたち》がなくなること。

例文

- 「長年《ながねん》の疑問《ぎもん》が**解**《と》**け**てスッキリしたよ」
- ネックレスのからまった鎖《くさり》がどうしても**解**《と》**け**ない。
- 砂糖《さとう》が水《みず》に**溶**《と》**け**ていく様子《ようす》を観察《かんさつ》した。

同音異義語

しんろ
進路《しんろ》・針路《しんろ》

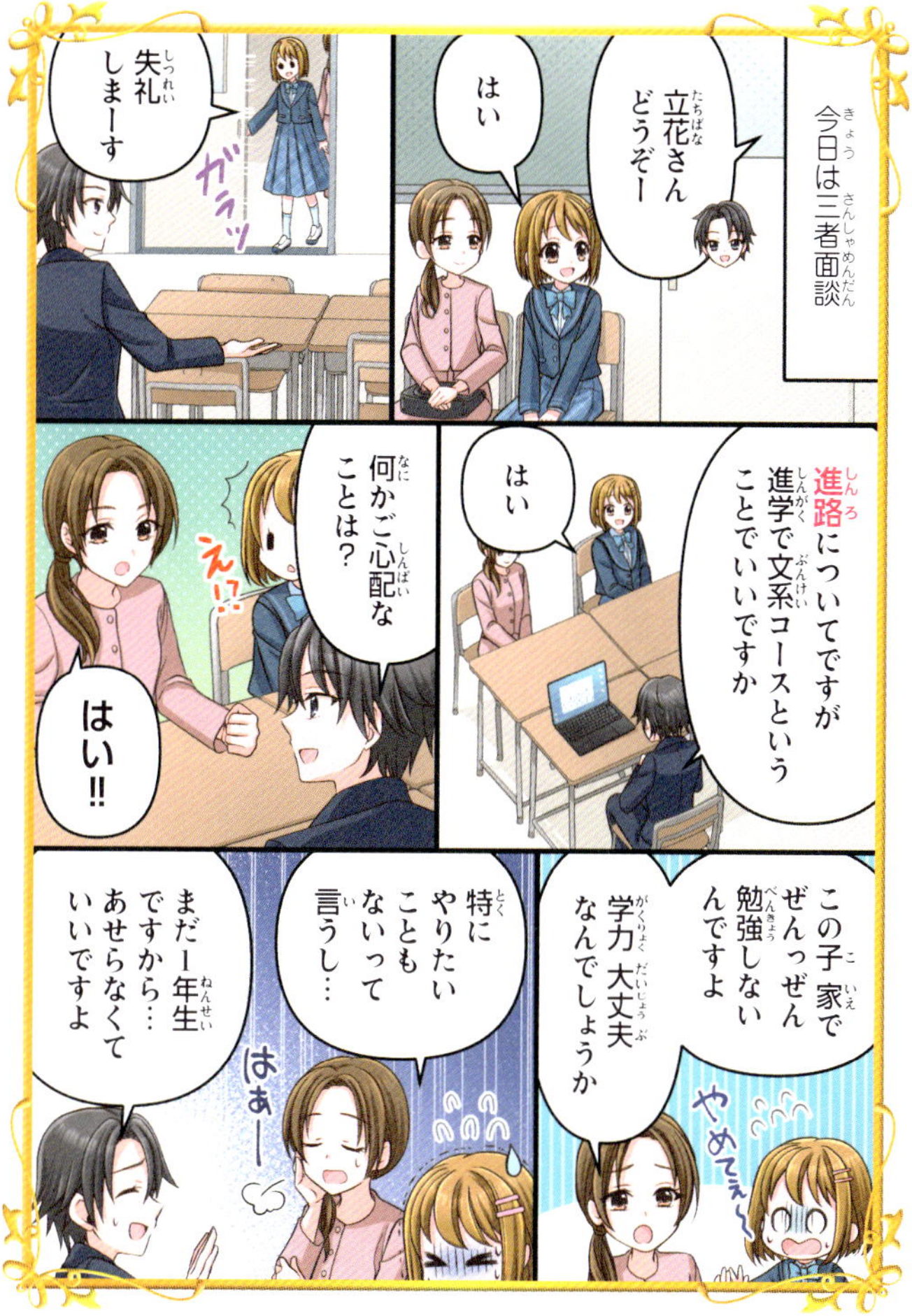
今日《きょう》は三者面談《さんしゃめんだん》
立花《たちばな》さんどうぞー
はい
失礼《しつれい》しまーす
ガラッ
進路《しんろ》についてですが進学《しんがく》で文系《ぶんけい》コースということでいいですか
はい
何《なに》かご心配《しんぱい》なことは？
え!?
はい!!
この子《こ》家《いえ》でぜんっぜん勉強《べんきょう》しないんですよ
学力《がくりょく》大丈夫《だいじょうぶ》なんでしょうか
やめてぇ〜
特《とく》にやりたいこともないって言《い》うし…
はぁー
まだ1年生《ねんせい》ですから…あせらなくていいですよ

進路《しんろ》	針路《しんろ》
人《ひと》や車《くるま》、物事《ものごと》の進《すす》む道《みち》。	船《ふね》や飛行機《ひこうき》、集団《しゅうだん》などの進《すす》む方向《ほうこう》。

使い分けのポイント

進路《しんろ》は何《なに》かが進《すす》む方向《ほうこう》についてさまざまな場面《ばめん》で使《つか》われ、針路《しんろ》は船《ふね》や飛行機《ひこうき》などが進《すす》む方向《ほうこう》を表《あらわ》すときに使《つか》う。

例文

♥台風《たいふう》が日本《にほん》を縦断《じゅうだん》する進路《しんろ》で近《ちか》づいている。

♥その船《ふね》は北《きた》に針路《しんろ》をとった。

なるほど！

針路《しんろ》の針《はり》は何《なん》の針《はり》？

この針《はり》は羅針盤《らしんばん》（コンパス）の針《はり》のこと。船《ふね》や飛行機《ひこうき》の進《すす》む方向《ほうこう》を測《はか》るために使《つか》っていることが由来《ゆらい》だよ。

まちがいさがし

ヨシノからサオリへお手紙《てがみ》メモが回《まわ》ってきたよ。

ねえお嬢《じょう》、こんどいっしょに

スマホ新《あたら》しいのに買《か》えない？

あとさー、数学《すうがく》で言《い》ってた

線大将《せんたいしょう》ってなんだっけ？

教《おし》えてオネガイ!!

ヨシノ♥

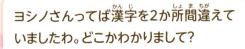

ヨシノさんってば漢字《かんじ》を2か所《しょ》間《ま》違《ちが》えていましたわ。どこかわかりまして?

答《こた》えは253ページを見《み》てね。

同訓異字

やめる

＊止《や》める・辞《や》める

夏休《なつやす》み
ブーン
あち〜〜
あれ お姉《ねえ》ちゃん いたの？
ドサッ
はあ〜 ちょっと 休憩《きゅうけい》…
バイトは？
辞《や》めた
大学受験《だいがくじゅけん》だから 勉強《べんきょう》してるのよ
カオリも やりたいことが なくてもいいから 勉強《べんきょう》はちゃんと やって 大学《だいがく》には 行《い》ったほうがいいよ
お姉《ねえ》ちゃん まで そんな こと言《い》う？
カチッ
はーーい…
それより 扇風機《せんぷうき》 固定《こてい》するの 止《や》めて!! 風《かぜ》が 来《こ》ないじゃん

止《や》める	辞《や》める
していることを終《お》わりにする。予定《よてい》を取《と》り消《け》す。	仕事《しごと》や役割《やくわり》から退《しりぞ》くこと。

使い分けのポイント

止《や》めるは今《いま》まで続《つづ》けてきた動作《どうさ》や行為《こうい》を終《お》わらせるときや、予定《よてい》を中止《ちゅうし》するときに使《つか》う。辞《や》めるはそれまでの職《しょく》や地位《ちい》から離《はな》れるときに使《つか》う。

例文

- 疲《つか》れたので、走《はし》るのを止《や》めた。
- 大雨《おおあめ》の予報《よほう》が出《で》ていたので、博《はく》物館《ぶつかん》へ行《い》くのを止《や》めた。
- 兄《あに》は今日《きょう》、会社《かいしゃ》を辞《や》めると言《い》っていた。

同訓異字

のる　乗《の》る・載《の》る

夏休《なつやす》み前《まえ》――
あのさあ
夏休《なつやす》みにみんなで
※お嬢《じょう》のうちに遊《あそ》びに行《い》こうと思《おも》ってるんだ
えっ
※サオリのこと
ダメ？
構《かま》いませんけど いつの間《ま》に決《き》まったんですの？
さっき
みんなーいいってー いつにする～？
やったー!!
えっ？
――というわけで サオリの家《いえ》へ行《い》くことになった
リムジン来《き》たー!!
すごい荷物《にもつ》…
お待《ま》たせいたしました
みんな乗《の》ろうぜ!!
おっちゃん これトランクに載《の》るかなあ
かしこまりました
気《き》をつけてくれよ

乗《の》る	載《の》る
物《もの》や乗《の》り物《もの》、流《なが》れなどの上《うえ》や中《なか》にいる状態《じょうたい》。勢《いきお》いにまかせて進《すす》むこと。	物《もの》が何《なに》かの上《うえ》に置《お》かれる。本《ほん》や雑誌《ざっし》に取《と》り上《あ》げられる。

使い分けのポイント

乗《の》るに比《くら》べて載《の》るのほうが使《つか》う場面《ばめん》が限《かぎ》られている。主語《しゅご》が人《ひと》ならば乗《の》る、主語《しゅご》が人以外《ひといがい》ならば載《の》るを使《つか》うことが多《おお》い。

例文

- 友人《ゆうじん》の相談《そうだん》に乗《の》る。
- 調子《ちょうし》に乗《の》っているといつか痛《いた》い目《め》に遭《あ》うよ。
- 注文《ちゅうもん》した料理《りょうり》が載《の》ったお皿《さら》が運《はこ》ばれてきた。
- 新聞《しんぶん》にインタビュー記事《きじ》が載《の》っていた。

おお すげ～
さすが伊集院家《いじゅういんけ》 彫刻《ちょうこく》が飾《かざ》られている
かわいい!
勝手《かって》に触《さわ》るとまずいんじゃない?
わぁ…
すごい豪邸《ごうてい》…
みなさまようこそ
サオリさん わたくしもご挨拶《あいさつ》を…
奥様《おくさま》 お体《からだ》に障《さわ》ります
お母様《かあさま》!

同訓異字

さわる
触《さわ》る・障《さわ》る

触《さわ》る	障《さわ》る
体《からだ》の一部《いちぶ》が物《もの》などにつく。関《かか》わりをもつ。	悪《わる》い影響《えいきょう》がある。

使い分けのポイント

触《さわ》るは、体《からだ》が何《なに》かに軽《かる》く当《あ》たったときに使《つか》う。**障《さわ》る**は何《なに》かの邪魔《じゃま》になったり差《さ》し支《つか》えるときに使《つか》う。

例文

♥友人《ゆうじん》が飼《か》っているハムスターに**触《さわ》って**みた。

♥**触《さわ》ら**ぬ神《かみ》にたたりなしと言《い》うからね。よけいなことはしないほうがいいよ。

なるほど!

「気《き》に障《さわ》る」
他《ほか》の人《ひと》をいやな気分《きぶん》にさせたり、気《き》持《も》ちを傷《きず》つけたりすること。

類義語

今後《こんご》★以後《いご》

お体《からだ》は大丈夫《だいじょうぶ》ですの？
みなさま サオリと仲《なか》よくしてくださって ありがとう
今後《こんご》とも よろしくお願《ねが》い しますね
もちろん!!
お嬢《じょう》とはズッ友《とも》だぜ!!
ふふ… ありがとう
奥様《おくさま》 そろそろ…
母《はは》は体《からだ》が弱《よわ》くて…
お母《かあ》さん大変《たいへん》だな…
おっと忘《わす》れるところだった
あ…気《き》になってたトランク…
手土産《てみやげ》持《も》ってきた！ オレの親《おや》がやってる店《みせ》のスイーツ詰《つ》め合《あ》わせ！
スイーツですって!?
バッ!!
ありがたくちょうだいいたしますわ…
コホン。

今後《こんご》	以後《いご》
今《いま》より後《あと》のこと。	あるときから後《あと》のこと。

使い分けのポイント

今後《こんご》は「今《いま》」から後《あと》、という意味《いみ》。**以後《いご》**は基準《きじゅん》となる時点《じてん》があって、それより後《あと》のこと。

例文

♥「**今後《こんご》**気《き》をつけます」

♥「宿題《しゅくだい》を忘《わす》れないように、**以後《いご》**注意《ちゅうい》してください」

まだまだあるよ！類義語《るいぎご》

永久《えいきゅう》…長《なが》い間《あいだ》、物事《ものごと》が続《つづ》くこと。時間的《じかんてき》に、いつまでも続《つづ》くこと。

永遠《えいえん》…時間《じかん》を超《こ》えて存在《そんざい》すること。

♥**永久《えいきゅう》**に動《うご》き続《つづ》ける機械《きかい》をつくりたいな。

♥ぼくたちの友情《ゆうじょう》は**永遠《えいえん》**に続《つづ》く。

食事会《しょくじかい》
すご！
ごゆっくりめし上《あ》がって
こんなの食《た》べたことないです…
うめぇ〜〜
ねえ サオリさんて学年《がくねん》1位《い》じゃない？
勉強《べんきょう》だけじゃなくて スポーツや美術《びじゅつ》もがんばっているよね…どうして？
わたくしは両親《りょうしん》の愛《あい》を一身《いっしん》に受《う》けて育《そだ》ちました
その期待《きたい》に添《そ》いたい一心《いっしん》でがんばっておりますの
それに将来《しょうらい》はお父様《とうさま》の会社《かいしゃ》を継《つ》ぎたいのです
お父様《とうさま》の会社《かいしゃ》はヨカクに次《つ》ぐ業界第《ぎょうかいだい》2位《い》ですがわたくしの代《だい》で必《かなら》ず1位《い》にしてみせますわ
すごいねえ…
同《おな》じ年《とし》でそこまで考《かんが》えているなんて…

同音異義語

いっしん

一身《いっしん》・一心《いっしん》・一新《いっしん》

一身《いっしん》	自分自身《じぶんじしん》。自分《じぶん》の体《からだ》。
一心《いっしん》	心《こころ》を1つのことに集中《しゅうちゅう》すること。
一新《いっしん》	物事《ものごと》を完全《かんぜん》に新《あたら》しくする（なる）こと。

例文

- 責任《せきにん》を一身《いっしん》に負《お》う。
- 見《み》つけたい一心《いっしん》で探《さが》した。
- メンバーが一新《いっしん》された。

同訓異字

つぐ

次《つ》ぐ・継《つ》ぐ

次《つ》ぐ	すぐその下《した》に位置《いち》する。すぐ後《あと》に続《つづ》く。
継《つ》ぐ	前《まえ》の人《ひと》の仕事《しごと》などを引《ひ》き継《つ》いで行《おこな》う。

例文

- 春《はる》に次《つ》いで秋《あき》が好《す》きだ。
- 電車《でんしゃ》を乗《の》り継《つ》いで海《うみ》に行《い》く。

類義語

材料《ざいりょう》★原料《げんりょう》

ジュー
めずらしいね 料理《りょうり》してるの？
家庭科《かていか》の宿題《しゅくだい》
夕食《ゆうしょく》づくりだよ～
ふーん
この材料《ざいりょう》から予想《よそう》すると…
グラタンだね？
あたり!!
夕食後《ゆうしょくご》
えーと…
ねえ お姉《ねえ》ちゃん
ん？
プラスチックの原料《げんりょう》って何《なん》だっけ？
石油《せきゆ》？
そうだよ
サンキュー
何《なに》やってんの？
宿題《しゅくだい》
お姉《ねえ》さまが教《おし》えてあげよっか
後《あと》は自分《じぶん》でできる

材料《ざいりょう》	原料《げんりょう》
物《もの》をつくるときに元《もと》として必要《ひつよう》とされるもの。	物《もの》をつくるときに元《もと》として使《つか》われ、原形《げんけい》をとどめていないもの。素材《そざい》。

使い分けのポイント

どちらも物《もの》をつくる元《もと》になるもののことで、物《もの》が完成《かんせい》したときに原形《げんけい》がわかるものが材料《ざいりょう》、わからないものが原料《げんりょう》。あいまいなときは「原材料《げんざいりょう》」という。

例文

♥工作《こうさく》の材料《ざいりょう》に折《お》り紙《がみ》がほしい。
♥夕飯《ゆうはん》の材料《ざいりょう》を買《か》いに行《い》く。
♥紙《かみ》の原料《げんりょう》のパルプは木材《もくざい》からつくられる。
♥アルミニウムの原料《げんりょう》は輸入《ゆにゅう》に頼《たよ》っている。

サオリ＆ヨシノ 仲《なか》よしエピソード

ヨシノさん あなたそれで よく入学《にゅうがく》できましたわね…
卒業《そつぎょう》できるかもアヤシイよな～

対義語

入学《にゅうがく》

生徒《せいと》や学生《がくせい》として学校《がっこう》に入《はい》ること。

卒業《そつぎょう》

決《き》められた学習《がくしゅう》をすべて終《お》えて、学校《がっこう》を出《で》ること。

数学《すうがく》って人生《じんせい》に必要《ひつよう》なのかなあ
不要《ふよう》なわけありませんわ!!

対義語

必要《ひつよう》

なくてはならないこと。

不要《ふよう》

なくても困《こま》らないこと。

英語《えいご》の予習《よしゅう》するの忘《わす》れてたぜ
わたくしと今《いま》からやれば間《ま》に合《あ》いますわ
放課後《ほうかご》は一緒《いっしょ》に復習《ふくしゅう》もしますわよ!!
モグモグ

対義語

予習《よしゅう》

まだ習《なら》っていないところを、授業《じゅぎょう》を受《う》ける前《まえ》に勉強《べんきょう》しておくこと。

復習《ふくしゅう》

習《なら》ったことをくり返《かえ》し勉強《べんきょう》すること。

同訓異字

つとめる 努《つと》める・勤《つと》める・務《つと》める

2学期《がっき》
進路《しんろ》かあ…
みんなに聞《き》いてみようかな…
ヨシノの場合《ばあい》
大金持《おおがねも》ちになりたい!!
アカリの場合《ばあい》
やりたいことがなくたっていいんじゃない?
まーちゃんは声優《せいゆう》目指《めざ》しているし…
スミレさんはどうだろう?
然《しか》るべき大学《だいがく》へ行《い》き然《しか》るべき研究《けんきゅう》機関《きかん》に入《はい》るために
日々《ひび》研究《けんきゅう》に努《つと》めているが?
飲《の》むか?
今度《こんど》はおいしそうな匂《にお》い…
くん くん
ゲホッ
わっはっはー
まずっ!!!
匂《にお》いはいいけど味《あじ》は最悪《さいあく》だった

学食《がくしょく》
この前《まえ》兄貴《あにき》がさぁ
お兄《にい》さんいるんだ
うん もう社会人《しゃかいじん》だけどね
どんな会社《かいしゃ》に勤《つと》めてるの?
サラリーマン?
オヤジの会社《かいしゃ》ってかお店《みせ》
パティスリーヨシノだよ
洋菓子店《ようがしてん》だっけ?
前《まえ》にいただいたスイーツ最高《さいこう》でしたわ

努《つと》める	勤《つと》める	務《つと》める
目標《もくひょう》に向《む》かって一生懸命《いっしょうけんめい》にがんばること。	会社《かいしゃ》などにやとわれて働《はたら》くこと。	役目《やくめ》を受《う》けもつこと。任務《にんむ》を果《は》たすこと。

使い分けのポイント

努《つと》めるは「力《ちから》いっぱいがんばる」「努力《どりょく》する」という意味《いみ》。勤《つと》めるは会社《かいしゃ》などで働《はたら》くこと、務《つと》めるは役《やく》割《わり》や任務《にんむ》を引《ひ》き受《う》けて働《はたら》くこと。

例文

- 成績《せいせき》が上《あ》がるように努《つと》める。
- 母《はは》は保育園《ほいくえん》に勤《つと》めている。
- 今学期《こんがっき》は、ぼくと田中《たなか》さんが学《がっ》級《きゅう》委員《いいん》を務《つと》めることになった。

同音異義語

しょうひん

商品《しょうひん》♥賞品《しょうひん》

お嬢《じょう》
なんですの？
これ うちの 新商品《しんしょうひん》 やるよ
えっ!! 新商品《しんしょうひん》!?
どうしたん ですの？
コホン
いや…また 勉強教《べんきょうおし》えて ほしいって いうか…
その…
こんなもの いただか なくても 教《おし》えますわ お友《とも》だちですもの!!
モグ モグ
わたくしのこと 何《なん》だと思《おも》って いますの!?
食《く》いしんぼう
おいしいですわ!!

友《とも》だちの高校《こうこう》の 文化祭《ぶんかさい》に誘《さそ》われ たんだけど
行《い》かない？
うーん…
ビンゴの賞品《しょうひん》が 豪華《ごうか》なのと… 『スパスパ』の 声優《せいゆう》さんが 来《く》るって
行《い》く

商品《しょうひん》	賞品《しょうひん》
売《う》ったり買《か》ったりするための品物《しなもの》やサービス。	ごほうびとしてもらえる品《しな》物《もの》やお金《かね》など。

使い分けのポイント

商品《しょうひん》はお金《かね》で売《う》り買《か》いされるもの。賞品《しょうひん》はくじに当《あ》たったり賞《しょう》をとったりしたときにもらうもの。

例文

♥新《あたら》しい商品《しょうひん》を宣伝《せんでん》する。

♥入賞《にゅうしょう》して賞品《しょうひん》をもらった。

なるほど！

形《かたち》のない商品《しょうひん》もある

美容院《びよういん》で髪《かみ》を切《き》ることやタクシーがお客《きゃく》を運《はこ》ぶサービスも、お金《かね》で売《う》る「商品《しょうひん》」だよ。

類義語

想像《そうぞう》★空想《くうそう》

文化祭《ぶんかさい》に行《い》った翌日《よくじつ》
ビンゴ当《あ》たらなかったね
マナカは『スパスパ』の声優《せいゆう》さんを生《なま》で見《み》られてよかったですけど♥
はあ…
かおりん大丈夫《だいじょうぶ》？
そっとしておきましょう
友《とも》だちに彼氏《かれし》ができるなんて想像《そうぞう》もしていなかったんですから…
ういっス～
彼氏《かれし》なの～
←中学《ちゅうがく》の友《とも》だちあーちゃん
彼氏《かれし》って…
空想《くうそう》の生《い》き物《もの》じゃなかったの…!?
ぐしゃっ!!

想像《そうぞう》	空想《くうそう》
現実《げんじつ》では経験《けいけん》していないことを思《おも》い浮《う》かべること。	現実《げんじつ》にはないことを思《おも》い描《えが》くこと。

使い分けのポイント

想像《そうぞう》は現実《げんじつ》に基《もと》づいて、将来《しょうらい》の仕《し》事《ごと》や行《い》ってみたい場所《ばしょ》などを思《おも》い描《えが》くときに使《つか》う。空想《くうそう》は現実《げんじつ》にあるはずがないものを思《おも》い描《えが》くときに使《つか》う。

例文

- 50年後《ねんご》の生活《せいかつ》を想像《そうぞう》する。
- 妹《いもうと》が空想《くうそう》にふけっている。
- 空想《くうそう》科学小説《かがくしょうせつ》を読《よ》むのは楽《たの》しい。

なるほど!

よくない意味《いみ》で使《つか》う「妄想《もうそう》」

根拠《こんきょ》もないのに、それが本当《ほんとう》のことだと思《おも》いこんでしまうことを「妄想《もうそう》」というよ。

類義語

一生《いっしょう》★終生《しゅうせい》

2月《がつ》14日《か》
なんですのこれは!!
チョコですわ…
マシュマロですわ…!!
クッキーですわ!!
スイーツですわあああああ!!
バレンタインだよん
スイーツ好《ず》きなお嬢《じょう》のためにみんなで用意《ようい》したぜ
この日《ひ》のことは終生《しゅうせい》忘《わす》れませんわ!!
ありがとうございます!!
ぬぅ…
大げさだなぁ
サオリくん
ボクからも特製《とくせい》チョコドリンクだ
受《う》け取《と》ってくれたまえ
それはいりませんわ

一生《いっしょう》	生《う》まれてから死《し》ぬまでの期《き》間《かん》のこと。
終生《しゅうせい》	あるときから、命《いのち》が終《お》わるまでの期間《きかん》のこと。

使い分けのポイント

一生《いっしょう》は人生全《じんせいすべ》ての間《あいだ》を意味《いみ》する。終生《しゅうせい》は今《いま》、またはある時点《じてん》から死《し》ぬまでの間《あいだ》のこと。

例文

- 作曲《さっきょく》に一生《いっしょう》をささげるつもりだ。
- 彼《かれ》は終生《しゅうせい》の友人《ゆうじん》になった。
- これが、のちに終生《しゅうせい》のライバルとなるふたりの出会《であ》いだった。

なるほど!

「終生《しゅうせい》」と「終身《しゅうしん》」

この2つの意味《いみ》はほとんど同《おな》じで、残《のこ》りの人生全部《じんせいぜんぶ》ということ。保険会社《ほけんがいしゃ》の商品《しょうひん》で「終身保険《しゅうしんほけん》」など、よく耳《みみ》にする機会《きかい》があるね。

同訓異字

のびる
伸《の》びる・延《の》びる

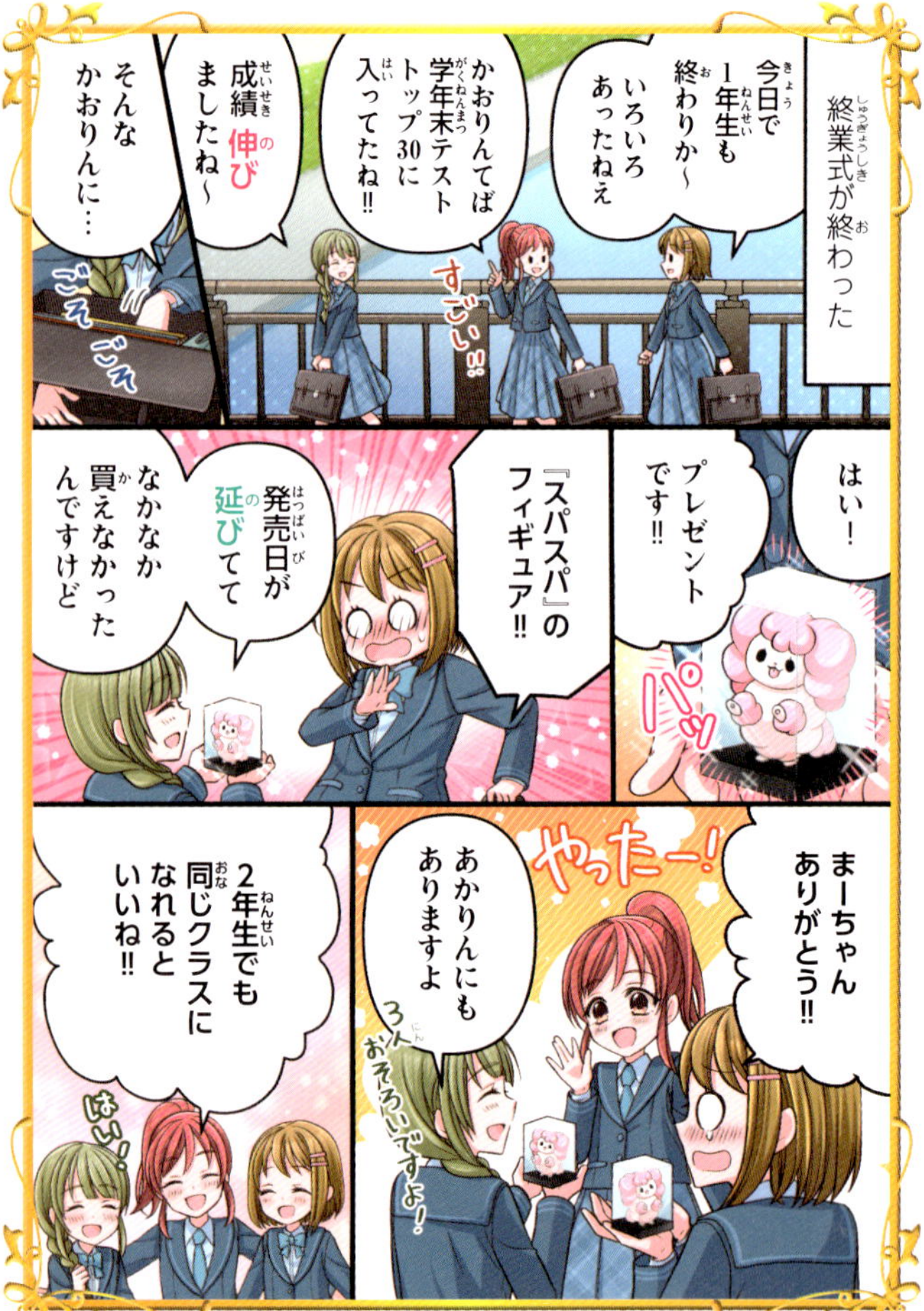

終業式《しゅうぎょうしき》が終《お》わった
今日《きょう》で1年生《ねんせい》も終《お》わりか〜
いろいろあったねえ
かおりんてば学年末《がくねんまつ》テストトップ30に入《はい》ってたね!!
すごい!!
成績《せいせき》伸《の》びましたね〜
そんなかおりんに…
ごそごそ
はい!
プレゼントです!!
パッ
『スパスパ』のフィギュア!!
発売日《はつばいび》が延《の》びててなかなか買《か》えなかったんですけど
まーちゃんありがとう!!
やったー!
あかりんにもありますよ
3人《にん》おそろいですよ!
2年生《ねんせい》でも同《おな》じクラスになれるといいね!!
はい!

伸《の》びる	長《なが》さや距離《きょり》が長《なが》くなること。発展《はってん》・向上《こうじょう》すること。
延《の》びる	もともと決《き》まっていた時間《じかん》や距離《きょり》が長《なが》くなること。

使い分けのポイント

ゴムや身長《しんちょう》など、何《なに》かが物理的《ぶつりてき》に長《なが》くなるときに使《つか》うのが**伸《の》びる**。**延《の》びる**は、基本的《きほんてき》には時間《じかん》や距離《きょり》が長《なが》くなるときに使《つか》う。元《もと》からあるものに、何《なに》かをつなげて長《なが》くするときにも使《つか》う。

例文

- 「急《きゅう》に背《せ》が**伸《の》び**たね〜」
- ついついおやつに手《て》が**伸《の》びる**。
- 線路《せんろ》が隣《となり》の県《けん》まで**延《の》びる**ことが決《き》まった。
- 相手《あいて》の学校《がっこう》の都合《つごう》で、練習試合《れんしゅうじあい》が来週《らいしゅう》に**延《の》び**た。

同訓異字

はく
履《は》く・*穿《は》く

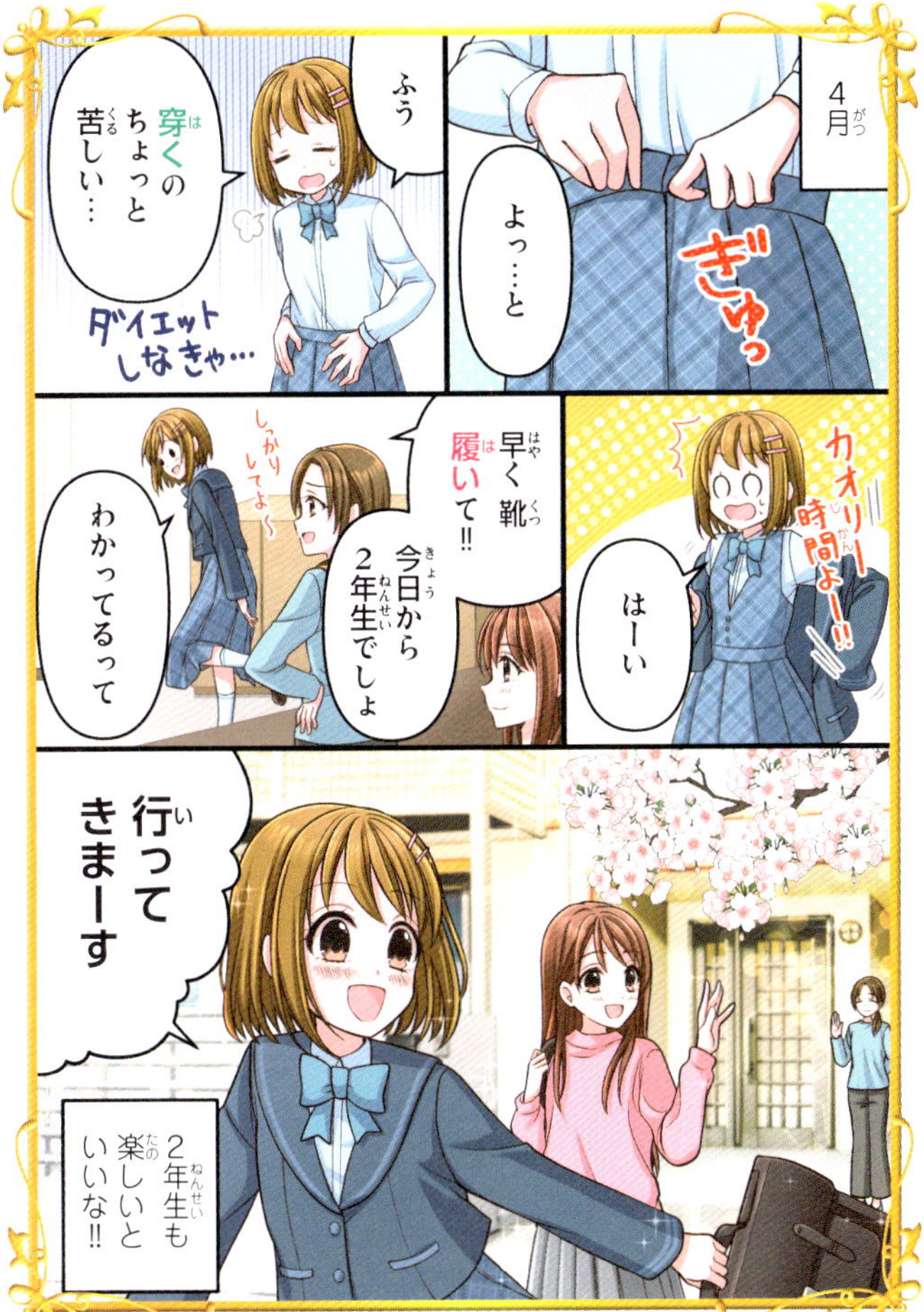
4月《がつ》
ぎゅっ
よっ…と
ふう
穿《は》くのちょっと苦《くる》しい…
ダイエットしなきゃ…
カオリー時間《じかん》よー!!
はーい
早《はや》く靴《くつ》履《は》いて!!
今日《きょう》から2年生《ねんせい》でしょ
しっかりしてよ〜
わかってるって
行《い》ってきまーす
2年生《ねんせい》も楽《たの》しいといいな!!

履《は》く	穿《は》く
足《あし》に着《つ》けること。	衣類《いるい》を下半身《かはんしん》に身《み》に着《つ》けること。

使い分けのポイント

履《は》くは、靴《くつ》や靴下《くつした》などを身《み》に着《つ》けるときに使《つか》う。穿《は》くは主《おも》にズボンやスカートなど、足先《あしさき》を通《とお》して衣類《いるい》を身《み》に着《つ》けるときに使《つか》う。「はく」とひらがなで書《か》くことが多《おお》い。

例文

- 新《あたら》しい靴《くつ》を履《は》く。
- 卒業式《そつぎょうしき》にはかまを穿《は》く。

なるほど!

手袋《てぶくろ》も「はく」!?

手袋《てぶくろ》を身《み》に着《つ》けることを「はく」と言《い》う地方《ちほう》もある。他《ほか》には「手袋《てぶくろ》をする」「手袋《てぶくろ》をはめる」「手袋《てぶくろ》をつける」などと言《い》うよ。

まだまだあるよ！同訓異字《どうくんいじ》

おう

追《お》う	急《いそ》いで後《あと》をついていく。順番《じゅんばん》に進《すす》める。
負《お》う	背中《せなか》や肩《かた》に荷物《にもつ》を載《の》せる。傷《きず》をつくる。

例文

♥かごから逃《に》げたハムスターを**追《お》い**かけた。

♥今日《きょう》起《お》こったことを、順《じゅん》を**追《お》っ**て話《はな》した。

♥リュックを背**負《せお》っ**て山《やま》に登《のぼ》った。

♥不注意《ふちゅうい》で傷《きず》を**負《お》っ**てしまった。

かた

形《かた》	目《め》に見《み》える物《もの》の姿《すがた》。証拠《しょうこ》として残《のこ》すもの。
型《かた》	物《もの》の形《かたち》を取《と》り出《だ》すためのもの。決《き》まったやり方《かた》。決《き》まった大《おお》きさ。

クッキーの型《かた》買《か》いに行《い》くのつき合《あ》ってくれない？

例文

♥プレゼントはピラミッド**形《がた》**の箱《はこ》に入《はい》っていた。

♥使《つか》わなくなったケーキの**型《かた》**を他《ほか》のことに使《つか》えないだろうか。

♥「うちの自動車《じどうしゃ》、最新**型《さいしんがた》**でかっこいいでしょ」

きく

聞《き》く	音《おと》や声《こえ》を耳《みみ》に受《う》ける。人《ひと》の意見《いけん》を受《う》け入《い》れる。
聴《き》く	注意《ちゅうい》をして耳《みみ》を傾《かたむ》ける。

例文

♥彼《かれ》は海辺《うみべ》で波《なみ》の音《おと》を**聞《き》い**ていた。

♥政府《せいふ》には国民《こくみん》の声《こえ》を**聞《き》い**てほしい。

♥「ぼくの願《ねが》いを**聞《き》い**てよ」

♥好《す》きな音楽《おんがく》を**聴《き》い**ていたいな。

きわめる

極《きわ》める	先《さき》のないところまで行《い》き着《つ》く。これ以上《いじょう》ないくらいの程度《ていど》になる。
究《きわ》める	深《ふか》く研究《けんきゅう》をすること。

例文

♥平清盛《たいらのきよもり》が栄華《えいが》を極《きわ》めた理由《りゆう》の1つに、娘《むすめ》を帝《みかど》の妃《きさき》にしたことが挙《あ》げられる。

♥「高校受験《こうこうじゅけん》のために得意科目《とくいかもく》を究《きわ》めたいんだ」

つつしむ

慎《つつし》む	間違《まちが》いのないように気《き》をつけること。
謹《つつし》む	うやうやしくふるまうこと。

例文

♥授業中《じゅぎょうちゅう》は私語《しご》を慎《つつし》むべきだ。

♥年賀状《ねんがじょう》の挨拶《あいさつ》は「謹《つつし》んで新年《しんねん》のお慶《よろこ》びを申《もう》し上《あ》げます」にしよう。

とうとい

尊《とうと》い	自分《じぶん》に尊敬《そんけい》の気持《きも》ちを起《お》こさせるようなこと。
貴《とうと》い	客観的《きゃっかんてき》に非常《ひじょう》に価値《かち》が高《たか》いこと。

例文

♥お釈迦様《しゃかさま》の尊《とうと》い教《おし》えを聞《き》いた。

♥医師《いし》のおかげで貴《とうと》い命《いのち》が救《すく》われた。

※価値《かち》が高《たか》いものに対《たい》しても「尊《とうと》い」を使《つか》うことが多《おお》い。

とく

解《と》く	ほどく。答《こた》えを出《だ》す。取《と》り除《のぞ》く。
説《と》く	わかりやすく伝《つた》える。

例文

♥難《むずか》しいパズルを解《と》くのが好《す》き。

♥先生《せんせい》は道徳《どうとく》の大切《たいせつ》さを説《と》いた。

ととのえる

整《ととの》える	乱《みだ》れを直《なお》してきれいにする。
調《ととの》える	必要《ひつよう》なものをそろえる。好《この》ましい状態《じょうたい》に調整《ちょうせい》すること。

例文

♥球団《きゅうだん》の新《しん》シーズンの体制《たいせい》が整《ととの》った。

♥塩《しお》でチャーハンの味《あじ》を調《ととの》える。

とらえる

捉《とら》える	手《て》でしっかりとつかむこと。自分《じぶん》のものにすること。
捕《と》らえる	後《あと》を追《お》いかけて取《と》り押《お》さえる。

例文

♥物事《ものごと》を前向《まえむ》きに捉《とら》えたい。

♥モデルの特徴《とくちょう》を捉《とら》えた似顔絵《にがおえ》だ。

♥警察官《けいさつかん》がすぐに犯人《はんにん》を捕《と》らえた。

ならう

習《なら》う	知識《ちしき》や技術《ぎじゅつ》の教《おし》えを受《う》ける。
倣《なら》う	真似《まね》をする。

例文

- 来月《らいげつ》からバイオリンを習《なら》うんだ。
- お手本《てほん》に倣《なら》って、筆《ふで》で漢字《かんじ》を書《か》く。

はえる

生《は》える	草《くさ》や木《き》が伸《の》びる。角《つの》などが出《で》てくる。
映《は》える	光《ひかり》が当《あ》たって輝《かがや》く。周《まわ》りとの関係《かんけい》で引《ひ》き立《た》って見《み》えること。
栄《は》える	盛《さか》んであること。目立《めだ》つこと。

例文

- いつの間《ま》にか庭《にわ》に木《き》が生《は》えていた。
- シカはオスだけに角《つの》が生《は》えている。
- 夕日《ゆうひ》に映《は》える木立《こだち》が美《うつく》しい。
- 赤《あか》いネクタイが白《しろ》いシャツに栄《は》えている。

はかる

図《はか》る	計画《けいかく》する。工夫《くふう》する。
謀《はか》る	悪《わる》いことを計画《けいかく》する。

例文

- 弟《おとうと》の誕生日《たんじょうび》に、サプライズパーティーを図《はか》っている。
- 部活《ぶかつ》の練習方法《れんしゅうほうほう》に無駄《むだ》が多《おお》いので、効率化《こうりつか》を図《はか》っているところだ。
- その侍《さむらい》は「おのれ謀《はか》ったな」と言《い》って相手《あいて》をにらみつけた。

ふね

船《ふね》	人《ひと》や荷物《にもつ》を運《はこ》ぶ水上《すいじょう》の乗《の》り物《もの》。
舟《ふね》	小型《こがた》で、手《て》でこぐタイプの水上《すいじょう》の乗《の》り物《もの》。

例文

- 港《みなと》に着《つ》いたので船《ふね》を降《お》りた。
- 湖《みずうみ》で手《て》こぎの舟《ふね》に乗《の》った。

船《ふね》の準備《じゅんび》もしておきますので
よろしく頼《たの》みますわ

へる

減《へ》る	数《かず》や量《りょう》などが少《すく》なくなる。
経《へ》る	時間《じかん》が過《す》ぎる。ある決《き》まったところを通《とお》る。

例文
- ♥商店街《しょうてんがい》は夕暮《ゆうぐ》れになると人《ひと》が減《へ》ってしまった。
- ♥時《とき》を経《へ》て人気番組《にんきばんぐみ》が再放送《さいほうそう》された。
- ♥彼《かれ》は審査《しんさ》を経《へ》て、役者《やくしゃ》として採用《さいよう》された。

まち

町《まち》	住宅《じゅうたく》が集《あつ》まっているところ。
街《まち》	人《ひと》が多《おお》くてにぎやかなところ。

例文
- ♥無心《むしん》で自転車《じてんしゃ》をこいでいたらとなりの町《まち》に着《つ》いていた。
- ♥夜《よる》になると街《まち》の明《あ》かりがきれいに見《み》える。

み

身《み》	人間《にんげん》の体《からだ》や心《こころ》。自分《じぶん》のこと。身分《みぶん》。食《た》べられる部分《ぶぶん》。
実《み》	植物《しょくぶつ》の種子《しゅし》や果実《かじつ》。汁物《しるもの》の具《ぐ》。内容《ないよう》や中身《なかみ》。

例文
- ♥そこの茂《しげ》みに身《み》を隠《かく》していてくれ。
- ♥黙《だま》っているほうが身《み》のためだと思《おも》った。
- ♥身《み》の程《ほど》をわきまえないといけない。
- ♥このウニは身《み》がいっぱいに詰《つ》まっている。
- ♥ホウセンカの実《み》が次《つぎ》つぎと弾《はじ》けた。
- ♥実《み》のない議論《ぎろん》をしていても仕方《しかた》がない。

もうける

設《もう》ける	機会《きかい》をつくる。場所《ばしょ》などをつくる。
*儲《もう》ける	利益《りえき》を得《え》る。

例文
- ♥話《はな》し合《あ》いの場《ば》を設《もう》けてほしい。
- ♥役所《やくしょ》に子育《こそだ》ての相談窓口《そうだんまどぐち》が設《もう》けられたそうだ。
- ♥古着《ふるぎ》を売《う》って儲《もう》けたお金《かね》で映画《えいが》を見《み》に行《い》きたい。

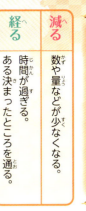

2章《しょう》

歴史部《れきしぶ》を人気投票《にんきとうひょう》1位《い》にするぞ!!

ナオは高校《こうこう》の歴史部《れきしぶ》に入《はい》っている。「文化祭《ぶんかさい》の人気投票《にんきとうひょう》で1位《い》になりたい!!」と部長《ぶちょう》は言《い》うけれど…。部員《ぶいん》や友人《ゆうじん》たちと作《つく》り上《あ》げた歴史部《れきしぶ》の展示《てんじ》。はたして人気投票《にんきとうひょう》の結果《けっか》は…!?

採《さい》決《けつ》・裁《さい》決《けつ》

わかったわかった 全員《ぜんいん》そろったら 採決《さいけつ》をとろう
どう どう

特《とく》徴《ちょう》・特《とく》長《ちょう》

関羽《かんう》らしさっていうか 特徴《とくちょう》がわかるようにしたい
長《なが》いひげと赤《あか》ら顔《がお》とか

掘《ほ》る・彫《ほ》る

それ ぼくが掘《ほ》ってきたんだ
さっ
地学
すごい!!
部誌《ぶし》にレポート載《の》せてあるから読《よ》んでよ!

登場人物紹介《とうじょうじんぶつしょうかい》

歴史部《れきしぶ》

3年生《ねんせい》

部長《ぶちょう》

加藤先輩《かとうせんぱい》

副部長《ふくぶちょう》

真田先輩《さなだせんぱい》

篠原先輩《しのはらせんぱい》

2年生《ねんせい》

小松《こまつ》ナオ

日本《にほん》の戦国時代《せんごくじだい》も好《す》きだけど、中国《ちゅうごく》の『三国志《さんごくし》』も大好《だいす》き！

会計《かいけい》

1年生《ねんせい》

写真部《しゃしんぶ》

カヨ

イラスト部《ぶ》

ハンナ

生物部《せいぶつぶ》

二階堂《にかいどう》くん

類義語

発展《はってん》★進歩《しんぽ》

類義語

利用《りよう》★活用《かつよう》

まもなく文化祭《ぶんかさい》だ
運動部《うんどうぶ》には大会《たいかい》があるが
我々文化部《われわれぶんかぶ》には発表《はっぴょう》の場《ば》が少《すく》ない
ぎゅ…
小松《こまつ》ナオ
歴史部《れきしぶ》2年生《ねんせい》
文化祭《ぶんかさい》とは生徒《せいと》が主体《しゅたい》となって日《ひ》ごろの活動《かつどう》や学習《がくしゅう》の成果《せいか》を発表《はっぴょう》し合《あ》う文化的行事《ぶんかてきぎょうじ》である!!
つまり我々歴史部《われわれれきしぶ》の発展《はってん》につながるチャンスなのだ!!
うぉおおおおおおお
このようなすばらしい文化祭《ぶんかさい》を利用《りよう》しない手《て》はない!!
ザッパーーン
ふ…熱《あつ》くなってしまった…

発展《はってん》	進歩《しんぽ》
物事《ものごと》が盛《さか》んになり、より進《すす》んだ段階《だんかい》になること。	物事《ものごと》が少《すこ》しずつよいほうに進《すす》んでいくこと。

例文

♥この町《まち》は工業《こうぎょう》とともに発展《はってん》してきた。

♥家電製品《かでんせいひん》は日々《ひび》進歩《しんぽ》している。

利用《りよう》	活用《かつよう》
目的《もくてき》の良《よ》し悪《あ》しは問《と》わず、役《やく》に立《た》つように使《つか》うこと。	主《おも》によい目的《もくてき》のために、機能《きのう》や能力《のうりょく》をいかして効果的《こうかてき》に使《つか》うこと。

例文

♥通学《つうがく》にバスを利用《りよう》する。

♥旅行中《りょこうちゅう》もGPS《ジーピーエス》を活用《かつよう》する。

対義語

具体《ぐたい》 ↔ 抽象《ちゅうしょう》

おっと部活《ぶかつ》に遅《おく》れてしまう
社会科教室《しゃかいかきょうしつ》
ガラッ
失礼《しつれい》しまーす
おそいぞ小松君《こまつくん》
この人《ひと》は部長《ぶちょう》の加藤先輩《かとうせんぱい》
今日《きょう》の議題《ぎだい》は文化祭《ぶんかさい》の出《だ》し物《もの》についてだ
篠原先輩《しのはらせんぱい》
模造紙《もぞうし》の展示《てんじ》以外《いがい》にも何《なに》かやりたいよね～
歴史《れきし》とは何《なに》かと感《かん》じさせつつ全体《ぜんたい》としては楽《たの》しくリラックスできるような…
抽象的《ちゅうしょうてき》すぎてわからないんだけど…
具体的《ぐたいてき》なアイデアはないんですか？

具体《ぐたい》	抽象《ちゅうしょう》
はっきりとした姿形《すがたかたち》があるもの。	頭《あたま》の中《なか》だけで考《かんが》えていて、具体性《ぐたいせい》がないこと。また、いくつかの物事《ものごと》から共通《きょうつう》なものを抜《ぬ》き出《だ》し、それをまとめて捉《とら》えること。

例文

- 企画《きかく》を**具体**《ぐたい》案《あん》に落《お》としこむことが大切《たいせつ》だ。
- 「このマンガおもしろくないんだよ」「**具体**《ぐたい》的《てき》にどこが？」「キャラが魅力的《みりょくてき》じゃないところかな」
- **抽象**《ちゅうしょう》画《が》は、自分《じぶん》の内面《ないめん》や感情《かんじょう》を表現《ひょうげん》する絵画《かいが》だ。
- 「何《なに》かおもしろいことしたいなあ」「何《なに》かって…ずいぶん**抽象**《ちゅうしょう》的《てき》だね」

類義語

異論《いろん》★異議《いぎ》

同音異義語

いぎ 異議《いぎ》・異義《いぎ》・意義《いぎ》

今年《ことし》こそ文化部《ぶんかぶ》人気投票《にんきとうひょう》で1位《い》を取《と》りたいのだ!!
1位《い》になるとどうなるんですか?
ドーン
部費《ぶひ》が倍《ばい》になる
おおー
吉澤先生《よしざわせんせい》
歴史部顧問《れきしぶこもん》
実物大《じつぶつだい》の城《しろ》の模型《もけい》つくろうぜ
異議《いぎ》あり!!
本物《ほんもの》の武将《ぶしょう》よび出《だ》せないかな
まじめに考《かんが》えろ
お化《ば》け屋敷《やしき》!!
歴史《れきし》と関係《かんけい》あるのかそれ
わいわいわい
うーむ
なかなかまとまらんな…
明日《あした》までに考《かんが》えてくるんだ
ええ〜
異論《いろん》は認《みと》めん
では解散《かいさん》

異論《いろん》	異議《いぎ》	異義《いぎ》	意義《いぎ》
他《ほか》の違《ちが》う意見《いけん》。	ある意見《いけん》に対《たい》して、反対《はんたい》または不服《ふふく》だという意見《いけん》。	意味《いみ》が違《ちが》うこと。	言葉《ことば》の意味《いみ》や、物事《ものごと》にふさわしい価値《かち》のこと。

使い分けのポイント

異論《いろん》は他《ほか》の異《こと》なった意見《いけん》のこと。異議《いぎ》は不服《ふふく》や不満《ふまん》を表《あらわ》す意見《いけん》のことで、裁判《さいばん》のときなどに使《つか》う。異義《いぎ》は意味《いみ》が違《ちが》うこと、意義《いぎ》は物事《ものごと》の特別《とくべつ》な意味《いみ》や価値《かち》のこと。

例文

- 彼女《かのじょ》の判断《はんだん》に異論《いろん》はない。
- 判決《はんけつ》に異議《いぎ》を唱《とな》える。
- 同音《どうおん》異義《いぎ》語《ご》を調《しら》べる。
- 部活動《ぶかつどう》の意義《いぎ》について考《かんが》える。

次《つぎ》の日《ひ》
何《なに》読《よ》んでるの？
戦国武将《せんごくぶしょう》事典《じてん》です
1年生《ねんせい》
マイナーな武将《ぶしょう》ものってるんだよねー！
はい
副部長《ふくぶちょう》の真田先輩《さなだせんぱい》
小松《こまつ》さん何《なに》か考《かんが》えてきた？
はい
身長比《しんちょうくら》べができる壁画《へきが》はどうですか？
身長比《しんちょうくら》べ？
歴史上《れきしじょう》の人物《じんぶつ》で身長《しんちょう》の記録《きろく》が残《のこ》っている人《ひと》っていますよね
こんなふうにならべて描《か》いて自分《じぶん》と比《くら》べてもらうんです
一般公開《いっぱんこうかい》で来《く》るお客《きゃく》さんにもウケそうね
いいんじゃない？

同音異義語

じてん

事典《じてん》・辞典《じてん》・字典《じてん》

類義語

公開《こうかい》・公表《こうひょう》

事典《じてん》	物事《ものごと》について解説《かいせつ》した本《ほん》。
辞典《じてん》	言葉《ことば》について解説《かいせつ》した本《ほん》。
字典《じてん》	文字《もじ》について解説《かいせつ》した本《ほん》。

使い分けのポイント

物事《ものごと》の説明《せつめい》をしているのが事典《じてん》、言葉《ことば》の意味《いみ》が載《の》っているのが辞典《じてん》、文字《もじ》の解説《かいせつ》をしているのが字典《じてん》。

公開《こうかい》	不特定《ふとくてい》の人《ひと》に開放《かいほう》すること。
公表《こうひょう》	正式《せいしき》な情報《じょうほう》として世間《せけん》に発表《はっぴょう》すること。

例文

- パンダの赤《あか》ちゃんが公開《こうかい》された。
- 芸能人《げいのうじん》の結婚《けっこん》が公表《こうひょう》された。

同音異義語

さいけつ

採決《さいけつ》・裁決《さいけつ》

どの人物《じんぶつ》にする？
メジャーな人《ひと》がいいよね
戦国武将《せんごくぶしょう》なら知《し》っている人《ひと》も多《おお》そうですよね
信長《のぶなが》とか
待《ま》て 諸葛孔明《しょかつこうめい》も入《い》れてくれ
身長《しんちょう》8尺《しゃく》 当時《とうじ》の1尺《しゃく》が23cm なので、184cm
『三国志《さんごくし》』入《い》れるなら関羽《かんう》も!!
新選組《しんせんぐみ》も入《い》れるべき!!
真田幸村《さなだゆきむら》!!
わぁ
わぁ
わかったわかった 全員《ぜんいん》そろったら採決《さいけつ》をとろう
どう どう
戦国武将
○織田信長
○伊達政宗
武田信玄
○上杉謙信
○真田幸村
豊臣秀頼
新選組
○土方歳三
近藤勇
○沖田総司
斉藤一
三国志
○諸葛孔明
○関羽
劉備
張飛
じゃあこの8人《にん》で決《き》まりね
ヨシー!
やったー

採決《さいけつ》	裁決《さいけつ》
みんなで決《き》めること。	物事《ものごと》の道理《どうり》を明《あき》らかにして判断《はんだん》を下《くだ》すこと。

使い分けのポイント

採決《さいけつ》は、会議《かいぎ》で話《はな》し合《あ》ったことについて賛成《さんせい》か反対《はんたい》かの意思表示《いしひょうじ》をするよう、議長《ぎちょう》が会議《かいぎ》の参加者《さんかしゃ》に対《たい》して求《もと》めること。裁決《さいけつ》は主《おも》に裁《さい》判《ばん》のときなどに使《つか》い、最終的《さいしゅうてき》な判《はん》断《だん》を下《くだ》すこと。

例文

♥今日《きょう》の議案《ぎあん》について、参加者《さんかしゃ》の採決《さいけつ》を取《と》った。

♥「この件《けん》については先生《せんせい》に裁決《さいけつ》してもらおうよ」

同音異義語

けんとう 見当《けんとう》・検討《けんとう》

過去《かこ》 文化部《ぶんかぶ》 人気投票《にんきとうひょう》で上位《じょうい》に入《はい》った部《ぶ》は
せまい
服装《ふくそう》も工夫《くふう》していたのだ
というわけで仮装《かそう》のアイデア何《なに》かないか?
ハイー、
※当世具足《とうせいぐそく》がいいっす
どんなのだっけ?
資料《しりょう》ないか 資料《しりょう》
たしか本棚《ほんだな》に…
これだ!
バーン
かっこいい!!
…これ リアルに再現《さいげん》したらいくらかかるんだろう
見当《けんとう》もつかん
他《ほか》に何《なに》かないか?
十二単《じゅうにひとえ》
縄文服《じょうもんふく》
新選組
和服《わふく》
検討《けんとう》の結果《けっか》 新選組《しんせんぐみ》っぽいはっぴに決定《けってい》した
家庭科《かていか》室《しつ》のミシンかりるよ!
あさぎ色《いろ》のはっぴ!

※日本《にほん》の室町《むろまち》時代後期《じだいこうき》から安土桃山《あづちももやま》時代《じだい》にかけて使《つか》われた甲冑《かっちゅう》(よろいかぶと)のこと。

見当《けんとう》	予想《よそう》や見《み》こみのこと。
検討《けんとう》	物事《ものごと》を調《しら》べて、内容《ないよう》についてしっかりと考《かんが》えること。

使い分けのポイント

見当《けんとう》は、はっきりしていない物事《ものごと》についてざっくりと予想《よそう》をすること。検討《けんとう》は、よく調《しら》べて良《よ》いか悪《わる》いかを考《かんが》えること。

例文

♥関係者《かんけいしゃ》を前《まえ》にして「犯人《はんにん》の見当《けんとう》がついた」と探偵《たんてい》が言《い》った。

♥制服《せいふく》を新《あたら》しくすることについて生徒会《せいとかい》でも検討《けんとう》を重《かさ》ねてきたが、なかなか結論《けつろん》が出《で》ない。

なるほど!

「見当《けんとう》がつかない」

「だいたいこのくらい」といった見《み》こみをつけることもできないこと。

対義語

先祖《せんぞ》 ↔ 子孫《しそん》

文化祭《ぶんかさい》で配《くば》る部誌《ぶし》をつくります
歴史部
全員《ぜんいん》原稿《げんこう》書《か》くんだぞ 日《ひ》ごろの成果《せいか》を披露《ひろう》するのだ
日《ひ》ごろって… 何《なに》か活動《かつどう》してましたっけ
集《あつ》まってワイワイ話《はな》してただけかもしれん…
というわけで原稿《げんこう》を書《か》いている
篠原先輩《しのはらせんぱい》はどんなテーマなんですか?
カタ
カタ
カタ
ワタシの先祖《せんぞ》
篠原長房《しのはらながふさ》っていう武将《ぶしょう》なのよ
ホラコレ
先輩《せんぱい》はこの人《ひと》の子孫《しそん》なんですね
いかにも

先祖《せんぞ》	子孫《しそん》
その家《いえ》で、今《いま》生《い》きている人《ひと》より過去《かこ》の人《ひと》びと。	その家《いえ》の血筋《ちすじ》を受《う》け継《つ》いで生《う》まれた人《ひと》。

使い分けのポイント

先祖《せんぞ》はその家系《かけい》にいた過去《かこ》の人《ひと》たちのことを言《い》い、反対《はんたい》に子孫《しそん》はその血筋《ちすじ》に後《あと》から生《う》まれてくる子《こ》や孫《まご》のことをいう。どちらも、人間《にんげん》だけでなく動物《どうぶつ》などにも使《つか》う。

例文

♥先祖《せんぞ》の墓参《はかまい》りをする。

♥篠原先輩《しのはらせんぱい》は、戦国武将《せんごくぶしょう》の子孫《しそん》らしい。

なるほど!

「先祖《せんぞ》」と「祖先《そせん》」

「祖《そ》」は物事《ものごと》の始《はじ》まりという意味《いみ》がある。「祖先《そせん》」は「人類《じんるい》の祖先《そせん》」のように、より広《ひろ》い意味《いみ》で使《つか》われ、学術的《がくじゅつてき》なニュアンスをもつ言葉《ことば》だよ。

対義語

得意《とくい》（得手《えて》）⇔苦手《にがて》（不得手《ふえて》）

とある日《ひ》
うまく描《か》けないな…
何《なに》してるの？
岸部《きしべ》ハンナ
イラスト部《ぶ》
文化祭《ぶんかさい》で歴史人物《れきしじんぶつ》の絵《え》を展示《てんじ》するんだけど
はー
そもそもわたし
人描《ひとか》くの苦手《にがて》なんだわ…
手伝《てつだ》おうか？
まじ？
あたしイラスト部《ぶ》だし
人物《じんぶつ》得意《とくい》だよ
ハンナ様《さま》神《かみ》!!
高級《こうきゅう》アイス10個《こ》でいいよ
5こでいい？

得意《とくい》（得手《えて》）	手慣《てな》れていて上手《じょうず》にできる自信《じしん》のあること。
苦手《にがて》（不得手《ふえて》）	上手《じょうず》にできないこと。自分《じぶん》と合《あ》わず、好《この》ましくない物事《ものごと》。

例文

- 彼女《かのじょ》の**得意**《とくい》科目《かもく》は英語《えいご》だ。
- 母《はは》は虫《むし》がものすごく**苦手**《にがて》だ。
- 誰《だれ》にでも、**得手不得手**《えてふえて》があるものだ。

なるほど!

「向《む》き不向《ふむ》き」との違《ちが》い

「得手不得手《えてふえて》」と同《おな》じような意味《いみ》の言葉《ことば》に「向《む》き不向《ふむ》き」がある。こちらは「その人《ひと》に適《てき》しているかどうか」という意味《いみ》で使《つか》われる。

同訓異字

かく 書《か》く・描《か》く

——で
誰《だれ》を描《か》くの？
カラッ
えーと
ごそごそ
この8人《にん》なんだけど
関羽
うわっ
びっしり!!
特技《とくぎ》とか武器《ぶき》とか細《こま》かく書《か》いてある
関羽
みんなのこだわりが詰《つ》まってるからね〜
じゃあ関羽《かんう》を描《か》いてみるね
ザッ
おお
さら
さら

書《か》く	描《か》く
文字《もじ》や文章《ぶんしょう》、記号《きごう》などを記《しる》すこと。	人《ひと》や物《もの》、風景《ふうけい》などを絵《え》や図《ず》に表《あらわ》すこと。

使い分けのポイント

書《か》くは文字《もじ》や記号《きごう》などを記《しる》すときに使《つか》う。描《か》くは絵《え》や図《ず》を表《あらわ》すときに使《つか》う。

例文

♥旅先《たびさき》から友《とも》だちに手紙《てがみ》を書《か》く。

♥マンガを上手《じょうず》に描《か》くために必要《ひつよう》なことは何《なん》だろうか。

なるほど！

「描《か》く」は「えがく」とも読《よ》む

「えがく」と読《よ》む場合《ばあい》、紙《かみ》などに絵《え》を表《あらわ》すだけでなく、心《こころ》で思《おも》い浮《う》かべたり、文章《ぶんしょう》や音楽《おんがく》で表現《ひょうげん》したりする意《い》味《み》があるよ。

もうひとオシ! 「書《か》く」も「描《か》く」も、先《さき》のとがったものでひっかく（掻《か》く）が語源《ごげん》なんだって！

同音異義語

とくちょう

特徴《とくちょう》・特長《とくちょう》

これでどう?
イケメンにすればいいってわけじゃなくて…
う～ん
関羽《かんう》らしさっていうか特徴《とくちょう》がわかるようにしたい
長《なが》いひげと赤《あか》ら顔《がお》とか
こんな感《かん》じ?
そう!!
せっかくだから青龍偃月刀《せいりゅうえんげっとう》を持《も》たせたいな
槍《やり》みたいだけど柄《え》が短《みじか》めで
馬《うま》に乗《の》りながら振《ふ》り回《まわ》しやすいのが特長《とくちょう》なんだ!
関羽《かんう》といえば青龍偃月刀《せいりゅうえんげっとう》なんだよ～
へー

特徴《とくちょう》	他《ほか》と比《くら》べて目立《めだ》つところ。
特長《とくちょう》	特《とく》に優《すぐ》れているところ。

使い分けのポイント 特徴《とくちょう》は良《よ》い悪《わる》いにかかわらず他《ほか》よりも目立《めだ》つ点《てん》について、特長《とくちょう》は他《ほか》と比《くら》べて良《よ》い点《てん》についていう言葉《ことば》。

例文

♥その犬《いぬ》は特徴的《とくちょうてき》なぶちもようをしている。

♥折《お》りたためるのが特長《とくちょう》の湯《ゆ》たんぽを買《か》った。

まだまだあるよ! 対義語《たいぎご》

偉人《いじん》…すばらしい功績《こうせき》を残《のこ》し、多《おお》くの人《ひと》から尊敬《そんけい》される人《ひと》。

凡人《ぼんじん》…普通《ふつう》の人《ひと》。特《とく》に優《すぐ》れた能力《のうりょく》も変《か》わった能力《のうりょく》もない人《ひと》。

♥お札《さつ》には日本《にほん》の偉人《いじん》の肖像画《しょうぞうが》が描《えが》かれている。

♥凡人《ぼんじん》のぼくには理解《りかい》できない。

次《つぎ》の日《ひ》
ナオ!!
バサッ
描《か》いてきたよ!!
一晩《ひとばん》でこんなに!?
うん!!
描《か》き出《だ》したら止《と》まらなくて
最終形《さいしゅうけい》がこれ!!
武将《ぶしょう》の甲冑《かっちゅう》も資料《しりょう》を基《もと》に描《か》いたんだよ!!
見《み》て見《み》て〜
諸葛孔明《しょかつこうめい》はこのポーズなんだね
ふはっ
ハンナってなんで絵《え》がうまいの?
お母《かあ》さんが元《もと》イラストレーターで描《か》き方《かた》を教《おし》えてくれたんだ

同訓異字

もと

元《もと》・基《もと》・本《もと》・下《もと》

元《もと》	基《もと》	本《もと》	下《もと》
前《まえ》（最初《さいしょ》）の状態《じょうたい》や物《もの》。原因《げんいん》・理由《りゆう》。資本《しほん》や原価《げんか》。	基礎《きそ》や土台《どだい》、根拠《こんきょ》のこと。	根本《こんぽん》。物事《ものごと》の根幹《こんかん》。	物《もの》の下《した》あたり。影響《えいきょう》のおよぶ範囲《はんい》。

使い分けのポイント

元《もと》は物事《ものごと》の出《で》どころを表《あらわ》し、基《もと》は土台《どだい》や前提《ぜんてい》を表《あらわ》す。本《もと》は物事《ものごと》の根幹《こんかん》となること、下《もと》は影響《えいきょう》の及《およ》ぶところを示《しめ》すときに使《つか》う。

例文

- 元《もと》の位置《いち》に戻《もど》す。
- 資料《しりょう》を基《もと》に話《はな》し合《あ》う。
- 本《もと》を正《ただ》せばすべて自分《じぶん》が悪《わる》かったのだ。
- 師匠《ししょう》の下《もと》で修業《しゅぎょう》する。

歴史部《れきしぶ》
諸君《しょくん》
差《さ》し入《い》れがある!!
吉澤先生《よしざわせんせい》の厚意《こうい》だ
感謝《かんしゃ》したまえ
お〜〜!!
ありがとうございます!!
Doughnut
ワハハハハ
じつは篠原先輩《しのはらせんぱい》は部長《ぶちょう》に好意《こうい》をもっている
じーっ
篠原《しのはら》
えっ なに?
そんなにドーナツほしいのか?
すきなのえらんでいいぞ
ずい
部長以外《ぶちょういがい》みーんな気《き》づいてる
もらってあげよう

同音異義語

こうい
厚《こう》意《い》・好《こう》意《い》

厚意《こうい》	他人《たにん》から向《む》けられる思《おも》いやりのこと。
好意《こうい》	親《した》しみや相手《あいて》を好《この》ましく思《おも》う気持《きも》ち。

使い分けのポイント

厚意《こうい》は他人《たにん》から自分《じぶん》に示《しめ》される思《おも》いやりや善意《ぜんい》で、親切《しんせつ》というニュアンス。好意《こうい》は親《した》しみや愛情《あいじょう》で、好《この》ましいという意味《いみ》が大《おお》きい。

例文

♥それではご厚意《こうい》に甘《あま》えさせていただきます。

♥彼《かれ》の好意《こうい》を利用《りよう》して宿題《しゅくだい》を書《か》き写《うつ》させてもらっていたことを後悔《こうかい》している。

同訓異字

おさえる

抑《おさ》える・押《お》さえる

ある日《ひ》の歴史部《れきしぶ》
関ヶ原《せきがはら》ジオラマの予算《よさん》なんだけど…
高《たか》っ!!
なんでこんなに高《たか》いんだよもっと抑《おさ》えてくれよ!!
これ私物《しぶつ》な
ミニチュアモデル
こういうのがたくさん必要《ひつよう》なんだよ
ムリムリ
先輩《せんぱい》
じゃあ紙《かみ》でつくりませんか?
こういうの
おっいいじゃん!!
ちょっとここ押《お》さえてくれる?
はい
展示《てんじ》の準備《じゅんび》は順調《じゅんちょう》に進《すす》んでいた

抑《おさ》える	押《お》さえる
目《め》には見《み》えない物事《ものごと》が大《おお》きくならないように留《と》めること。	物《もの》が動《うご》かないように力《ちから》を加《くわ》える。自分《じぶん》のものとして確保《かくほ》する。大切《たいせつ》なところを理解《りかい》する。

使い分けのポイント 抑《おさ》えるは値段《ねだん》や感情《かんじょう》など動《うご》きに現《あらわ》れないことに使《つか》う言葉《ことば》で、押《お》さえるは手《て》などで力《ちから》を入《い》れて物《もの》を固定《こてい》させるときに使《つか》う言葉《ことば》。

例文

- 彼女《かのじょ》は怒《いか》りを抑《おさ》えているようだった。
- レジャーシートを石《いし》で押《お》さえる。
- 景色《けしき》のいい部屋《へや》を押《お》さえたよ。
- 彼《かれ》の説明《せつめい》は要点《ようてん》を押《お》さえているのでわかりやすい。

同音異義語

きょうちょう

強調《きょうちょう》・協調《きょうちょう》

対義語

露骨《ろこつ》↔*婉曲《えんきょく》

別《べつ》の日《ひ》
ぶ・ちょ・う？
な なんだ？
ちらりん
個人《こじん》の展示物《てんじぶつ》なんだけどぉ～
すすす
これでどうかなあ？
目立《めだ》たせたいところをもっと強調《きょうちょう》したほうがいいんじゃないか？
え～やり方《かた》わかんないから教《おし》えて～？
でもわたしは知《し》っている
篠原先輩《しのはらせんぱい》パソコンめちゃ得意《とくい》
ここはどうやるの～？
ちょっちかいって
露骨《ろこつ》なアピール嫌《きら》いじゃないぜ
ぐっ

強調《きょうちょう》	伝《つた》えたいことの一部分《いちぶぶん》を強《つよ》めて示《しめ》すこと。
協調《きょうちょう》	他《ほか》の人《ひと》と力《ちから》を合《あ》わせて行《おこな》うこと。

例文

- 彼《かれ》は生徒会長選挙《せいとかいちょうせんきょ》でこれまでの役員《やくいん》としての実績《じっせき》を強調《きょうちょう》した。
- 彼女《かのじょ》は協調性《きょうちょうせい》が高《たか》い人《ひと》だ。

露骨《ろこつ》	気持《きも》ちや考《かんが》えなどを、外《そと》にはっきり出《だ》すこと。
婉曲《えんきょく》	言《い》い方《かた》がおだやかで遠回《とおまわ》しなこと。

例文

- 彼女《かのじょ》は露骨《ろこつ》に嫌《いや》な顔《かお》をした。
- 婉曲《えんきょく》に別《わか》れを告《つ》げたが恋人《こいびと》には伝《つた》わらなかった。

類義語

苦心《くしん》 ★ 苦労《くろう》

対義語

故意《こい》 ↔ 過失《かしつ》

文化祭前日《ぶんかさいぜんじつ》
新選組《しんせんぐみ》のはっぴ
完成《かんせい》～
バサッ
どお?
かっけー!!
着《き》たい!!
よかった～
苦心《くしん》の作《さく》なんだよ～
あっ
ブチッ
取《と》れちゃった
すまん!!
ごめん!!
故意《こい》ではない!!
苦心《くしん》…
あーあ
めちゃくちゃ怒《おこ》られた
ガミガミ
ガミ
ぐすっ
直《なお》すの手伝《てつだ》います

苦心《くしん》	何《なに》か物事《ものごと》を進《すす》めるときに、心《こころ》をくだき悩《なや》むこと。
苦労《くろう》	何《なに》か物事《ものごと》を進《すす》めるときに、つらい思《おも》いをすること。

例文

♥マンガにしたときに原作《げんさく》の小説《しょうせつ》を知《し》らない人《ひと》にもわかりやすい表現《ひょうげん》になるよう苦心《くしん》した。

♥彼《かれ》は苦労《くろう》して作文《さくぶん》を書《か》いた。

故意《こい》	わかっていてわざとする。
過失《かしつ》	うっかりして起《お》こした失敗《しっぱい》。

例文

♥その人《ひと》は故意《こい》に自転車《じてんしゃ》のスピードを上《あ》げた。

♥作業員《さぎょういん》の過失《かしつ》で工場《こうじょう》は火事《かじ》になった。

同訓異字

なおす 直《なお》す・治《なお》す

シャリーン
だいたい部長《ぶちょう》は…
風邪《かぜ》引《ひ》いたごめん!!
すっ
早《はや》く治《なお》しなよ
お大事《だいじ》に…と
ポチポチ
きいてるんですか!?

まったく部長《ぶちょう》は…
浅井長政
ん?
毛利 輝元
ぐったり
ちょっと!
ここ!!
あさい　ながまさ
浅井　長政
とん
「あさい」じゃなくて「あざい」!!
すぐ直《なお》して!!
はい

直《なお》す	治《なお》す
物《もの》などを良《よ》い状態《じょうたい》に戻《もど》したり、別《べつ》の状態《じょうたい》にすること。間違《まちが》いを正《ただ》すこと。	病気《びょうき》やケガを治療《ちりょう》したり回復《かいふく》させたりすること。

使い分けのポイント

直《なお》すは、今《いま》の状態《じょうたい》からもっと良《よ》い状態《じょうたい》にするときに使《つか》い、物《もの》や人《ひと》に使《つか》うことができる。治《なお》すは病気《びょうき》やケガに対《たい》して使《つか》う。

例文

- 破《やぶ》れた服《ふく》を直《なお》してほしい。
- お茶《ちゃ》を飲《の》んで気分《きぶん》を直《なお》そうよ。
- 誰《だれ》かこの手紙《てがみ》を英文《えいぶん》に直《なお》してくれないか。
- 病気《びょうき》を治《なお》すために手術《しゅじゅつ》をする。

※読《よ》み方《かた》は「あさい」「あざい」諸説《しょせつ》あります。

これで作業《さぎょう》完了《かんりょう》!!
トントン
部誌《ぶし》つくるの間《ま》に合《あ》ったね～
原稿《げんこう》おくれたのいたしな
うるせー
部誌《ぶし》何部《なんぶ》できたの?
300部《ぶ》です
みんなもらってくれるといいねえ
ですね
ガチャ
小松《こまつ》ちゃんあのアニメ見《み》てる?
幕末《ばくまつ》が舞台《ぶたい》の
はい
原作《げんさく》って完結《かんけつ》してるんだっけ?
はい
おもしろいの?
すっごくおもしろいですよ
特《とく》に亡《な》くなったと思《おも》われていたヒロインが生《い》きていたところ!!
ネタバレしてんじゃん
あ…

類義語

完了《かんりょう》★完結《かんけつ》

類義語

完了《かんりょう》★完成《かんせい》

完了《かんりょう》	何《なに》かの取《と》り組《く》みが完全《かんぜん》に終《お》わること。
完結《かんけつ》	続《つづ》いていたものが完全《かんぜん》に終《お》わってまとまること。

例文

♥お湯《ゆ》を沸《わ》かしている間《あいだ》に野菜《やさい》のカットが完了《かんりょう》した。

♥この小説《しょうせつ》はまだ完結《かんけつ》していない。

完了《かんりょう》	何《なに》かの取《と》り組《く》みが完全《かんぜん》に終《お》わること。
完成《かんせい》	それまでつくっていたものが完全《かんぜん》にできあがること。

例文

♥家庭科《かていか》の授業《じゅぎょう》でつくっていたエプロンが完成《かんせい》した。

まちがいさがし

日直《にっちょく》は学級日誌《がっきゅうにっし》を書《か》くことになっているよ。

○月《がつ》 ○日《にち》(木《もく》) 天気《てんき》:くもり 日直《にっちょく》(小松《こまつ》)

1	LHR※	クラス準備《じゅんび》
2	文化祭準備《ぶんかさいじゅんび》	
3	↓	
4		部活《ぶかつ》とかの準備《じゅんび》
5		
6		

連絡《れんらく》

文化祭前日《ぶんかさいぜんじつ》の日直《にっちょく》って何《なに》か意味《いみ》があるのでしょうか。
何《なに》を書《か》けばいいのか検討《けんとう》もつきません。
そんなことより戦国武将字典《せんごくぶしょうじてん》でも読《よ》んでいたいです。

担任《たんにん》より

そうだな。少《すく》なくとも漢字《かんじ》の間違《まちが》いを指摘《してき》できるという意味《いみ》はありそうだ。

※LHR(ロングホームルーム):学級活動《がっきゅうかつどう》のこと。

学級日誌《がっきゅうにっし》を書《か》いたら、漢字《かんじ》を間違《まちが》えちゃった!
どこが違《ちが》うか見《み》つけてね。2か所《しょ》あるよ。

答《こた》えは253ページを見《み》てね。

ついに文化祭初日《ぶんかさいしょにち》
歴史部
ざわ
ざわ
受付
見《み》に来《き》たよ〜
ハンナ!!
ひょこっ
史部
受付
わあ 壮観《そうかん》!!
ハンナ こっちこっち
沖田《おきた》さ〜ん
写真部《しゃしんぶ》のカヨ
お手伝《てつだ》い中《ちゅう》！
色《いろ》をぬるの大変《たいへん》でした

同訓異字

おす

押《お》す・推《お》す・*捺《お》す

押《お》す	推《お》す	捺《お》す
動《うご》かそうと力《ちから》を加《くわ》える。	人《ひと》や物《もの》を、ある地位《ちい》や身分《みぶん》にふさわしいとして薦《すす》めること。	印鑑《いんかん》を使《つか》うこと。

使い分けのポイント

押《お》すは動《うご》かそうとして力《ちから》を加《くわ》えるときに、推《お》すは人《ひと》や物《もの》をお薦《すす》めするときに、捺《お》すは印鑑《いんかん》やスタンプを使《つか》うときに使《つか》う。

例文

- その部屋《へや》のドアを押《お》すと、ゆっくりと開《ひら》いた。
- 彼《かれ》を生徒会長《せいとかいちょう》に推《お》す。
- 書類《しょるい》に印鑑《いんかん》を捺《お》した。

もうひとオシ! 「捺《お》す」は「押《お》す」と書《か》くことも多《おお》いよ。

同訓異字

おこす

興《おこ》す・起《お》こす

実物大《じつぶつだい》イラストはフォトスポットになってるんだよ
へー
カヨにとってもらってるんだ
とるよ~
説明《せつめい》もついてるね
関羽《かんう》
『三国志《さんごくし》』の登場人物《とうじょうじんぶつ》
身長《しんちょう》207cm《センチメートル》!!
蜀《しょく》を興《おこ》した劉備《りゅうび》に
仕《つか》えた武人《ぶじん》
『三国志』っていろいろ出《で》ているじゃない?
どれを読《よ》んだらいいの?
わたしは吉川英治《よしかわえいじ》の『三国志《さんごくし》』を推《お》すね! 日本人好《にほんじんごの》みのキャラではまるよ~
おふたりさん写真撮《しゃしんと》らないの?
へーイ
撮《と》る撮《と》る!!
撮ろうよ
パシ
うーん 関羽《かんう》のひげしか入《はい》らないか…
あ
先《せん》パーイ シャッター押《お》してくださーい
いいよー

興《おこ》す	起《お》こす
新《あたら》しく物事《ものごと》を始《はじ》めること。再《ふたた》び盛《さか》んにすること。	倒《たお》れたり傾《かたむ》いたりしたものを立《た》たせること。目覚《めざ》めさせること。

使い分けのポイント

興《おこ》すは、国《くに》や事業《じぎょう》などを新《あたら》しく始《はじ》めるときや、一度《いちど》さびれたものをもう一度《いちど》盛《も》り立《た》てるときに使《つか》う。起《お》こすは横《よこ》になったものを立《た》てたり、目《め》を覚《さ》まさせたりするときに使《つか》う。

例文

- 父《ちち》は新《あたら》しい会社《かいしゃ》を興《おこ》すことにしたそうだ。
- ひっくり返《かえ》ったカメの体《からだ》を起《お》こしてやった。
- いつまでも寝《ね》ている兄《あに》を起《お》こす。

江戸《えど》時代《じだい》の税《ぜい》について…か
五公五民《ごこうごみん》
収穫《しゅうかく》の半分《はんぶん》を
税《ぜい》として納《おさ》める
残《のこ》り半分《はんぶん》は
農民《のうみん》のもの
天領《てんりょう》とは
江戸幕府《えどばくふ》が
直接《ちょくせつ》治《おさ》めて
いた土地《とち》
ふんふん
すっごくまじめに見《み》てるね
ありがと
けっこうおもしろくてさ
こっちは校外活動《こうがいかつどう》の報告《ほうこく》だよ
へー
お城跡《しろあと》に行《い》ったんだ〜
柱《はしら》に火縄銃《ひなわじゅう》の弾《たま》の痕《あと》が残《のこ》ってて…
ペラ
ペラ
ペラ
ペラ
…あたしクラスに戻《もど》るから後《あと》はまかせた
えー

同訓異字

おさめる

納《おさ》める
収《おさ》める
治《おさ》める
修《おさ》める

同訓異字

あと

跡《あと》
痕《あと》
後《あと》

納《おさ》める	収《おさ》める	治《おさ》める	修《おさ》める
あるべきところにきちんと入《い》れること。	しまう。手《て》に入《い》れること。	支配《しはい》すること。状態《じょうたい》を安定《あんてい》させる。	学問《がくもん》を身《み》につけること。

例文

- 明日《あした》までに会費《かいひ》を納《おさ》めてね。
- 財布《さいふ》をポケットに収《おさ》める。
- 国《くに》を治《おさ》めるのは難《むずか》しい。
- 好《す》きな学問《がくもん》を修《おさ》める。

跡《あと》	痕《あと》	後《あと》
出来事《できごと》が終《お》わり残《のこ》っているもの。	消《き》えずに残《のこ》ったもの。	これから起《お》きること。

例文

- 砂浜《すなはま》に人《ひと》の足跡《あしあと》を見《み》つけた。
- 蚊《か》に刺《さ》された痕《あと》が残《のこ》った。

関ケ原《せきがはら》の戦《たたか》いのジオラマの説明《せつめい》をする部長《ぶちょう》
この戦《たたか》いに敗《やぶ》れた石田三成《いしだみつなり》は
その後《ご》捕《と》らえられて処刑《しょけい》されたわけです
へ～
あっ!!
ここ破《やぶ》れてる!!
ひょい
ごめんちょっと待《ま》ってて
さっ
え～
さあ直《なお》った!!
…と
あー壁画《へきが》のほうに行《い》っちゃったか

同訓異字

やぶれる 敗《やぶ》れる・破《やぶ》れる

敗《やぶ》れる	破《やぶ》れる
競争《きょうそう》などに負《ま》けること。	物《もの》に穴《あな》が開《あ》くなどして壊《こわ》れること。物事《ものごと》が成《な》しとげられないこと。

使い分けのポイント

敗《やぶ》れるは勝《か》ち負《ま》けに対《たい》して使《つか》う言葉《ことば》で、破《やぶ》れるは物《もの》が壊《こわ》れたり、物《もの》事《ごと》が成《な》り立《た》たなくなったりするときに使《つか》う言葉《ことば》。

例文

♥この試合《しあい》に敗《やぶ》れるとは思《おも》っていなかった。

♥水《みず》を入《い》れた袋《ふくろ》が破《やぶ》れると大変《たいへん》だ。

♥恋《こい》に破《やぶ》れた姉《あね》は、しばらくの間《あいだ》しょんぼりとしていた。

対義語

肯定《こうてい》⇔否定《ひてい》

卒業《そつぎょう》した先輩《せんぱい》たちが来《き》た
加藤《かとう》くーん
やっほー
今年《ことし》の展示《てんじ》やけに気合《きあい》入《はい》ってるな
みんながんばりましたからね!!
ぴと
ワタシもがんばったよね～ぶちょう～
あーはいはい
おいやけに仲《なか》いいなつき合《あ》ってんのか?
つき合《あ》ってません
ぐい
えーそんなに突《つ》き放《はな》さなくてもー
部長《ぶちょう》はすぐに否定《ひてい》した

肯定《こうてい》	意見《いけん》や考《かんが》えが正《ただ》しいと認《みと》めること。
否定《ひてい》	意見《いけん》や考《かんが》えを認《みと》めないこと。

例文

♥ぼくの意見《いけん》に、先生《せんせい》は肯定《こうてい》的《てき》だった。

♥その研究者《けんきゅうしゃ》の説《せつ》は否定《ひてい》された。

まだまだあるよ! 同音異義語《どうおんいぎご》

【こうてい】

工程《こうてい》……作業《さぎょう》を進《すす》めるための手順《てじゅん》。

行程《こうてい》……目的地《もくてきち》までの道《みち》のり。

♥ロボットを組《く》み立《た》てる工程《こうてい》を見学《けんがく》した。

♥旅行《りょこう》の行程《こうてい》をまとめたプリントを渡《わた》された。

チャットの時間《じかん》

加藤《かとう》

今日《きょう》は小松君《こまつくん》がよく働《はたら》いてくれて助《たす》かったよ

真田《さなだ》

でもちょっとがんばりすぎね
1年生《ねんせい》にも仕事《しごと》させないと…

加藤《かとう》

それもそうだな

真田《さなだ》

こういうのはどう？　小松《こまつ》さんには
来年《らいねん》に向《む》けての偵察《ていさつ》って**名目《めいもく》**で
あちこち見《み》てきてもらうのは？

加藤《かとう》

名案《めいあん》である！

対義語

名目《めいもく》	中身《なかみ》をともなわない、形《かたち》だけの名前《なまえ》。
実質《じっしつ》	物事《ものごと》に備《そな》わっている内容《ないよう》や性質《せいしつ》。

例文

♥勉強《べんきょう》をするという**名目《めいもく》**で図書館《としょかん》へ行《い》って、小説《しょうせつ》を読《よ》んでいる。

♥部長《ぶちょう》が代替《だいが》わりしたが、**実質《じっしつ》**的《てき》には前部長《ぜんぶちょう》が取《と》り仕切《しき》っている。

類義語

名目《めいもく》	中身《なかみ》をともなわない、形《かたち》だけの名前《なまえ》。
口実《こうじつ》	何《なに》かをするための言《い》いわけ。

例文

♥「頭痛《ずつう》を**口実《こうじつ》**に早退《そうたい》したいよ」
「うそはだめだと思《おも》うよ」

対義語

直接《ちょくせつ》 ↔ 間接《かんせつ》

文化祭《ぶんかさい》2日目《ふつかめ》
歴史部
えーーっ!!
わたし展示《てんじ》の説明《せつめい》したいです!!
来年《らいねん》もっといい展示《てんじ》にするために他《ほか》の部《ぶ》の展示《てんじ》を見《み》てきたまえ!!
仕方《しかた》ないのでとなりの教室《きょうしつ》の生物部《せいぶつぶ》へ行《い》った
むー
あれ小松《こまつ》さん?
二階堂《にかいどう》くんお客《きゃく》さん入《はい》ってる?
ぼちぼちかな
ハムスターは直接《ちょくせつ》触《さわ》っていいよ
かわいい!!
カメもかわいいね
待《ま》った!!
カメは部員《ぶいん》は触《さわ》っていいけどお客《きゃく》さんはだめなんだ
え〜触《さわ》りたい…
ちょん
ちょん
はい間接的《かんせつてき》に触《さわ》った
うれしくない…

直接《ちょくせつ》	間接《かんせつ》
間《あいだ》に何《なに》もはさまず、じかに関係《かんけい》すること。	何《なに》か他《ほか》のものを間《あいだ》にはさんだ状態《じょうたい》で関係《かんけい》すること。遠回《とおまわ》しにすること。

例文

♥学校《がっこう》から家《いえ》に帰《かえ》らず直接《ちょくせつ》友《とも》だちの家《いえ》に行《い》った。

♥知人《ちじん》を通《つう》じて、間接的《かんせつてき》に話《はなし》を聞《き》いた。

まだまだあるよ! 対義語《たいぎご》

共同《きょうどう》…同《おな》じ目的《もくてき》のために一緒《いっしょ》に行《おこな》うこと。

単独《たんどく》…ただひとり、ただ1つであること。

♥2つの部活《ぶかつ》が共同《きょうどう》でお店《みせ》を出《だ》す。

♥トラは群《む》れをつくらず単独《たんどく》で暮《く》らす動物《どうぶつ》だ。

同訓異字

ほる

掘《ほ》る・彫《ほ》る

地学部《ちがくぶ》
あ
アンモナイト!
それ ぼくが 掘《ほ》ってきたんだ
さっ
地学
すごい!!
部誌《ぶし》にレポート 載《の》せてあるから 読《よ》んでよ!

美術部《びじゅつぶ》
これ… 同《おな》じクラスの ヤヨイちゃんのだ
細《こま》かいところまで ていねいに 彫《ほ》ってある
2年 草野ヤヨイ
すてき…

掘《ほ》る	彫《ほ》る
穴《あな》を開《あ》けること。	木《き》や金属《きんぞく》などに道具《どうぐ》で刻《きざ》みこむこと。

使い分けのポイント

掘《ほ》るは穴《あな》を開《あ》けることに対《たい》して使《つか》う言葉《ことば》で、彫《ほ》るは文字《もじ》や絵《え》を刻《きざ》んだり、像《ぞう》をつくったりするときに使《つか》う言葉《ことば》。

例文

- 苗《なえ》を植《う》えるための穴《あな》を掘《ほ》る。
- 彫刻刀《ちょうこくとう》で版画《はんが》を彫《ほ》る。

なるほど!

「墓穴《ぼけつ》を掘《ほ》る」
自分《じぶん》にとって都合《つごう》が悪《わる》い状況《じょうきょう》を自分《じぶん》でつくり出《だ》してしまうこと。「よけいなことを言《い》ったため墓穴《ぼけつ》を掘《ほ》ることになった」などと使《つか》うよ。

同音異義語

しじ

支持《しじ》・指示《しじ》・師事《しじ》

3-A
何《なに》か音楽《おんがく》やってる?
あー軽音部《けいおんぶ》か
ナオじゃんなんでこんなとこにいるの?
ハンナ!
部長《ぶちょう》の指示《しじ》だよ
来年《らいねん》のために他《ほか》の出《だ》し物《もの》見《み》てこいって
ハンナは?
あたしこの曲《きょく》好《す》きだから聴《き》きに来《き》たの
軽音《けいおん》がやるってきいたから♡
へぇなんて曲《きょく》?
えっ知《し》らないの?
はやってるんだよ
多《おお》くの若者《わかもの》に支持《しじ》されているアーティストらしい
わたしってこういうの全然《ぜんぜん》知《し》らないんだよね…

支持《しじ》	支《ささ》えること。ある意見《いけん》や考《かんが》えに賛成《さんせい》をして後押《あとお》しをすること。
指示《しじ》	物事《ものごと》を指《さ》し示《しめ》すこと。
師事《しじ》	先生《せんせい》とよんで尊敬《そんけい》している人《ひと》に直接教《ちょくせつおそ》わること。

使い分けのポイント

支持《しじ》は人《ひと》の考《かんが》えや物《もの》を支《ささ》えるときに、指示《しじ》は何《なに》かをするように示《しめ》すようなときに、師事《しじ》は先生《せんせい》の教《おし》えを受《う》けるようなときに使《つか》う。

例文

- そのモデルの服装《ふくそう》は若者《わかもの》の支持《しじ》を集《あつ》めた。
- 説明書《せつめいしょ》の指示《しじ》通《どお》りに模型《もけい》の車《くるま》を組《く》み立《た》てる。
- 尊敬《そんけい》する先生《せんせい》に師事《しじ》する。

もうひとオシ! 自分個人《じぶんこじん》のことをいう「私事《しじ》(わたくしごと)」という漢字《かんじ》もあるよ。

あてはまるのは、どっち？

ことわざや慣用句《かんようく》に使《つか》われている漢字《かんじ》に合《あ》うものは、

Ⓐ と Ⓑ のどっちかな？

1

前《まえ》に金魚《きんぎょ》にえさをやりわすれて
死《し》なせてしまったんだ。
覆水盆《ふくすいぼん》にカエラずだよね…

Ⓐ 帰《かえ》ら　Ⓑ 返《かえ》ら

2

我《われ》はこう見《み》えて商店街《しょうてんがい》のみなさんに
顔《かお》がキクのだ。必要《ひつよう》な備品《びひん》について
相談《そうだん》に乗《の》るぞ

Ⓐ 利《き》く　Ⓑ 効《き》く

3

学生《がくせい》のころ、先輩《せんぱい》の**口車《くちぐるま》にノセ**られて、
あやしい絵《え》を買《か》ってしまったことがある…。
みんなも気《き》をつけろよ

Ⓐ 乗《の》せ　Ⓑ 載《の》せ

答《こた》えは 253 ページを見《み》てね。

同訓異字

おもて

表《おもて》　面《おもて》

面《おもて》を上《あ》げよ
はっ
体育館《たいいくかん》で演劇部《えんげきぶ》の発表《はっぴょう》が行《おこな》われていた
お客《きゃく》さんいっぱいだ～
決闘《けっとう》だ!!
表《おもて》に出《で》ろ!!
バシッ
ワー
ワー
ハラハラ
あの騎士役《きしやく》同《おな》じクラスのユウちゃんだ
ふだんはもの静《しず》かなのに役《やく》に入《はい》りこむとすごいな…

表《おもて》	面《おもて》
ものの両面《りょうめん》のうち主《おも》に見《み》えるほう。正面《しょうめん》や外側《そとがわ》。公式《こうしき》なこと。	人《ひと》の顔《かお》のこと。仮面《かめん》のこと。物《もの》の表面《ひょうめん》のこと。

使い分けのポイント

表《おもて》は物《もの》の外側《そとがわ》の目《め》につく部分《ぶぶん》のことについて使《つか》う言葉《ことば》で、面《おもて》は顔《かお》のことを示《しめ》すときに使《つか》う言葉《ことば》。

例文

♥表《おもて》を下《した》にしてアンケートを集《あつ》めるように指示《しじ》された。

♥表《おもて》の道《みち》を人《ひと》が走《はし》っていった。

♥表通《おもてどお》りは人《ひと》や車《くるま》が多《おお》いので、いつもにぎやかだ。

同訓異字

おりる
降《お》りる・下《お》りる

そして主役《しゅやく》が階段《かいだん》を降《お》りて舞台《ぶたい》を去《さ》り
たたっ
すーーーっ
幕《まく》が下《お》りたーー
ワーー
パチパチ
ワーー
パチパチ
パチパチ
感動《かんどう》した!!
文化部《ぶんかぶ》人気投票《にんきとうひょう》上位《じょうい》に入《はい》りそう これは手《て》ごわいぞ…
パチパチ
こうやって見《み》て回《まわ》るのも楽《たの》しいな…

降《お》りる	下《お》りる
乗《の》っているものから出《で》ること。役割《やくわり》を辞《や》めること。	下《した》に移動《いどう》すること。指示《しじ》が出《で》ること。

使い分けのポイント

どちらも上《うえ》から下《した》へ移動《いどう》することを表《あらわ》す言葉《ことば》。**降《お》りる**は何《なに》かから出《で》るときに使《つか》う言葉《ことば》で、**下《お》りる**は自《じ》分《ぶん》の力《ちから》で動《うご》くときに使《つか》う言葉《ことば》。

例文

- バスから**降《お》りる**。
- 会長《かいちょう》の座《ざ》を**降《お》りる**ことになった。
- 階段《かいだん》を**下《お》りる**。
- 社長《しゃちょう》から指示《しじ》が**下《お》り**た。

ジャジャーン!!
文化部人気投票結果発表《ぶんかぶにんきとうひょうけっかはっぴょう》
1位《い》 演劇部《えんげきぶ》
2位《い》 吹奏楽部《すいそうがくぶ》
3位《い》 歴史部《れきしぶ》
4位《い》 写真部《しゃしんぶ》
5位《い》
6位《い》
さあ いよいよ文化部《ぶんかぶ》人気投票《にんきとうひょう》の結果発表《けっかはっぴょう》です!!
おお〜っ
うーむ 3位《い》か…
去年《きょねん》の19位《い》から大躍進《だいやくしん》じゃない
やった〜!!
後片付《あとかたづ》け
よいしょ
このぞうきん絞《しぼ》ったのだれ?
びちょびちょだよ!!
すまん 我《われ》だ

同訓異字

しぼる

絞《しぼ》る・搾《しぼ》る

同音異義語

しめい

指名《しめい》・使命《しめい》

類義語

結果《けっか》・結末《けつまつ》

絞《しぼ》る	搾《しぼ》る
ねじって力《ちから》を加《くわ》え、水分《すいぶん》を出《だ》すこと。無理《むり》やり出《だ》すこと。範囲《はんい》を狭《せば》めること。	押《お》したりつぶしたりして水分《すいぶん》を出《だ》すこと。厳《きび》しくすること。

使い分けのポイント

絞《しぼ》るは物《もの》をねじって水分《すいぶん》を押《お》し出《だ》すこと。転《てん》じて、無理《むり》やり出《だ》すことや涙《なみだ》を流《なが》すことを表現《ひょうげん》する言葉《ことば》になった。搾《しぼ》るは牛乳《ぎゅうにゅう》や果汁《かじゅう》に対《たい》して使《つか》うことが多《おお》い。

例文

- ぬれた服《ふく》を絞《しぼ》る。
- 声《こえ》をふり絞《しぼ》って応援《おうえん》した。
- 「内容《ないよう》を1つに絞《しぼ》るといいのに」

近《ちか》くのファミレスで打《う》ち上《あ》げ
かんぱ〜い!
唐揚《からあ》げお待《ま》たせしました〜
レモン搾《しぼ》っていい?
いいよー
3位《い》かあおしかったなー
いやいや大健闘《だいけんとう》でしょ
アンケート見《み》たい!
わたしもー
わい
わい
えー
コホン
それでは来年《らいねん》の部長《ぶちょう》を指名《しめい》する
来年《らいねん》の部長《ぶちょう》は——
ゴクリ…
げっ
小松君だ!!
来年《らいねん》こそ文化部人気投票《ぶんかぶにんきとうひょう》1位《い》を取《と》るのだ!!
それが歴史部《れきしぶ》部長《ぶちょう》の使命《しめい》だ!!
ぽん!!
え〜っ
ええ…
わかりました…
歴史部《れきしぶ》を頼《たの》んだぞ小松君《こまつくん》!!

- ミカンの果汁《かじゅう》を搾《しぼ》る。
- ふざけていたら、コーチにこってり搾《しぼ》られた。

指名《しめい》	名指《なざ》しする。任務《にんむ》をあたえる。
使命《しめい》	あたえられた大事《だいじ》な任務《にんむ》。

例文

- 先生《せんせい》はさわぐ生徒《せいと》を指名《しめい》して注意《ちゅうい》した。
- 使命《しめい》を果《は》たすために基地《きち》に忍《しの》びこんだ。

結果《けっか》	ある原因《げんいん》や行為《こうい》が生《う》み出《だ》した状態《じょうたい》。
結末《けつまつ》	進行《しんこう》してきた物事《ものごと》の最後《さいご》。

例文

- テストの結果《けっか》が出《で》る。
- 結末《けつまつ》まで目《め》が離《はな》せない。

まだまだあるよ！ 同訓異字《どうくんいじ》

やわらかい

柔《やわ》らかい	ふっくらとしている様子《ようす》。おだやかなこと。
軟《やわ》らかい	かたさがなく、ぐんにゃりとした様子《ようす》。

例文

♥ふわふわで柔《やわ》らかい毛布《もうふ》にくるまりたい。

♥祖母《そぼ》はいつも柔《やわ》らかい表情《ひょうじょう》をしていた。

♥粘土《ねんど》に水《みず》を加《くわ》えて軟《やわ》らかくする。

善《よ》いことをすると
気分《きぶん》もいいよね！

よい

良《よ》い	優《すぐ》れていること。好《この》ましいこと。すべての「よい」ことに使《つか》える。
善《よ》い	道徳的《どうとくてき》に望《のぞ》ましい。正《ただ》しい。

例文

♥この部屋《へや》は眺《なが》めが良《よ》いですね。

♥天気《てんき》が良《よ》い日《ひ》にお花見《はなみ》をしよう。

♥彼《かれ》は善《よ》い行《おこな》いを続《つづ》けたおかげで、多《おお》くの人《ひと》に認《みと》められた。

わざ

技《わざ》	努力《どりょく》をして得《え》る技術《ぎじゅつ》。
業《わざ》	仕事《しごと》。行《おこな》い。

例文

♥柔道《じゅうどう》の技《わざ》が決《き》まり、一本勝《いっぽんが》ちした。

♥彼《かれ》の野菜《やさい》を切《き》る手《て》さばきは人間業《にんげんわざ》ではない。

部長《ぶちょう》を引《ひ》き受《う》ける代《か》わりに
篠原先輩《しのはらせんぱい》をよろしくお願《ねが》いしますね!!
えっ!!
だってよ ぶ・ちょ・う♡
ぐいっ

まだまだあるよ！ 同音異義語《どうおんいぎご》

いどう

移動《いどう》	他《ほか》のところへ動《うご》くこと。
異動《いどう》	職場《しょくば》での地位《ちい》や、仕事《しごと》の内容《ないよう》が変《か》わること。
異同《いどう》	違《ちが》っているところ。

例文

♥3時間目《じかんめ》は実験室《じっけんしつ》に移動《いどう》する。

♥父《ちち》は会社《かいしゃ》の経理部《けいりぶ》から総務部《そうむぶ》へ異動《いどう》したそうだ。

♥教科書《きょうかしょ》を見比《みくら》べてみたら、いくつかの異同《いどう》が見《み》つかった。

かいとう

回答《かいとう》	質問《しつもん》に答《こた》えること。
解答《かいとう》	問題《もんだい》を解《と》いて答《こた》えを出《だ》すこと。

例文

♥メールで回答《かいとう》をお願《ねが》いします。

♥解答用紙《かいとうようし》が1枚《まい》足《た》りなかった。

かがく

科学《かがく》	この世《よ》にあるすべてのことを研究《けんきゅう》する学問《がくもん》。サイエンス。
化学《かがく》	物質《ぶっしつ》の構造《こうぞう》や反応《はんのう》を研究《けんきゅう》する学問《がくもん》のこと。

例文

♥科学《かがく》技術《ぎじゅつ》の発達《はったつ》により、生活《せいかつ》が豊《ゆた》かになった。

♥将来《しょうらい》は科学者《かがくしゃ》になりたい。

♥化学《かがく》の元素記号《げんそきごう》の暗記《あんき》が苦手《にがて》だ。

♥化学《かがく》の授業《じゅぎょう》は実験《じっけん》が多《おお》くて楽《たの》しい。

かせつ

仮説《かせつ》	まだ正《ただ》しいかどうかわからない仮《かり》の説明《せつめい》。
仮設《かせつ》	何《なに》かのために一時的《いちじてき》に設置《せっち》すること。
架設《かせつ》	橋《はし》や電線《でんせん》を反対側《はんたいがわ》までつなげること。

例文

♥私《わたし》の仮説《かせつ》が正《ただ》しければ、お菓子《かし》を食《た》べた犯人《はんにん》はお父《とう》さんだ。

♥校舎《こうしゃ》を建《た》て替《か》えるため、仮設《かせつ》の校《こう》舎《しゃ》で授業《じゅぎょう》を受《う》けている。

♥来月《らいげつ》から新《あたら》しい橋《はし》の架設工事《かせつこうじ》が行《おこな》われるそうだ。

かてい

過程《かてい》	結果《けっか》に到達《とうたつ》するまでの道《みち》のり。
課程《かてい》	一定《いってい》の期間《きかん》にまとまって行《おこな》う学《がく》習《しゅう》や作業《さぎょう》の範囲《はんい》のこと。
仮定《かてい》	一時的《いちじてき》にそうだと決《き》めること。

例文

♥朝顔《あさがお》の育《そだ》つ過程《かてい》を観察《かんさつ》しよう。

♥ぼくが通《かよ》う塾《じゅく》では、小学校《しょうがっこう》の学習《がくしゅう》課程《かてい》より早《はや》く勉強《べんきょう》を進《すす》めている。

♥「ここに石《いし》があると仮定《かてい》しよう」

かねつ

加熱《かねつ》	熱《ねつ》を加《くわ》えること。
過熱《かねつ》	熱《あつ》くなり過《す》ぎること。普通《ふつう》より話《はな》し合《あ》いなどが激《はげ》しくなる状態《じょうたい》。

例文

♥油《あぶら》を引《ひ》いたフライパンに肉《にく》を入《い》れて3分間《ぷんかん》加熱《かねつ》する。

♥エンジンが過熱《かねつ》してけむりが出《で》てきた。

♥学園祭《がくえんさい》の出《だ》し物《もの》を決《き》める議論《ぎろん》が過《か》熱《ねつ》している。

きかん

気管《きかん》	肺《はい》に空気《くうき》を入《い》れる管《くだ》のこと。
器官《きかん》	生物《せいぶつ》の体《からだ》をつくっている部分《ぶぶん》のこと。
期間《きかん》	ある日時《にちじ》から他《ほか》の日時《にちじ》までの間《あいだ》のこと。
機関《きかん》	火力《かりょく》・水力《すいりょく》・太陽光《たいようこう》などをエネルギーに変《か》える装置《そうち》。組織《そしき》。
帰還《きかん》	遠《とお》くから帰《かえ》ってくること。
季刊《きかん》	春夏秋冬《しゅんかしゅうとう》の季節《きせつ》ごとに雑誌《ざっし》などを発行《はっこう》すること。

例文

♥あわてて水《みず》を飲《の》んだら気管《きかん》に入《はい》ってしまった。

♥体《からだ》の中《なか》の器官《きかん》にはそれぞれ役目《やくめ》がある。

♥「貸出《かしだし》期間《きかん》を1週間《しゅうかん》延長《えんちょう》してもらえますか？」

♥蒸気《じょうき》機関《きかん》はイギリスで発明《はつめい》された。

♥母《はは》は政府《せいふ》の機関《きかん》で働《はたら》いている。

♥宇宙船《うちゅうせん》が無事《ぶじ》に地球《ちきゅう》へ帰還《きかん》できてよかった。

♥この小説《しょうせつ》は季刊《きかん》誌《し》に連載《れんさい》されていたそうだ。

きせい

既成《きせい》	すでにでき上《あ》がっている物事《ものごと》。
既製《きせい》	すでにでき上《あ》がっている製品《せいひん》。

例文

- 彼《かれ》はいつも既成《きせい》の枠《わく》にとらわれない考《かんが》え方《かた》をするのでおもしろい。
- 「既製品《きせいひん》の服《ふく》は、いまいち体《からだ》に合《あ》わないんだよね」

既成《きせい》事実《じじつ》をつくってしまえばいいのだ
ぐっ

きょくち

局地《きょくち》	限《かぎ》られた場所《ばしょ》のこと。
極地《きょくち》	南極《なんきょく》と北極《ほっきょく》のこと。
極致《きょくち》	到達《とうたつ》できる最高《さいこう》の状態《じょうたい》。

例文

- 局地的《きょくちてき》に大雨《おおあめ》が降《ふ》った。
- 極地《きょくち》の探検《たんけん》に行《い》ってみたい。
- ミロのヴィーナスは美《び》の極致《きょくち》といわれている。

ぐんしゅう

群集《ぐんしゅう》	何《なに》かが多《おお》く集《あつ》まること。
群衆《ぐんしゅう》	人《ひと》が多《おお》く集《あつ》まること。

例文

- イワシは群集《ぐんしゅう》することで敵《てき》から身《み》を守《まも》っている。
- 多《おお》くの人《ひと》びとが集《あつ》まると群集心理《ぐんしゅうしんり》が生《う》まれる。
- 彼《かれ》は群衆《ぐんしゅう》を前《まえ》に堂々《どうどう》とスピーチをした。

けいせい

形成《けいせい》	1つのまとまったものになること。
形勢《けいせい》	その時《とき》どきの力関係《ちからかんけい》のこと。

例文

- 長《なが》い年月《ねんげつ》をかけて谷《たに》が形成《けいせい》された。
- 姉《あね》と言《い》い合《あ》いになったが、形勢《けいせい》が不利《ふり》なのですぐに謝《あやま》った。

3章《しょう》

ひとり暮《ぐ》らしなめてました…

念願《ねんがん》のひとり暮《ぐ》らしを始《はじ》めたトモ。でも…、ひとり暮《ぐ》らしにこんなにお金《かね》がかかるなんて知《し》らなかった!! 実家《じっか》から近《ちか》いからって毎日《まいにち》のように妹《いもうと》が押《お》しかけてくるし…!!

遅《おく》れる・後《おく》れる

急《いそ》がないと遅《おく》れちゃう!
語学《ごがく》の先生《せんせい》厳《きび》しいからね
バタバタ

買《か》う・飼《か》う

この前《まえ》からときどき来《き》てるんだ
知《し》らないうちに飼《か》い始《はじ》めたのかと思《おも》った

表《あらわ》す・現《あらわ》す・著《あらわ》す

この感動《かんどう》を言葉《ことば》に表《あらわ》すなんてできないよ!
クスッ
顔《かお》には十分《じゅうぶん》表《あらわ》れているから伝《つた》わってるよ

登《とう》場《じょう》人《じん》物《ぶつ》紹《しょう》介《かい》

お父《とう》さん

お母《かあ》さん

トモ

妹《いもうと》

エリ

弟《おとうと》

マコト

大学生《だいがくせい》になったのでひとり暮《ぐ》らしを始《はじ》めた。アルバイトをいくつもかけもちしている。

大学《だいがく》の友《とも》だち

高校《こうこう》の友《とも》だち

はせちゃん

アイドルグループ「ナイトライフ」の大《だい》ファン。

ルリ

テニスサークルに入《はい》っている。

不平《ふへい》★不満《ふまん》

私《わたし》はトモ
この春大学生《はるだいがくせい》になったので あこがれのひとり暮《ぐ》らしを始《はじ》めた
トモ
この部屋《へや》は大学《だいがく》に近《ちか》くて便利《べんり》だし
おおむね満足《まんぞく》している
お姉《ねえ》ちゃーん来《き》たよー!!
毎日《まいにち》のように妹《いもうと》が来《く》るんだよね
エリ
でも1つだけ不満《ふまん》があって――
家《いえ》から近《ちか》すぎたかなあ…

不平《ふへい》	不満《ふまん》
平等《びょうどう》ではないために不愉快《ふゆかい》。	物足《ものた》りなくて満足《まんぞく》できない。

使い分けのポイント

不平《ふへい》は、要求《ようきゅう》が満《み》たされなくて不愉快《ふゆかい》な思《おも》いが表《おもて》に出《で》る状態《じょうたい》。不満《ふまん》は物足《ものた》りなく気《き》に入《い》らないことを表《あらわ》す。

例文

♥弟《おとうと》はいつも「お兄《にい》ちゃんばっかりかわいがられる」と不平《ふへい》を言《い》う。

♥豆腐《とうふ》だけの夕飯《ゆうはん》に不満《ふまん》を言《い》う。

なるほど!

「不平不満《ふへいふまん》」

物事《ものごと》が自分《じぶん》の思《おも》うとおりにならないため満足《まんぞく》できず、いらいらした気持《きも》ちになる様子《ようす》を表《あらわ》した四字熟語《よじじゅくご》。不平不満《へいふまん》ばかり言《い》っていると、周《まわ》りの人《ひと》からけむたがられてしまうこともあるので注意《ちゅうい》しよう。

同音異義語

しんちょう

慎重《しんちょう》・深長《しんちょう》・新調《しんちょう》・身長《しんちょう》

お姉《ねえ》ちゃんちって女子《じょし》っぽくないっていうか殺風景《さっぷうけい》だよね！
ビシッ
そう？
テレビもないしさぁ
スマホで十分《じゅうぶん》でしょ
そのソファが浮《う》いてるんだよね
色《いろ》も合《あ》わないし
実家《じっか》のお古《ふる》だからねえ
新調《しんちょう》したいとは思《おも》っているけど
ぽん
納得《なっとく》できるもの選《えら》びたいから慎重《しんちょう》になっちゃうんだよね
こんなのは？
あんたの好みにはしないよ！！

慎重《しんちょう》	注意深《ちゅういぶか》いこと。
深長《しんちょう》	奥深《おくぶか》く、ふくみが多《おお》いこと。
新調《しんちょう》	新《あたら》しく調達《ちょうたつ》すること。
身長《しんちょう》	背《せ》の高《たか》さのこと。

使い分けのポイント

慎重《しんちょう》は軽々《かるがる》しくなく慎《つつし》みがある様子《ようす》のこと。深長《しんちょう》は四字熟語《よじじゅくご》の「意味深長《いみしんちょう》（奥深《おくぶか》い意味《いみ》をもっていること）」に使《つか》う。新調《しんちょう》は物《もの》を新《あたら》しく手《て》に入《い》れる行為《こうい》に使《つか》う。

例文

♥慎重《しんちょう》な行動《こうどう》を心《こころ》がける。

♥丈《たけ》が短《みじか》くなったので、制服《せいふく》を新調《しんちょう》した。

♥来年《らいねん》にはお母《かあ》さんの身長《しんちょう》を抜《ぬ》きそうだ。

対義語

清潔《せいけつ》 ↕ 不潔《ふけつ》

私《わたし》これから
バイトだから
えー
帰《かえ》った 帰《かえ》った
どこでバイトしてるの?
ナイショ
じゃあねー
ニヤリ
トモのバイト先《さき》
おつかれさまでーす
制服《せいふく》を着《き》たら手《て》をよく洗《あら》って…
手を洗いましょう
ごしごし
飲食店《いんしょくてん》は清潔《せいけつ》が第一《だいいち》
ワイワイ
ガラッ
いらっしゃいませ〜
なんで!?
親《おや》まで!?

清潔《せいけつ》	汚《よご》れがなくきれいなこと。うそやごまかしがないこと。
不潔《ふけつ》	汚《よご》れてきたないこと。

例文

- 消毒《しょうどく》された布巾《ふきん》は清潔《せいけつ》だ。
- 彼《かれ》はとても心《こころ》が清潔《せいけつ》で、かえって近寄《ちかよ》りがたい。
- ネコは入浴《にゅうよく》しないが不潔《ふけつ》に見《み》えない。

まだまだあるよ! 類義語《るいぎご》

- *綺麗《きれい》　汚《よご》れがなくさっぱりしていること。
- 潔白《けっぱく》　心《こころ》がけがれていないこと。
- 清浄《せいじょう》　清《きよ》らかでけがれがないこと。

- 洗濯《せんたく》して綺麗《きれい》になった服《ふく》を着《き》る。
- 身《み》の潔白《けっぱく》を証明《しょうめい》したい。
- これは清浄《せいじょう》な空気《くうき》を送《おく》り出《だ》す機械《きかい》です。

対義語

浪費《ろうひ》 ⇔ 節約《せつやく》

類義語

節約《せつやく》・倹約《けんやく》

やばい…
ぜんっぜん お金《かね》がない!!
バイトの 給料日《きゅうりょうび》まで あと5日《いつか》…
実家暮《じっかぐ》らしなら こんな心配《しんぱい》 しなくても よかっただろう けど…
ひとり暮《ぐ》らし したかったし…
はぁ…
節約《せつやく》 しないとなー
友《とも》だちと買《か》い物《もの》
ここ寄《よ》って いい？
いいよ
はせちゃん
高校時代《こうこうじだい》からの友《とも》だち
推《お》しのグッズ 新作《しんさく》出《で》てる～
ポイ ポイ
こんなに 買《か》うの!?
親《おや》にも浪費《ろうひ》 ばっかりしてって 言《い》われる
こんもり
そりゃ 言《い》うよ…

浪費《ろうひ》	むだ遣《づか》いすること。
節約《せつやく》	むだをなくして切《き》りつめること。

使い分けのポイント

浪費《ろうひ》と節約《せつやく》はお金《かね》以外《いがい》にも使《つか》うが、倹約《けんやく》はお金《かね》以外《いがい》では使《つか》わない。

例文

♥つまらないことで時間《じかん》を浪費《ろうひ》してしまった。

♥使《つか》っていない電化製品《でんかせいひん》をオフにして、電気代《でんきだい》を節約《せつやく》する。

倹約《けんやく》	費用《ひよう》を減《へ》らしてむだにしないこと。

例文

♥欲《ほ》しいものを買《か》うために倹約《けんやく》している。

対義語

理想《りそう》↔現実《げんじつ》

はせちゃんが遊《あそ》びに来《き》た
なかなかいい部屋《へや》じゃない
家賃《やちん》でバイト代《だい》ほぼなくなるけどね〜
はい コーヒー
やっぱり削《けず》るのって食費《しょくひ》?
もやしいいよ
つかってるよ
だね〜
トモはさ
どうしてひとり暮《ぐ》らししているの?
家《いえ》から大学《だいがく》まで近《ちか》いじゃん
実家《じっか》に自分《じぶん》の部屋《へや》がないから
ひとり暮《ぐ》らししたらひとりの時間《じかん》がつくれるかなって
思《おも》ったんだ
そしたらバイトばっかりでひとりの時間《じかん》はないっていうね
理想《りそう》と現実《げんじつ》のギャップがね
ははは…

理想《りそう》	現実《げんじつ》
思《おも》い描《えが》く最高《さいこう》の状態《じょうたい》・物《もの》。望《のぞ》み。	事実《じじつ》として目《め》の前《まえ》にある状態《じょうたい》・物《もの》。リアル。

例文

- 先生《せんせい》はいつも高《たか》い**理想《りそう》**を掲《かか》げる。
- その森《もり》の風景《ふうけい》は**現実《げんじつ》**とは思《おも》えないほど美《うつく》しかった。

まだまだあるよ! 類義語《るいぎご》

願望《がんぼう》…今《いま》の自分《じぶん》に不足《ふそく》している望《のぞ》みのこと。

野望《やぼう》…その人《ひと》の能力《のうりょく》や地位《ちい》にそぐわない大《だい》それた望《のぞ》みのこと。

- 英語《えいご》を学《まな》びたいという彼《かれ》の**願望《がんぼう》**はすぐにかなえられるだろう。
- 宝《たから》くじで億万長者《おくまんちょうじゃ》になる**野望《やぼう》**を抱《いだ》いている。

風邪《かぜ》を引《ひ》いてしまった
うー
きもちわるい…
薬《くすり》飲《の》もう
用法《ようほう》・用量《ようりょう》を守《まも》ってお飲《の》みください。
えーと…
1日《にち》3回《かい》1回《かい》3錠《じょう》か…
ごっくん
ぱたん
バタン
お姉《ねえ》ちゃん!!
あれ…?カギ閉《し》め忘《わす》れた…?
容量《ようりょう》90L《リットル》のでっかいリュックに支援物資《しえんぶっし》たくさん詰《つ》めてきたよ!!
これで安心《あんしん》!!
どーん
ありがと…
おかゆばっかり
かぜにはおかゆでしょ
ぎっしり
お母《かあ》さんに合《あい》カギ借《か》りて入《はい》りました★

同音異義語

ようりょう

用量《ようりょう》・容量《ようりょう》・要領《ようりょう》

用量《ようりょう》	容量《ようりょう》	要領《ようりょう》
薬《くすり》などの使《つか》う量《りょう》。	器《うつわ》などに入《はい》る量《りょう》。	物事《ものごと》の最《もっと》も大事《だいじ》なところ。要点《ようてん》をつかんだやり方《かた》。

使い分けのポイント

用量《ようりょう》は一度《いちど》に使《つか》う薬《くすり》などの分量《ぶんりょう》のこと。容量《ようりょう》は入《い》れ物《もの》に収《おさ》まる分量《ぶんりょう》のこと。パソコンなどのデータを保存《ほぞん》できる量《りょう》にも使《つか》う。

例文

♥年齢《ねんれい》によって違《ちが》うので、薬《くすり》の用《よう》法《ほう》(使《つか》う方法《ほうほう》)や用量《ようりょう》を確認《かくにん》することが大切《たいせつ》だ。

♥スマートフォンの空《あ》き容量《ようりょう》が足《た》りなくなってしまった。

♥弟《おとうと》は要領《ようりょう》がいいので、すぐに宿《しゅく》題《だい》を終《お》わらせてしまう。

同訓異字

おくれる

遅《おく》れる・後《おく》れる

風邪《かぜ》が長引《ながび》いて1週間《しゅうかん》も休《やす》んでしまった
トモちゃん久《ひさ》しぶり
どうしてたの?
この子《こ》はルリまじめでおっとりした子《こ》
風邪《かぜ》引《ひ》いてダウンしてた
1週間《しゅうかん》も休《やす》んじゃったから心配《しんぱい》だよ〜
同《おな》じ授業《じゅぎょう》のノート貸《か》そうか?
ほんと!? 助《たす》かる!!
女神《めがみ》!!
わっ もうこんな時間《じかん》!!
急《いそ》がないと遅《おく》れちゃう!
語学《ごがく》の先生《せんせい》厳《きび》しいからね
バタ バタ

遅《おく》れる	ある基準《きじゅん》よりも後《あと》になること。
後《おく》れる	取《と》り残《のこ》されること。

使い分けのポイント

遅《おく》れるは主《おも》に時間《じかん》や速度《そくど》について後《あと》になること。**後《おく》れる**は位置《いち》や状態《じょうたい》が後《うし》ろになることで、反対《はんたい》の言葉《ことば》は「先《さき》」など。

例文

♥寝坊《ねぼう》して待《ま》ち合《あ》わせに**遅《おく》れ**てしまった。

♥流行《りゅうこう》に**後《おく》れ**ないように、ファッションのページはいつもチェックしている。

なるほど!

「**後《おく》れを取《と》る**」競争《きょうそう》に負《ま》けて取《と》り残《のこ》されるという意味《いみ》。「後《あと》」は「うしろ」「あと」という意味《いみ》なので、「後《おく》れる」は「取《と》り残《のこ》される」という意味《いみ》になり、さらに慣用句《かんようく》として使《つか》われるようになったよ。

類義語

便利《べんり》★重宝《ちょうほう》

冷蔵庫《れいぞうこ》空《から》っぽ!!
バーン
ドーン
冷凍庫《れいとうこ》空《から》っぽ!!
すっからかーん
米《こめ》びつ空《から》っぽ!!
ひとり暮《ぐ》らしがこんなに食《た》べ物《もの》に苦労《くろう》するものだったとは!!
ピンポーン
はい…
お姉《ねえ》ちゃーん来《き》たよ
ポチッ
またか
ピンポーン
ピンポーン
ピンポーン
あけてー!!
キラーン
なに!!
食《た》べ物《もの》持《も》って来《き》たのに!!
はい!!
缶詰《かんづめ》にパックごはんレトルトカレー…
電気《でんき》ケトル!!
お湯《ゆ》わかすのに重宝《ちょうほう》するやつ!!
運《はこ》んだのあたし!!
ありがと
チーン
ほかほか
電子《でんし》レンジで2分《ふん》温《あたた》めるだけで食《た》べられるなんて
パックごはん便利《べんり》すぎる…

便利《べんり》	重宝《ちょうほう》
都合《つごう》がよく、うまく役立《やくだ》つこと。	役《やく》に立《た》つものとして大切《たいせつ》にすること、そのもの。

使い分けのポイント

便利《べんり》は単純《たんじゅん》に役《やく》に立《た》って都合《つごう》がいいこと。重宝《ちょうほう》は都合《つごう》がいいだけでなく、それによって助《たす》かっているというニュアンスをふくむ言葉《ことば》。

例文

- 地図《ちず》のGPS《ジーピーエス》機能《きのう》は自分《じぶん》がいる位置《いち》が表示《ひょうじ》されるので便利《べんり》だ。
- 父《ちち》にもらった辞書《じしょ》が使《つか》いやすくて重宝《ちょうほう》している。

なるほど!

「簡便《かんべん》」の使《つか》い方《かた》

「便利《べんり》」「重宝《ちょうほう》」と似《に》た意味《いみ》の「簡便《かんべん》」は、手軽《てがる》で便利《べんり》なこと。「簡便《かんべん》な方法《ほうほう》を選《えら》ぶ」などと使《つか》うよ。

チャットの時間《じかん》

トモ：ほんとにやばかった…
実家《じっか》から食《た》べ物届《ものとど》かなかったら危《あぶ》なかったわ…

はせ：ちゃんと収入《しゅうにゅう》と支出《ししゅつ》、意識《いしき》してる？

トモ：してない…

はせ：家計簿《かけいぼ》アプリとか使《つか》って管理《かんり》しなよ～

トモ：はぁい…

対義語

収入《しゅうにゅう》 お金《かね》などが入《はい》ってくること。

支出《ししゅつ》 お金《かね》などを支払《しはら》うこと。

例文

♥先月《せんげつ》の**収入《しゅうにゅう》**は10万円《まんえん》だった。

♥今月《こんげつ》は**支出《ししゅつ》**が増《ふ》えてしまった。むだを見直《みなお》さないといけないな。

まだまだあるよ！ 対義語《たいぎご》

裕福《ゆうふく》…財産《ざいさん》があって暮《く》らしが豊《ゆた》かなこと。

貧乏《びんぼう》…財産《ざいさん》が少《すく》なく、暮《く》らしが苦《くる》しいこと。

♥彼女《かのじょ》の家《いえ》は**裕福《ゆうふく》**なので、お金《かね》の心《しん》配《ぱい》をしたことがないそうだ。

♥ファーブルは**貧乏《びんぼう》**だったが、昆虫《こんちゅう》の研究《けんきゅう》で大《おお》きな功績《こうせき》を残《のこ》した。

ぴったりなのは、どれ？

カタカナに合《あ》う漢字《かんじ》はどれ？ A B C から選《えら》んでね。

1

大学《だいがく》を卒業《そつぎょう》したら、親《おや》の仕事《しごと》をツグことになると思《おも》うわ

A 次《つ》ぐ　B 継《つ》ぐ　C 接《つ》ぐ

2

電車《でんしゃ》の冷房《れいぼう》がキキすぎていて体《からだ》が冷《ひ》えちゃったわ…

A 効《き》き　B 利《き》き　C 聞《き》き

3

エリがアトから来《く》るって言《い》うから待《ま》ってるのに、なかなか来《こ》ない！

A 跡《あと》　B 痕《あと》　C 後《あと》

答《こた》えは254ページを見《み》てね。

対義語

募《ぼ》集《しゅう》↔応《おう》募《ぼ》

大学《だいがく》のカフェスペース
バイトもう1つ増《ふ》やそうかなぁ
この前《まえ》カフェのバイト増《ふ》やしたばっかりじゃない！
ねえ 本屋《ほんや》でバイト募集《ぼしゅう》してるよ～
えっ ほんと？
時給《じきゅう》けっこういいね…
よし！
すみませーん 表《おもて》の貼《は》り紙《がみ》見《み》たんですけどー
えっ
ちょっとトモ まだかけもちするのー!?
その場《ば》で応募《おうぼ》しちゃうの～!?

募集《ぼしゅう》	応募《おうぼ》
多《おお》くの人《ひと》や物《もの》を集《あつ》めること。	よびかけに応《おう》じること。ふさわしいと思《おも》う人《ひと》や物《もの》が集《あつ》まること。

例文

♥動物園《どうぶつえん》で新《あたら》しく生《う》まれたパンダの名前《なまえ》を募集《ぼしゅう》しているらしい。

♥夏休《なつやす》みにポスターを描《か》いてコンクールに応募《おうぼ》した。

なるほど！

「公募《こうぼ》」って何《なに》？

「公募《こうぼ》」は、さまざまな人《ひと》から広《ひろ》く募《ぼ》集《しゅう》することで、募集《ぼしゅう》する側《がわ》が使《つか》う言《こと》葉《ば》。それに対《たい》して「応募《おうぼ》」は、募集《ぼしゅう》に応《おう》じること、それに加《くわ》わりたいと意《い》思表示《しひょうじ》をすることだよ。

類義語

説明《せつめい》★解説《かいせつ》

アルバイト初日《しょにち》
ブックカバーはカウンターの下《した》だよ
はい
店長《てんちょう》さんが仕事《しごと》の説明《せつめい》をしてくれた
うんせ
ふーー
さて次…
あ!
これ…教授《きょうじゅ》が言《い》ってた本《ほん》だ
パラ…
真《しん》剣《けん》!
その本《ほん》おもしろい?
ええ
この分野《ぶんや》の専門家《せんもんか》が初心者《しょしんしゃ》にもわかりやすく解説《かいせつ》してて…
——って店長《てんちょう》!?
ははは
すみませんっ

説明《せつめい》	解説《かいせつ》
わかりやすく伝《つた》えること。	難《むずか》しいことをわかりやすく説《と》くこと。

使い分けのポイント

説明《せつめい》はそのことをよく知《し》らない人《ひと》などに向《む》けて伝《つた》えるときに使《つか》う言葉《ことば》で、解説《かいせつ》は専門的《せんもんてき》な知識《ちしき》を教《おし》えるときに使《つか》う言葉《ことば》。

例文

♥妹《いもうと》にトランプのババ抜《ぬ》きのルールを説明《せつめい》した。

♥サッカー中継《ちゅうけい》で、解説者《かいせつしゃ》がチームの戦術《せんじゅつ》について解説《かいせつ》していた。

なるほど!

「解説《かいせつ》」と「論説《ろんせつ》」

解説《かいせつ》は、何《なに》かについて相手《あいて》がわかりやすいようにていねいに伝《つた》えること。自分《じぶん》の意見《いけん》はふくまれないことがポイント。「論説《ろんせつ》」は自分《じぶん》の意見《いけん》を述《の》べたり詳《くわ》しく説明《せつめい》したりすること。

今日《きょう》は着《き》ぐるみを着《き》て風船《ふうせん》を配《くば》るバイト
トモ
キャンペーンやってまーす
ママー風船《ふうせん》欲《ほ》しいー
あらあら
子《こ》どもに風船《ふうせん》あげて
バイト先《さき》の先輩《せんぱい》
ありがとう!
すみませーんアンケートに答《こた》えてもらえますか〜?
いいですよ
お嬢《じょう》ちゃんちょっと待《ま》っててね
パンダさんが踊《おど》ってくれるから見《み》てて
え!?
うん!!
パンダさんすごーい!!
がんばってー
子《こ》どもの声援《せいえん》に応《こた》えるトモだった

同訓異字

こたえる

答《こた》える・応《こた》える

答《こた》える	応《こた》える
聞《き》かれたことに合《あ》う返事《へんじ》をすること。	相手《あいて》の希望《きぼう》に合《あ》った行動《こうどう》をすること。

使い分けのポイント

答《こた》えるは相手《あいて》の質問《しつもん》に対《たい》して使《つか》う言葉《ことば》で、応《こた》えるは相手《あいて》の気持《きも》ちを考《かんが》えて使《つか》う言葉《ことば》。

例文

♥この本《ほん》は子《こ》どもの疑問《ぎもん》に答《こた》えてくれている。

♥アイドルが手《て》を振《ふ》って観客《かんきゃく》の応援《おうえん》に応《こた》えてくれた。

なるほど!

3つの読《よ》みがある「堪える」

「堪える」には3つの読《よ》み方《かた》がある。「*こたえる」は、「がまんしているが苦《くる》しい」状況《じょうきょう》のこと。「*こらえる」は、「がまんすること」そのものを表し、「たえる」は「影響《えいきょう》を受《う》けないよう抵抗《ていこう》する」という意味《いみ》があるよ。

同訓異字

かう 買《か》う・飼《か》う

最近《さいきん》アパートにネコが遊《あそ》びに来《く》るようになった
また来《き》たの？タマ
にゃーん
人《ひと》なつこいなあ
ひょ
こっ
お姉《ねえ》ちゃんのネコ？
わっ
びっくりした
この前《まえ》からときどき来《き》てるんだ
知《し》らないうちに飼《か》い始《はじ》めたのかと思《おも》った
まあお金《かね》がないお姉《ねえ》ちゃんにはそんな余裕《よゆう》ないけどね
ぐっさり
そんなお姉《ねえ》ちゃんにお土産《みやげ》です
へへー
お母《かあ》さんがケーキでも買《か》っていけって

買《か》う	飼《か》う
お金《かね》を払《はら》って自分《じぶん》のものにすること。引《ひ》き受《う》ける。自《じ》分《ぶん》のしたことによって、他《ほか》の人《ひと》に悪《わる》く思《おも》われる。	食《た》べ物《もの》をあたえて動物《どうぶつ》を育《そだ》てること。

使い分けのポイント

飼《か》うは動物《どうぶつ》を育《そだ》てるときに使《つか》う言葉《ことば》で、買《か》うは主《おも》にお金《かね》をものやサービスと交換《こうかん》するときに使《つか》う。

例文

- 映画館《えいがかん》でチケットを買《か》う。
- 売《う》られたけんかは買《か》う主義《しゅぎ》だ。
- うちでは熱帯魚《ねったいぎょ》を飼《か》っている。

なるほど！

「うらみを買《か》う」

他《ほか》の人《ひと》から嫌《きら》われていること。このときの「買う」は、自分《じぶん》の態度《たいど》や行動《こうどう》が原因《げんいん》で、よくない結果《けっか》を引《ひ》き寄《よ》せてしまうという意味《いみ》だよ。

同音異義語

いじょう

異常《いじょう》・異状《いじょう》

対義語

異常《いじょう》⇔正常《せいじょう》

夏休《なつやす》みもバイト
休憩時間《きゅうけいじかん》
ばっ
が
あっっっっ
つうううう！
ぷはーっ
生《い》き返《かえ》った
お疲《つか》れ〜
この暑《あつ》さ異常《いじょう》じゃないですか？
だよなー
このバイト暑《あつ》さで倒《たお》れる人《ひと》多《おお》そうですよね
ああ毎年《まいとし》何人《なんにん》か具合《ぐあい》悪《わる》くなるぞ
きみも気《き》をつけろよ
よし行《い》くか
はい

異常《いじょう》	普通《ふつう》とは違《ちが》うこと。
異状《いじょう》	普通《ふつう》とは違《ちが》う様子《ようす》のこと。

使い分けのポイント

異常《いじょう》はいろいろな場面《ばめん》で普通《ふつう》とは違《ちが》うときに使《つか》う。異状《いじょう》は状態《じょうたい》が違《ちが》うときに限《かぎ》って使《つか》う。

例文

♥「異常《いじょう》なくらいジェットコースターに人《ひと》がならんでいるね」

♥事件《じけん》の起《お》きた現場《げんば》に異状《いじょう》は見《み》られなかった。

異常《いじょう》	普通《ふつう》とは違《ちが》うこと。
正常《せいじょう》	変《か》わったところや悪《わる》いところがないこと。

例文

♥今《いま》とても疲《つか》れていて正常《せいじょう》な判断《はんだん》ができそうもない。

もうひとオシ！ 「いじょう」には「以上《いじょう》」という漢字《かんじ》もある。以上《いじょう》はある基準《きじゅん》より上《うえ》のこと。

対義語

無料《むりょう》⇔有料《ゆうりょう》

類義語

到着《とうちゃく》★到達《とうたつ》

バーン
お姉《ねえ》ちゃん遊園地《ゆうえんち》行《い》こう!!
お父《とう》さんが会社《かいしゃ》で招待券《しょうたいけん》もらってきたの!!
ドヤァ
じゃあ行《い》く!
遊園地《ゆうえんち》に到着《とうちゃく》
アトラクションは有料《ゆうりょう》なんだね……
キャー
キャー
入園料《にゅうえんりょう》が無料《むりょう》になるからお得《とく》でしょ
サッ
乗《の》り物《もの》のチケットは前《まえ》の残《のこ》りがあるんだ
残《のこ》り?
友《とも》だちと前《まえ》に来《き》たときの残《のこ》りだよ!
あっ でも少《すこ》ししかないから
がくー
お姉《ねえ》ちゃんは自分《じぶん》で買《か》ってね!

無料《むりょう》	有料《ゆうりょう》
お金《かね》を払《はら》わなくてよいこと。	お金《かね》がかかること。

例文

♥無料《むりょう》でクリアファイルをもらったよ。

♥「有料《ゆうりょう》のポリ袋《ぶくろ》をください」

到着《とうちゃく》	到達《とうたつ》
目標《もくひょう》に行《い》き着《つ》くこと。	努力《どりょく》して目標《もくひょう》や目的《もくてき》に行《い》き着《つ》くこと。

例文

♥電車《でんしゃ》が次《つぎ》の駅《えき》に到着《とうちゃく》するまであと10分《ぷん》ある。

♥目標《もくひょう》としていたレベルに到達《とうたつ》できた。

対義語

地《じ》獄《ごく》 ⇔ 極《ご く》楽《らく》・天《てん》国《ごく》

ミーンミンミンミン
ツクツクボーシ
ジージー
バーン
お姉《ねえ》ちゃん
プール行《い》こ!!
暑《あつ》いねえ…
うん
外《そと》はきっと地獄《じごく》のような暑《あつ》さだよぅ
水着《みずぎ》持《も》ってきたから行《い》こうよー
え〜〜
ぐでーっ
ほら バス乗《の》って!!
プシュー
めんどくさぁい
あー 極楽《ごくらく》
ぷかぷか
ねっ
来《き》たら来《き》たで楽《たの》しかった

地獄《じごく》	極楽《ごくらく》 天国《てんごく》
悪《わる》いことをした人《ひと》が死《し》んだ後《あと》に行《い》って苦《くる》しむ場所《ばしょ》。またそれくらいつらいこと。	よいことをした人《ひと》が死《し》んだ後《あと》に行《い》くすべて満《み》たされた場所《ばしょ》のこと。またそれくらい幸《しあわ》せなこと。

例文

- 今年《ことし》も**地獄《じごく》**のような強化合宿《きょうかがっしゅく》が始《はじ》まる。
- 祖母《そぼ》が何《なん》でも好《す》きなものを買《か》ってくれて**極楽《ごくらく》**気分《きぶん》を味《あじ》わった。
- この広《ひろ》い湿原《しつげん》は野鳥《やちょう》の**天国《てんごく》**だ。

なるほど!

たとえとして使《つか》われる言葉《ことば》

天国《てんごく》・極楽《ごくらく》・地獄《じごく》はさまざまな宗教《しゅうきょう》で死《し》んだ人《ひと》が行《い》く場所《ばしょ》とされている。ふだんは、その場所《ばしょ》や状況《じょうきょう》が「天国《てんごく》（地獄《じごく》）のようだ」という、比喩表現《ひゆひょうげん》として使《つか》われるよ。

8月《がつ》31日《にち》
明日《あした》から2学期《がっき》かあ
宿題《しゅくだい》おわらん
ずっと夏休《なつやす》みならいいのに
うちの大学《だいがく》9月《がつ》いっぱい夏休《なつやす》み～
ずるーい!!
ずるくないそういう決《き》まりだもん
むー
ムカつくからくすぐってやる
あはは足《あし》の裏《うら》やめて!!
ほれほれ…
こちょ
こちょ
ゴッ
いったーー!!テーブルの脚《あし》にぶつけたぁ…

同訓異字

あし

足《あし》・脚《あし》

足《あし》	脚《あし》
足首《あしくび》から下《した》、または膝《ひざ》から下《した》の部分《ぶぶん》のこと。	太《ふと》ももから下《した》の部分《ぶぶん》のこと。または支《ささ》えになる部分《ぶぶん》のこと。

使い分けのポイント

足《あし》は体《からだ》の一部《いちぶ》を指《さ》す言葉《ことば》。脚《あし》は「足《あし》」をふくむ全体《ぜんたい》を指《さ》し、つくえやいすなど物《もの》に対《たい》しても使《つか》う。

例文

- 足《あし》のサイズに合《あ》う靴《くつ》を探《さが》したが、売《う》り切《き》れていた。
- 昆虫《こんちゅう》の脚《あし》は6本《ぽん》ある。

なるほど!

生物学《せいぶつがく》や医学《いがく》で使《つか》う「あし」

「あし」には「肢《し》」という漢字《かんじ》もある。これは「てあし」の意味《いみ》で、生物学《せいぶつがく》や医学《いがく》で「四肢《しし》(4本《ほん》の手足《てあし》)」「前肢《ぜんし》(動物《どうぶつ》の前足《まえあし》)」「上肢《じょうし》(人間《にんげん》の腕《うで》)」のように使《つか》う。「選択肢《せんたくし》」のように「分《わ》かれたもの」という意味《いみ》でも使《つか》うよ。

もうひとオシ! 昆虫《こんちゅう》の「あし」は「足《あし》」と書《か》くことが多《おお》いよ。

今日《きょう》は実家《じっか》に来《き》ている
——って お母《かあ》さんに 言《い》われたし
ただいまー
ガチャ
姉《ねえ》ちゃん おかえり!!
マコト!
背《せ》が 伸《の》びたね
へへへ
この前《まえ》測《はか》ったら 142センチだった!
じゃあもうすぐ エリのこと 抜《ぬ》かすね
あたしだって 伸《の》びてるもん!!
ぷんすこ
148センチ あるもん
トモ あんた ちゃんと 自炊《じすい》してる?
…簡単《かんたん》な 料理《りょうり》教《おし》えて あげるわよ
してるよ もやし ラーメンとか
という

同訓異字

はかる

測《はか》る・計《はか》る・量《はか》る

同訓異字

あぶら

油《あぶら》・脂《あぶら》

測《はか》る	計《はか》る	量《はか》る
長《なが》さ、高《たか》さ、深《ふか》さ、速《はや》さ、広《ひろ》さ、温度《おんど》などを調《しら》べること。	数《かず》や大《おお》きさ、時間《じかん》を調《しら》べること。	量《りょう》や重《おも》さを調《しら》べること。

使い分けのポイント

測《はか》るは長《なが》さやスペースなどまとまった大《おお》きさを調《しら》べるときに使《つか》い、**計《はか》る**は数《かず》の積《つ》み重《かさ》ねで大《おお》きさを調《しら》べるときに使《つか》う。また**量《はか》る**は量《りょう》だけでなく重《おも》さのときにも使《つか》える。

例文

- 新《あたら》しい家具《かぐ》を買《か》うため、部屋《へや》の広《ひろ》さを**測《はか》っ**た。
- 50メートル走《そう》のタイムを**計《はか》る**。

フライパンに油《あぶら》を大《おお》さじ1くらい入《い》れて
とろ〜
お肉《にく》は両面《りょうめん》しっかり焼《や》く
ジュー
ふたをして5分《ふん》蒸《む》し焼《や》きにするの
トモタイマーで時間《じかん》計《はか》って
オッケー
カチカチ
作《つく》ろうか
フルーツポンチ!!白玉《しらたま》入《い》りの
エリはお水《みず》を量《はか》ってね
はーい
白玉粉
ただいまー
あっお父《とう》さんだ
おかえりねえちゃんきてるよ
そうか
パクッ
おいしい!!
このぶた肉《にく》脂《あぶら》までうまいな
おかわりー
おやすみー

♥サラダを量《はか》り売《う》りの店《みせ》で百《ひゃく》グラム買《か》った。

油《あぶら》	脂《あぶら》
あぶらの中《なか》で、常温《じょうおん》で液体《えきたい》のもののこと。	あぶらの中《なか》で、常温《じょうおん》で固体《こたい》のもののこと。皮《ひ》ふから分泌《ぶんぴつ》される脂肪《しぼう》。

使い分けのポイント

油《あぶら》は植物《しょくぶつ》や魚《さかな》にあるものを指《さ》すことが多《おお》く、脂《あぶら》は肉《にく》やバターなどのときに多《おお》く使《つか》われている。

例文

♥このドレッシングは油《あぶら》が分《わ》かれているから、容器《ようき》をよく振《ふ》って混《ま》ぜてね。

♥サムギョプサルは厚《あつ》めのぶた肉《にく》を鉄板《てっぱん》で焼《や》き、余分《よぶん》な脂《あぶら》を落《お》として食《た》べる。

♥おなかが痛《いた》くて脂汗《あぶらあせ》が出《で》てきた。

同訓異字

さめる
冷《さ》める・覚《さ》める

すやー
ぱちっ
んーーーっ
寝《ね》ちゃってた…
コーヒー冷《さ》めてる…
いれ直《なお》すか…
ボ〜〜ッ
ビッ
ニャー
なんだタマかぁ
びっくりして眠気《ねむけ》が覚《さ》めたよ〜

冷《さ》める	覚《さ》める
熱《あつ》い物《もの》の温度《おんど》が自然《しぜん》に下《さ》がること。	眠気《ねむけ》などがなくなって、しっかりとした様子《ようす》になること。

使い分けのポイント

冷《さ》めるは物《もの》の温度《おんど》にかかわるときに使《つか》う言葉《ことば》で、覚《さ》めるは意識《いしき》の状態《じょうたい》に対《たい》して使《つか》う言葉《ことば》。

例文

♥お風呂《ふろ》のお湯《ゆ》を入《い》れてから時間《じかん》が経《た》ったので、すっかりお湯《ゆ》が冷《さ》めてしまった。

♥地震《じしん》で目《め》が覚《さ》めた。

なるほど！

もう1つの「さめる」

お酒《さけ》の酔《よ》いが引《ひ》いていくことや何《なに》かに夢中《むちゅう》になっていた熱《ねつ》が引《ひ》いていくことを「醒《さ》める」と書《か》くこともある。

まちがいさがし

エリがトモにないしょで書《か》いている日記《にっき》だよ。

お姉《ねえ》ちゃん観察日記《かんさつにっき》★

○月《がつ》×日《にち》

お姉《ねえ》ちゃんの部屋《へや》に行《い》った。まだ
新《あたら》しいソファは飼《か》っていなかった。
安外《あんがい》気《き》に入《い》ってるんじゃないのかな。
それにしても毎日《まいにち》バイトばっかり
してて、ちゃんと勉強《べんきょう》してるのかな。
そうだ！　今度《こんど》あたしの宿題《しゅくだい》、替《か》わりに
やらせちゃお！

こっそり書《か》いている観察日記《かんさつにっき》。
読《よ》み返《かえ》したら3か所《しょ》も間違《まちが》えてた！
どこかわかる？

答《こた》えは254ページを見《み》てね。

対義語

横断《おうだん》⇔縦断《じゅうだん》

長《なが》い夏休《なつやす》みが終《お》わり大学《だいがく》が始《はじ》まった
ひさしぶりー
げんきだったー?
みんな夏休《なつやす》み何《なに》してたの~?
親《おや》と一緒《いっしょ》にアメリカ横断《おうだん》!!
ニューヨーク
シカゴ
カンザスシティー
ラスベガス
サンフランシスコ
稚内《わっかない》から鹿児島《かごしま》まで
ブロロロ
ラスベガスでショーを見《み》てきたよ
オレはバイクで日本《にっぽん》縦断《じゅうだん》したぜ!
みんな充実《じゅうじつ》してたねえ
わたしはテニスしてたよ
トモちゃんは?
私《わたし》は…
ふうせん
どうぞ~
あー
着《き》ぐるみ着《き》てたね…

横断《おうだん》	縦断《じゅうだん》
道路《どうろ》や敷地《しきち》などを横切《よこぎ》ること。東西方向《とうざいほうこう》に移動《いどう》すること。異《こと》なる分野《ぶんや》を超《こ》えてつながること。	道路《どうろ》や敷地《しきち》を縦《たて》に通《とお》り抜《ぬ》けること。南北方向《なんぼくほうこう》に移動《いどう》すること。

例文

- 道路《どうろ》を横断《おうだん》するときは、左右《さゆう》をよく見《み》よう。
- この学者《がくしゃ》は学問《がくもん》の分野《ぶんや》を横断《おうだん》する研究《けんきゅう》で有名《ゆうめい》だ。
- 台風《たいふう》が日本列島《にほんれっとう》を縦断《じゅうだん》する。

お姉《ねえ》ちゃん大変《たいへん》!!
バーン
マコトが子犬《こいぬ》もらってきた!!
へ?
子犬《こいぬ》?
なんでまた
?
友《とも》だちの犬《いぬ》が子犬《こいぬ》を生《う》んでね 1匹《ぴき》もらってほしいって
わー
つっ
もう うちじゅう大騒《おおさわ》ぎだよ〜
かわいいけど
あと マコトのカブトムシが卵《たまご》産《う》んで…
カブトムシ!?
あとザリガニも
たまごよ〜
出産《しゅっさん》ラッシュ!?
マコトってば将来《しょうらい》は生物学者《せいぶつがくしゃ》になりたいって言《い》ってるよ
はー

同訓異字

うむ

生《う》む・産《う》む

類義語

将来《しょうらい》・未来《みらい》

生《う》む	産《う》む
赤《あか》ちゃんや卵《たまご》を母親《ははおや》の体《からだ》から出《だ》すこと。生物以外《せいぶついがい》にも使《つか》う。	赤《あか》ちゃんや卵《たまご》を母親《ははおや》の体《からだ》から出《だ》すこと。

例文

- 彼《かれ》が何《なに》も語《かた》らないので、さまざまなうわさを生《う》むことになった。
- ツバメが軒下《のきした》に卵《たまご》を産《う》んだ。

将来《しょうらい》	未来《みらい》
これから先《さき》に訪《おとず》れるであろう期間《きかん》。	すべての人《ひと》に訪《おとず》れるであろう遠《とお》い先《さき》の時間《じかん》。

例文

- 近《ちか》い将来《しょうらい》、兄《あに》は結婚《けっこん》するだろう。
- 百年先《ひゃくねんさき》の未来《みらい》について考《かんが》える。

同音異義語

しょよう

所用《しょよう》・所要《しょよう》

10月《がつ》31日《にち》
バイト先《さき》のカフェで
いらっしゃいませー
トリックオアトリート
ハロウィーンの仮装《かそう》パーティーを開《ひら》いている
お客《きゃく》さん増《ふ》えてきた
ワイ
ワイ
みんな楽《たの》しそう
あ 店長《てんちょう》 私《わたし》所用《しょよう》がありまして…
上《あ》がっていいよ
お疲《つか》れ様《さま》でした
ペコリ
明日《あした》いとこの結婚式《けっこんしき》なんだよね
いそげ〜
新幹線《しんかんせん》間《ま》に合《あ》うか⁉
ガラ
ガラ
間《ま》に合《あ》った
所要《しょよう》時間《じかん》60分《ぷん》か…

所用《しょよう》	所要《しょよう》
しなくてはならないこと。用事《ようじ》。	何《なに》かをするために必要《ひつよう》とすることや時間《じかん》。

使い分けのポイント

所用《しょよう》は用事《ようじ》を表《あらわ》すときに使《つか》う言葉《ことば》で、所要《しょよう》は何《なに》かをするときに必要《ひつよう》になるものや時間《じかん》に使《つか》う言葉《ことば》。

例文

♥先生《せんせい》は所用《しょよう》のため午後《ごご》から来《く》るらしい。

♥ハイキングコースは、所要《しょよう》時間《じかん》によって5つのコースに分《わ》かれている。

なるほど！

「所用《しょよう》」と「私用《しよう》」

「所用《しょよう》」はすべての用事《ようじ》に当《あ》てはまる言葉《ことば》で、「私用《しよう》」は個人的《こじんてき》な用事《ようじ》のことだよ。

同訓異字

ながい
長《なが》い ♥ 永《なが》い

いとこの結婚式《けっこんしき》
パチ
パチ
パチ
パチ
いとこのミオちゃん
ミオちゃんきれーい!!
ウエディングベールのチュールが長《なが》いのってすてき…
ミオちゃーん
ふたりともありがとう
末永《すえなが》くお幸《しあわ》せにね
うん!
帰《かえ》り道《みち》――
お姉《ねえ》ちゃんは彼氏《かれし》いないの?
ズバッ
ふだん見《み》てりゃわかるでしょ
?

長《なが》い	永《なが》い
端《はし》から端《はし》までが遠《とお》く離《はな》れていること。	ずっと続《つづ》いていくかのような時間《じかん》のこと。

使い分けのポイント

長いは「時間《じかん》」や「ものの大《おお》きさ」を表《あらわ》すときに使《つか》う言葉《ことば》で、**永い**は終《お》わりがないような「時間《じかん》」を表《あらわ》すときに使《つか》う言葉《ことば》。使《つか》い分《わ》けは厳密《げんみつ》ではなく、多《おお》くの場合《ばあい》「長《なが》い」でよいが、結婚式《けっこんしき》などでは「永遠《えいえん》」を強調《きょうちょう》するため「永《なが》い」を使《つか》う。

例文

♥**長《なが》い**廊下《ろうか》を歩《ある》く。

♥大木《たいぼく》の前《まえ》に立《た》って、それまでの**永《なが》い**月日《つきひ》を思《おも》う。

同音異義語

こうえん

講演《こうえん》・公演《こうえん》・公園《こうえん》

同訓異字

あらわす

表《あらわ》す・現《あらわ》す・著《あらわ》す

大学《だいがく》の文化祭《ぶんかさい》にはせちゃんが来《き》てくれた
トモ!
ハ～イ
去年新人賞《きょねんしんじんしょう》をとった作家《さっか》さん
この大学《だいがく》の卒業生《そつぎょうせい》でさ
こっち こっち
今日《きょう》 講堂《こうどう》で講演《こうえん》があるんだ
講堂《こうどう》
作家《さっか》が姿《すがた》を現《あらわ》した
じーん…
本物《ほんもの》だぁ
『銀河《ぎんが》の杜《もり》』は私《わたし》の出身地《しゅっしんち》を舞台《ぶたい》としており…
パチパチ
はー
いい講演《こうえん》

講演《こうえん》	決《き》まったお題《だい》について多《おお》くの人《ひと》を前《まえ》に話《はな》すこと。
公演《こうえん》	音楽《おんがく》や芝居《しばい》などを多《おお》くの人《ひと》の前《まえ》で行《おこな》うこと。
公園《こうえん》	くつろいだり遊《あそ》んだりできる、多《おお》くの人《ひと》に開《ひら》かれた場所《ばしょ》のこと。

使い分けのポイント

講演《こうえん》は多《おお》くの人《ひと》に何《なに》かのテーマで話《はな》すときや考《かんが》えを伝《つた》えるときに、公演《こうえん》は音楽《おんがく》などを多《おお》くの人《ひと》に聴《き》いてもらうときに使《つか》う。公園《こうえん》は多《おお》くの人《ひと》が使《つか》うことのできる場所《ばしょ》。

例文

学生《がくせい》のための講演《こうえん》を頼《たの》まれた。

言葉《ことば》に表《あらわ》すなんてできないよ！
クスッ
顔《かお》には表《あらわ》れているから十分《じゅうぶん》伝《つた》わってるよ
ワイワイ
——でね 今度《こんど》「ナイトライフ」の全国公演《ぜんこくこうえん》があるんだけど
チケットとるから
トモも行《い》かない？
「ナイトライフ」ってはせちゃんの好《す》きなアイドルグループだよね
うーん どうしよう かなあ…
あ
テニスサークル！見《み》に来《き》てって言《い》われてた
テニスサークル こちら
友《とも》だちが入《はい》ってるの？
うん
ルリっていうおっとりした子《こ》でね…
こちらへどうぞー

♥人形劇団《にんぎょうげきだん》の公演《こうえん》が楽《たの》しみだ。
♥「午後《ごご》4時《じ》に公園《こうえん》で待《ま》ち合《あ》わせしよう」

表《あらわ》す	思《おも》いや考《かんが》えが表情《ひょうじょう》や言葉《ことば》になって出《で》てくること。
現《あらわ》す	今《いま》まで見《み》えていなかった人《ひと》や物《もの》が外《そと》に出《で》てくること。
著《あらわ》す	本《ほん》を書《か》いて出版《しゅっぱん》すること。

使い分けのポイント

現《あらわ》すは人《ひと》や物《もの》が、表《あらわ》すは感情《かんじょう》などが外《そと》に出《で》るときに使《つか》う。また著《あらわ》すは本《ほん》を書《か》くときにのみ使《つか》う言葉《ことば》。

例文

♥春《はる》の気持《きも》ちよさを表《あらわ》したような日差《ひざ》しだ。
♥雲《くも》に隠《かく》れていた月《つき》が姿《すがた》を現《あらわ》した。
♥母《はは》は小説《しょうせつ》を著《あらわ》したことがある。

類義語

勝負《しょうぶ》★勝敗《しょうはい》

あ
トモちゃん
いらっしゃーい
テニスサークル
たこやき
たこやきなんだ!!
わたしのサーブ打《う》ち返《かえ》せたらおまけしてあげるよ
やってみる?
もちろん! 正々堂々《せいせいどうどう》と勝負《しょうぶ》よ!!
いざ対決《たいけつ》!!
サーブ打《う》つよ~
どりゃあああ
ビシッ
人格《じんかく》変《か》わりすぎ!!
勝敗《しょうはい》は一瞬《いっしゅん》で決《き》まった
おっとりした子《こ》って言《い》ってなかったっけ?
そうだっけ?
まりどーー

勝負《しょうぶ》	勝敗《しょうはい》
勝《か》ちと負《ま》け。試合《しあい》などをして、どちらが優《すぐ》れているか決《き》めること。	試合《しあい》の結果《けっか》の勝《か》ち負《ま》け。

使い分けのポイント

勝負《しょうぶ》は勝《か》ち負《ま》けが決《き》まるまでのことすべてについて使《つか》う言葉《ことば》だが、勝敗《しょうはい》は結果《けっか》のみについて使《つか》う言葉《ことば》。

例文

♥どこまでボールを飛《と》ばせるか勝負《しょうぶ》しよう。

♥勝敗《しょうはい》を分《わ》けたのはほんの少《すこ》しの違《ちが》いだった。

なるほど!

成長《せいちょう》につながる「対決《たいけつ》」

「対決《たいけつ》」は、面《めん》と向《む》かい合《あ》って物事《ものごと》の決着《けっちゃく》をつけること。向《む》かい合《あ》う相手《あいて》は人間《にんげん》とは限《かぎ》らず、政治《せいじ》や社会《しゃかい》の対立《たいりつ》を表《あらわ》すことも。対決《たいけつ》を通《とお》して成長《せいちょう》したり変化《へんか》したりすることが重要《じゅうよう》。

エリのたくらみ♪

ゲーム開始《かいし》直後《ちょくご》に
強制終了《きょうせいしゅうりょう》しちゃったの第《だい》2ラウンドよろしくね★
がくー

対義語

開始《かいし》

何《なに》かが始《はじ》まること。

終了《しゅうりょう》

何《なに》かが終《お》わること。

黙読《もくどく》するだけで覚《おぼ》えられるわけないよ!!
教科書《きょうかしょ》は音読《おんどく》しなきゃだめ!!
バーン

対義語

黙読《もくどく》

声《こえ》を出《だ》さずに読《よ》むこと。

音読《おんどく》

声《こえ》を出《だ》して読《よ》み上《あ》げること。

もう3月《がつ》で暖《あたた》かくなってきたから
こたつは撤去《てっきょ》したよ

対義語

設置《せっち》

施設《しせつ》や機関《きかん》などを設《もう》けたり、機械《きかい》や道具《どうぐ》を取《と》り付《つ》けたりすること。

撤去《てっきょ》

建物《たてもの》や設備《せつび》、道具《どうぐ》などを取《と》り払《はら》うこと。

同訓異字

あたたかい

暖《あたた》かい・温《あたた》かい

冬《ふゆ》になった
お姉《ねえ》ちゃーん来《き》たよ～
支《し》援《えん》物《ぶっ》資《し》
今日《きょう》もエリが来《き》た
着《き》ぶくれすごいね
は～～
ほっこり
こたつって暖《あたた》かいね～
外《そと》そんなに寒《さむ》い？
ブルブル
雪降《ゆきふ》りそうな寒《さむ》さだよ～
お姉《ねえ》ちゃんココアはー？
実家《じっか》と同《おな》じだと思《おも》わないでよね
つくってあげたけど
温《あたた》かい～♥
しあわせ～
それよりお姉《ねえ》ちゃんみかんは？
こたつといったらみかんでしょ
ないよ!!
こたつ買《か》ったからお金《かね》ないの!!

暖《あたた》かい	寒《さむ》さを感《かん》じない気温《きおん》。
温《あたた》かい	熱《あつ》すぎず冷《つめ》たすぎずちょうどよい温度《おんど》。思《おも》いやりの心《こころ》があること。

使い分けのポイント

暖《あたた》かいは「涼《すず》しい」の対義語《たいぎご》として使《つか》う言葉《ことば》で、温《あたた》かいは「冷《つめ》たい」の対義語《たいぎご》として使《つか》う言葉《ことば》。

例文

- 外《そと》は寒《さむ》かったが上着《うわぎ》をはおると暖《あたた》かくなった。
- 温《あたた》かいご飯《はん》が食《た》べたい。
- 「恵《めぐ》まれない人《ひと》びとのために、温《あたた》かいご支援《しえん》をお願《ねが》いします」

なるほど！

「懐《ふところ》が暖《あたた》かい」
持《も》っているお金《かね》が十分《じゅうぶん》あること。着《き》物《もの》を着《き》たときの胸《むね》のあたりを「懐《ふところ》」といい、財布《さいふ》は懐《ふところ》に入《い》れるものであることが由来《ゆらい》だよ。

類義語

決心《けっしん》★決意《けつい》

お姉《ねえ》ちゃん来週《らいしゅう》の土曜日《どようび》ってひま?
ひまじゃないよ?
まさか彼氏《かれし》でもできたの!?
できてない…
――ってクリスマスイブか!!
まっ
クリスマスはかせぎどきだからね!!
何《なん》のバイトするの?
パンダ
クリスマスイブ
パンダ
妹《いもうと》がやってきた
お姉《ねえ》ちゃんこれ彼氏《かれし》
よ…よろしく
トモは決心《けっしん》した
来年《らいねん》のクリスマスはバイトをしないと…
そっちかい!!

決心《けっしん》	考《かんが》えを決《き》めること。
決意《けつい》	なんとかしてそれをしようと強《つよ》く思《おも》うこと。

使い分けのポイント

決心《けっしん》は目的《もくてき》があるときに使《つか》う言葉《ことば》だが、決意《けつい》は思《おも》いが決《き》まったときに使《つか》う言葉《ことば》。

例文

♥お小遣《こづか》いを貯《た》めて自転車《じてんしゃ》を買《か》おうと決心《けっしん》した。

♥いつか世界一周《せかいいっしゅう》をするという決意《けつい》は変《か》わらなかった。

なるほど!

「覚悟《かくご》」って?

これから起《お》こるであろう困難《こんなん》を受《う》け止《と》める心構《こころがま》えをすること。何《なに》かに立《た》ち向《む》かうときに使《つか》う言葉《ことば》。「兄《あに》は彼女《かのじょ》の両親《りょうしん》に会《あ》う覚悟《かくご》を決《き》めた」「その一歩《いっぽ》を踏《ふ》み出《だ》す覚悟《かくご》ができない」などと使《つか》う。

同訓異字

つく 着《つ》く・就《つ》く・付《つ》く

お正月《しょうがつ》の初詣《はつもう》で
神社《じんじゃ》に着《つ》いたら
まずはおみくじだよね!
おまいりでしょ!!
パン
パン
何《なに》をお願《ねが》いしたの?
お姉《ねえ》ちゃんが大学卒業《だいがくそつぎょう》していい仕事《しごと》に就《つ》くことができますようにって
エリ…
そうしたらお姉《ねえ》ちゃんからもお年玉《としだま》もらえるでしょ!?
……

実家《じっか》で
弟《おとうと》と書《か》き初《ぞ》め
できた!!
初日の出
顔《かお》に墨《すみ》付《つ》いているよ
ひげみたい

着《つ》く	就《つ》く	付《つ》く
目的地《もくてきち》に行《い》き着《つ》くこと。体《からだ》の一部《いちぶ》が何《なに》かに触《ふ》れること。	ある立場《たちば》や身分《みぶん》になること。	ものがくっつくこと。

使い分けのポイント

付《つ》くはものがくっついたり痕《あと》を残《のこ》したりするときに使《つか》う言葉《ことば》で、着《つ》くはある場所《ばしょ》に行《い》き着《つ》いたときに使《つか》う。就《つ》くは仕事《しごと》など地位《ちい》や身分《みぶん》に関《かか》わるときに使《つか》う言葉《ことば》。

例文

- 最寄《もよ》り駅《えき》に着《つ》くまで10分《ぷん》かかる。
- テレビでよく見《み》る子役《こやく》が一日警《いちにちけい》察署長《さつしょちょう》に就《つ》いた。
- ほおにごはんつぶが付《つ》いている。
- 遠足《えんそく》のお小遣《こづか》いは千円《せんえん》までという条件《じょうけん》が付《つ》いている。

対義語

道理《どうり》 ↔ 無理《むり》

冬休《ふゆやす》みが終《お》わるとすぐに試験《しけん》が始《はじ》まる
――んだけど
いる。
エリ 何《なに》しに来《き》たのよ
んー?
何《なに》これ
あー これを渡《わた》しに来《き》たんだった はい
誕生日《たんじょうび》プレゼント
あけてみて〜
製菓用《せいかよう》のチョコと温度計《おんどけい》? なんでこれ?
?
バレンタイン用《よう》のチョコづくりセット♥
それまでに彼氏《かれし》つくってね♥
うん
無理《むり》に決《き》まってんだろ

道理《どうり》	無理《むり》
物事《ものごと》のそうあるべきこと。人《ひと》として正《ただ》しいこと。	行《おこな》うのが難《むずか》しいことを強引《ごういん》に行《おこな》うこと。すじが通《とお》っていないこと。

例文

♥道理《どうり》に合《あ》わないことを言《い》われたら、腹《はら》が立《た》って当然《とうぜん》だ。

♥具合《ぐあい》が悪《わる》いときに無理《むり》に登校《とうこう》する必要《ひつよう》はありません。

なるほど!

「無理《むり》が通《とお》れば道理《どうり》が引《ひ》っこむ」

道理《どうり》に反《はん》するような正《ただ》しくないことばかり行《おこな》われていると、道理《どうり》に合《あ》った正《ただ》しいことが行《おこな》われなくなってしまうということわざ。反対《はんたい》の意味《いみ》の「道理《どうり》に向《む》かう刃《やいば》なし(正《ただ》しい行動《こうどう》をしていればどんな困難《こんなん》も乗《の》り越《こ》えられる)」ということわざもあるよ。

まだまだあるよ！ 同音異義語《どうおんいぎご》

こうせい

公正《こうせい》	かたよりがないこと。
厚生《こうせい》	体《からだ》を健康《けんこう》に保《たも》ち、生活《せいかつ》を豊《ゆた》かにすること。
更生《こうせい》	精神的《せいしんてき》に立《た》ち直《なお》ること。
校正《こうせい》	文《ぶん》の誤《あやま》りを見《み》つけて正《ただ》すこと。
構成《こうせい》	いくつかの要素《ようそ》を1つにまとめること。
後世《こうせい》	今《いま》より後《あと》の時代《じだい》。後《のち》の世《よ》。

例文

- 先生《せんせい》がいつも公正《こうせい》な判断《はんだん》をするとは限《かぎ》らない。
- 働《はたら》くなら、福利《ふくり》厚生《こうせい》が充実《じゅうじつ》している会社《かいしゃ》がいいな。
- 彼女《かのじょ》は自力《じりき》で更生《こうせい》できるはずだ。
- 父《ちち》は校正《こうせい》の仕事《しごと》をしている。
- この作者《さくしゃ》のマンガは構成《こうせい》がとてもよく練《ね》られている。
- この野球選手《やきゅうせんしゅ》は後世《こうせい》に名《な》を残《のこ》すだろう。

さくせい

作成《さくせい》	内容《ないよう》を考《かんが》えて何《なに》かをつくること。
作製《さくせい》	道具《どうぐ》や機械《きかい》を使《つか》って何《なに》かをつくること。

例文

- クラス新聞《しんぶん》に載《の》せるクイズを作成《さくせい》した。
- 夏休《なつやす》みの自由研究《じゆうけんきゅう》で貯金箱《ちょきんばこ》を作製《さくせい》した。

徹夜《てつや》で文書《ぶんしょ》作成《さくせい》のバイトしてた…
それで疲《つか》れてたんだね～

じき

時期《じき》	ある区切《くぎ》られた期間《きかん》のこと。
時機《じき》	何《なに》かをするよいタイミング。
時季《じき》	1年《ねん》のうち、何《なに》かをする最《もっと》もよいとき。季節《きせつ》。

例文

♥あちこちで花火大会《はなびたいかい》が行《おこな》われる時期《じき》が近《ちか》づいてきた。

♥新《あたら》しいセーターを着《き》る時機《じき》を逃《のが》してしまった。

♥祖父母《そふぼ》は今《いま》、リンゴを収穫《しゅうかく》する時季《じき》なので、とても忙《いそが》しい。

しゅうかん

週間《しゅうかん》	7日間《なのかかん》を1セットにした時間《じかん》の単位《たんい》。
週刊《しゅうかん》	雑誌《ざっし》・新聞《しんぶん》などを1週間《しゅうかん》に1度《ど》出《だ》すこと。
習慣《しゅうかん》	くり返《かえ》し行《おこな》ううちにそうするのが普通《ふつう》になったこと。

例文

♥運動会《うんどうかい》の1週間《しゅうかん》前《まえ》なので練習《れんしゅう》に熱《ねつ》が入《はい》ってきた。

♥この雑誌《ざっし》は週刊《しゅうかん》で発売《はつばい》される。

♥早寝早起《はやねはやお》き朝《あさ》ごはんの習慣《しゅうかん》を身《み》につけよう。

しゅうし

終止《しゅうし》	終《お》わりになること。「終止符《しゅうしふ》」「終止形《しゅうしけい》」の形《かたち》で使《つか》うことが多《おお》い。
終始《しゅうし》	始《はじ》めから終《お》わりまで。

例文

♥長《なが》い戦《たたか》いに終止符《しゅうしふ》が打《う》たれた。

♥動詞《どうし》の終止形《しゅうしけい》は覚《おぼ》えるのが簡単《かんたん》だ。

♥友《とも》だちとのクリスマスパーティーは、終始《しゅうし》笑顔《えがお》が絶《た》えなかった。

なるほど!

「終始《しゅうし》」と「始終《しじゅう》」

漢字《かんじ》を入《い》れ替《か》えた「始終《しじゅう》」という言葉《ことば》も、初《はじ》めから終《お》わりまでずっとという意味《いみ》の言葉《ことば》。「終始《しゅうし》」は終《お》わりのあることに、「始終《しじゅう》」は終《お》わりのないことに使《つか》われる。

しゅうしゅう

収集《しゅうしゅう》	集《あつ》めること。
収拾《しゅうしゅう》	混乱《こんらん》した状態《じょうたい》をうまく取《と》りまとめること。

例文

♥ゴミ収集車《しゅうしゅうしゃ》とすれ違《ちが》った。

♥部屋《へや》が散《ち》らかりすぎて収拾《しゅうしゅう》がつかない。

♥この事態《じたい》を収拾《しゅうしゅう》できるのは彼《かれ》しかいないだろう。

じゅうしょう

重傷《じゅうしょう》	けがの程度《ていど》がひどいこと。
重症《じゅうしょう》	病気《びょうき》などの症状《しょうじょう》がひどいこと。

例文

♥歌手《かしゅ》が交通事故《こうつうじこ》に遭《あ》って全治《ぜんち》3か月《げつ》の重傷《じゅうしょう》との報道《ほうどう》があった。

♥祖父《そふ》の病気《びょうき》は思《おも》ったより重症《じゅうしょう》だったようだ。

♥彼女《かのじょ》の恋《こい》わずらいはそうとう重症《じゅうしょう》だね。

しゅうりょう

終了《しゅうりょう》	物事《ものごと》が終《お》わること。
修了《しゅうりょう》	学業《がくぎょう》などの学習内容《がくしゅうないよう》がひと通《とお》り終《お》わること。

例文

♥笛《ふえ》が鳴《な》ってサッカーの試合《しあい》が終了《しゅうりょう》した。

♥小学校《しょうがっこう》の全課程《ぜんかてい》を修了《しゅうりょう》した。

しゅぎょう

修業《しゅぎょう》	学問《がくもん》や技術《ぎじゅつ》を学《まな》んで身《み》につけること。「しゅうぎょう」とも読《よ》む。
修行《しゅぎょう》	精神《せいしん》をきたえるためや、技術《ぎじゅつ》を磨《みが》くために努力《どりょく》をすること。

例文

♥プロの料理人《りょうりにん》の下《もと》で料理《りょうり》の修業《しゅぎょう》をしてみたい。

♥主人公《しゅじんこう》は武者修行《むしゃしゅぎょう》の旅《たび》に出《で》かけた。

なるほど!

元《もと》は仏教《ぶっきょう》の言葉《ことば》

「修行《しゅぎょう》」とは、悟《さと》りを開《ひら》くために、自分《じぶん》と向《む》き合《あ》い、つらく苦《くる》しいことをくり返《かえ》すこと。忍者《にんじゃ》や山伏《やまぶし》が行《おこな》うのも修行《しゅぎょう》という。

じゅしょう

受賞《じゅしょう》	賞《しょう》をもらうこと。
授賞《じゅしょう》	賞《しょう》をあげること。

例文

♥ポスターのコンクールで優秀賞《ゆうしゅうしょう》を受賞《じゅしょう》した。

♥県民《けんみん》ホールで県大会《けんたいかい》の授賞式《じゅしょうしき》が行《おこな》われた。

はー
授賞式《じゅしょうしき》に行《い》ってみたいなあ…

しょうがい

傷害《しょうがい》	傷《きず》をつけること。
障害《しょうがい》	じゃまをすること。さまざまな原因《げんいん》で体《からだ》や心《こころ》が制限《せいげん》されること。
生涯《しょうがい》	この世《よ》に生《い》きている間《あいだ》。

例文

♥私《わたし》の不注意《ふちゅうい》で、相手《あいて》に傷害《しょうがい》を負《お》わせてしまった。

♥陸上《りくじょう》の障害《しょうがい》レースは水《みず》たまりを走《はし》るのがおもしろい。

♥交通事故《こうつうじこ》により、足《あし》に障害《しょうがい》が残《のこ》ってしまった。

♥今日《きょう》の勝利《しょうり》を生涯《しょうがい》忘《わす》れることはないだろう。

せいさく

制作《せいさく》	芸術的《げいじゅつてき》、創造的《そうぞうてき》な作品《さくひん》をつくること。
製作《せいさく》	道具《どうぐ》や機械《きかい》を使《つか》って実用的《じつようてき》なものをつくること。

例文

♥将来《しょうらい》はテレビ番組《ばんぐみ》の制作会社《せいさくがいしゃ》で働《はたら》きたいと思《おも》っている。

♥ぼくの親戚《しんせき》の店《みせ》は家具《かぐ》の製作《せいさく》で有名《ゆうめい》なんだって。

制作会社《せいさくがいしゃ》に就職《しゅうしょく》するの？
まだそこまで考《かんが》えてないよ

4章《しょう》

ドキッ♥新《あたら》しいわたしに変身《へんしん》!!

わたし、カスミ。ごく普通《ふつう》の高校《こうこう》生《せい》。仲《なか》よしのユリには彼氏《かれし》がいるし、アンズは最近《さいきん》彼氏《かれし》と別《わか》れたんだって。わたし? うーん、恋愛《れんあい》には縁《えん》がないんだよね、地味《じみ》だからかなあ。

解《かい》放《ほう》・開《かい》放《ほう》・快《かい》方《ほう》

蒼井《あおい》くん
ようやく試験《しけん》の勉強《べんきょう》から解放《かいほう》されたのに何《なに》してるの?
ふふっ
前田《まえだ》さんもね

勧《すす》める・薦《すす》める・進《すす》める

はい 水《みず》で洗《あら》うだけです…
モチモチ
それでこれってすごいわ!!
でもねスキンケアするともっとよくなるわ!!
やってみない? スキンケア!!
しきりにスキンケアを勧《すす》めるユリの姉《あね》だった

上《あ》げる・挙《あ》げる・揚《あ》げる

ランちゃんそっちもう少《すこ》し上《あ》げて
はいっス

登場人物紹介《とうじょうじんぶつしょうかい》

前田《まえだ》カスミ

おしゃれには少《すこ》し興味《きょうみ》あり。でも恋愛《れんあい》は…。

アンズ

恋愛《れんあい》にはくわしいよ！…彼氏《かれし》はしょっちゅう変《か》わるけど…。

ユリ

幼《おさな》なじみから昇格《しょうかく》した彼氏《かれし》がいる。

恋人《こいびと》

タイヨウ

ユリの彼氏《かれし》。お調子者《ちょうしもの》。

ラン

アニメやマンガや恋《こい》バナが大好《だいす》き！

モモ

おっとりした性格《せいかく》で、男子《だんし》にモテるらしい。

蒼井《あおい》くん

カスミたちの同級生《どうきゅうせい》。性格《せいかく》はおだやか。

同訓異字

おくる 贈《おく》る・送《おく》る

贈《おく》る	送《おく》る
気持《きも》ちをこめて、物《もの》やメッセージなどを渡《わた》すこと。	物《もの》や情報《じょうほう》を相手《あいて》に届《とど》くようにすること。一緒《いっしょ》に行《い》くこと。時間《じかん》を過《す》ごすこと。

使い分けのポイント

贈《おく》るは喜《よろこ》びや感謝《かんしゃ》といった思《おも》いをこめて使《つか》う言葉《ことば》で、送《おく》るは届《とど》ける行為《こうい》だけのときに使《つか》う言葉《ことば》。

例文

- 卒業生《そつぎょうせい》に感謝《かんしゃ》の言葉《ことば》を贈《おく》る係《かかり》になった。
- 友《とも》だちにメールを送《おく》るのが楽《たの》しみだ。
- 親戚《しんせき》から荷物《にもつ》が送《おく》られてきた。
- お父《とう》さんが出《で》かけるのを玄関《げんかん》で見《み》送《おく》った。
- 幸《しあわ》せな日々《ひび》を送《おく》る。

同訓異字

かたい

固《かた》い・硬《かた》い・堅《かた》い

対義語

硬《かた》い⇔柔《やわ》らかい

固《かた》い	形《かたち》や状態《じょうたい》が普通《ふつう》よりも変《か》わりにくい。結《むす》びつきが強《つよ》い。
硬《かた》い	外《そと》からの力《ちから》に強《つよ》く耐《た》える。表現《ひょうげん》がしっかりしている。
堅《かた》い	中身《なかみ》が丈夫《じょうぶ》でしっかりとしている。まじめで几帳面《きちょうめん》。

例文

- くつひもを固《かた》く結《むす》んでおこう。
- 親友《しんゆう》と固《かた》い握手《あくしゅ》を交《か》わした。
- エビは硬《かた》い殻《から》におおわれている。
- 「緊張《きんちょう》してる？ 表情《ひょうじょう》が硬《かた》いよ」
- このチームは守《まも》りが堅《かた》い。

柔《やわ》らかい	ふわふわしていて弾力《だんりょく》があること。

例文

- マシュマロは柔《やわ》らかくてほんのり甘《あま》い。

類義語

性格《せいかく》★性質《せいしつ》

4月《がつ》 今日《きょう》から 高校《こうこう》2年生《ねんせい》
また3人《にん》 一緒《いっしょ》だね
やった～
よろしく～
わたしたち3人《にん》は 同《おな》じクラスになった
新《あたら》しい友《とも》だちもできた
『青執事《あおしつじ》』の アニメ始《はじ》まったっスよね
この子《こ》は ラン
ユリと同《おな》じ 中学《ちゅうがく》で
スライムが 魔王《まおう》になる やつと 妖怪《ようかい》と 友《とも》だちに なるやつ
春《はる》アニメは 他《ほか》に何《なに》を 見《み》てるっスか?
少女《しょうじょ》マンガや アニメが大好《だいす》き
この子《こ》はモモ
カスミちゃ～ん
次《つぎ》の授業《じゅぎょう》 どこだっけ～
音楽室《おんがくしつ》 ほら行《い》くよ
おっとりした性格《せいかく》が 男子《だんし》に人気《にんき》で よく 告白《こくはく》されているらしい
ほわ～っ

性格《せいかく》	性質《せいしつ》
行動《こうどう》の仕方《しかた》や考《かんが》え方《かた》に現《あらわ》れる、その人《ひと》の感情《かんじょう》や意志《いし》の傾向《けいこう》。	元《もと》からもつ特徴《とくちょう》のこと。

使い分けのポイント

性格《せいかく》は後《あと》から変《か》わることもあるが、性質《せいしつ》はずっと変《か》わらないことに対《たい》して使《つか》う。

例文

♥彼《かれ》は陽気《ようき》な性格《せいかく》だから、すぐに友《とも》だちができる。

♥金属《きんぞく》は電気《でんき》をよく通《とお》す性質《せいしつ》をもっている。

なるほど!

「気質《きしつ》」って何《なに》?

「きしつ」と読《よ》む場合《ばあい》は、その人《ひと》の気《き》性《しょう》のこと。「かたぎ」と読《よ》む場合《ばあい》は、集団《しゅうだん》や地域《ちいき》に共通《きょうつう》する性格《せいかく》のこと。プライドが高《たか》く頑固《がんこ》でまじめな人《ひと》を表《あらわ》すことが多《おお》いよ。

もうひとオシ! 「かたぎ」はもとは「形木《かたぎ》」と書《か》き、版画《はんが》などの板《いた》のこと。

同訓異字

あう

遭《あ》う・会《あ》う・合《あ》う

にわか雨《あめ》に遭《あ》ってしまった
ひゃ〜
ザァァァ
あれ? 蒼井《あおい》くんも雨宿《あまやど》り?
あっ 前田《まえだ》さん
うん ずぶぬれだよ〜
蒼井《あおい》くん
なかなか止《や》まないねえ
そういえば今年《ことし》も同《おな》じクラスだね
ばったり会《あ》ったついでだけど
今年《ことし》も1年間《ねんかん》よろしくね
こちらこそ!
話《はな》せてうれしかった

遭《あ》う	会《あ》う	合《あ》う
たまたまよくないことに出《で》くわすこと。	相手《あいて》と顔《かお》を合《あ》わせること。	2つのものが、ぴったりとくっつくこと。おたがいに行《おこな》うこと。

使い分けのポイント

遭《あ》うは主《おも》によくないこと対《たい》して、会《あ》うは相手《あいて》に直面《ちょくめん》するときに、合《あ》うは物事《ものごと》に対《たい》して使《つか》う。

例文

- 今日《きょう》はさんざんな目《め》に遭《あ》った。
- 遠《とお》くに住《す》む祖母《そぼ》に会《あ》うのが楽《たの》しみだ。
- 親友《しんゆう》とは服《ふく》の好《この》みが合《あ》う。
- けんかをしないで話《はな》し合《あ》おう。
- 「この計算《けいさん》合《あ》ってるよね?」

同訓異字

みる

見《み》る・観《み》る

ランに誘《さそ》われて映画《えいが》を観《み》にきた
お待《ま》たせっス
ありがと
周《まわ》りを見《み》るとカップルばかり
恋愛映画《れんあいえいが》なんで仕方《しかた》ないっスね
そうだね
イチャ
ハラハラ
最後《さいご》まで起《お》きてられたっス!
前《まえ》に観《み》た映画《えいが》は途中《とちゅう》で寝《ね》たっス
おもしろかった!
ヒロインの最期《さいご》のシーンはボロボロ泣《な》いてしまったっス…
運命《うんめい》ってときに残酷《ざんこく》だよね…
といっても恋愛自体《れんあいじたい》わたしには縁《えん》がないけどね…

同音異義語

さいご

最後《さいご》・最期《さいご》

見《み》る	意識《いしき》しないでも目《め》に入《はい》ってくること。
観《み》る	何《なに》かを見《み》ようと意識《いしき》して見《み》ること。

使い分けのポイント 多《おお》くの場合《ばあい》見《み》るを使《つか》うが、何《なに》かに注目《ちゅうもく》するときは観《み》るを使《つか》う。

例文
- 彼女《かのじょ》はだまったまま線香花火《せんこうはなび》を観《み》ていた。

最後《さいご》	何《なに》かが終《お》わるとき。
最期《さいご》	命《いのち》など、一度《いちど》しかないものの終《お》わり。

例文
- 本《ほん》を最後《さいご》まで読《よ》んだ。
- 祖母《そぼ》の最期《さいご》は、とても安《やす》らかだった。

キャー
ズ
ガッ
ミサキくーん!!
ピピー
すごい人気《にんき》だね
え!?
知《し》らないの!? ミサキくんモテるのに
人望《じんぼう》もあってクラス委員《いいん》もやってるっス
カスミは好《す》きな人《ひと》いないの?
じー
えっ!?
ん~特《とく》にいないなあ 恋愛《れんあい》に興味《きょうみ》ないし…
うぅ~ん
そっか

類義語

人気《にんき》★人望《じんぼう》

人気《にんき》	多《おお》くの人《ひと》によいと思《おも》われること。
人望《じんぼう》	ある人《ひと》が多《おお》くの人《ひと》に尊敬《そんけい》・信頼《しんらい》されていること。

使い分けのポイント

人気《にんき》は物《もの》にも使《つか》う言葉《ことば》で、人望《じんぼう》は人《ひと》に対《たい》して使《つか》う言葉《ことば》。

例文

♥ぬいぐるみは子《こ》どもだけでなく大人《おとな》にも人気《にんき》のプレゼントだ。

♥野球部《やきゅうぶ》の部長《ぶちょう》は人望《じんぼう》が高《たか》く、みんなに親《した》われている。

なるほど!

「ひとけ」とも読《よ》む

人気《にんき》は「ひとけ」とも読《よ》む。「ひとけ」は人《ひと》がいる気配《けはい》のこと。「あたりはひっそりとして人気《ひとけ》がない」などと使《つか》う。「にんき」と紛《まぎ》らわしいので、「ひと気《け》」「人《ひと》け」のように書《か》くこともある。

同訓異字

うつる 写《うつ》る・映《うつ》る・移《うつ》る

6月《がつ》
あ
相合傘《あいあいがさ》ほほえましいね
ユリは彼氏《かれし》と相合傘《あいあいがさ》しないの？
今《いま》はあんまりしないかなぁ
ユリさんの彼氏《かれし》見《み》たいっス!!
ひょこっ!
写《うつ》ってる写真《しゃしん》とかないっスか!?
スマホに入《はい》ってると思《おも》うよ
わくわく
はい
おおっ!! イケメンじゃないっスか!!
タイヨウくんおもしろいよね
「きみの瞳《ひとみ》に映《うつ》るオレって最高《さいこう》にかっこいいだろ」
とか言《い》うんだよね
それむしろはずかしいやつ…

写《うつ》る	写真《しゃしん》に人《ひと》や物《もの》の姿《すがた》や形《かたち》がとどまること。
映《うつ》る	光《ひかり》や反射《はんしゃ》によって姿《すがた》や形《かたち》が現《あらわ》れること。
移《うつ》る	元《もと》と違《ちが》うところに動《うご》くこと。

使い分けのポイント

カメラなどで撮影《さつえい》された写真《しゃしん》については**写《うつ》る**を使《つか》う。動画《どうが》や、目《め》の前《まえ》で起《お》こっていることについては**映《うつ》る**を使《つか》う。**移《うつ》る**は人《ひと》や物《もの》の位置《いち》が変《か》わること。

例文

♥写真《しゃしん》に飛行機《ひこうき》が**写《うつ》っ**ていた。
♥壁《かべ》に木《き》の影《かげ》が**映《うつ》っ**ていてきれいだね。
♥新《あたら》しい席《せき》に**移《うつ》っ**たら、となりに好《す》きな人《ひと》がいたのでドキドキした。

ぴったりなのは、どれ？

カタカナに合《あ》う漢字《かんじ》はどれ？　A B C から選《えら》んでね。

1

好《す》きな声優《せいゆう》さんが出《で》る
ミュージカル**コウエン**の
チケットが取《と》れたっス！

A 講演《こうえん》　B 公園《こうえん》　C 公演《こうえん》

2

寒気《さむけ》がするから熱《ねつ》
を**ハカッタ**ら38℃
以上《いじょう》あったよ…

A 測《はか》った　B 計《はか》った　C 量《はか》った

3

ぼくは、シャープペン
の芯《しん》は**カタイ**ほうが
好《す》きだな

A 固《かた》い　B 硬《かた》い　C 堅《かた》い

答《こた》えは254ページを見《み》てね。

あつい 暑《あつ》い・熱《あつ》い・厚《あつ》い・＊篤《あつ》い

7月《がつ》になった
暑《あつ》いね～
ほんと
期末《きまつ》テストも終《お》わり 夏休《なつやす》みが近《ちか》づいてきた
今日《きょう》のお弁当《べんとう》何《なに》？
何《なん》だろうね～
パカッ
食《しょく》パン!!
しかも分厚《ぶあつ》い!!
どんっ
お母《かあ》さんてばもう～!
ギャハハ
ギャハハ
は～おなかいて～
ところでさ七夕祭《たなばたまつ》りみんなで行《い》かん?
もぐ
ごめん彼氏《かれし》と行《い》くのよ
もぐ
あ～あんたはそっち派《は》ね
ごめんて
じゃあランとモモちゃん誘《さそ》って行《い》こ
いいね～

暑《あつ》い	気温《きおん》が高《たか》いこと。
熱《あつ》い	物《もの》や体《からだ》の温度《おんど》が高《たか》いこと。感情《かんじょう》が盛《も》り上《あ》がること。
厚《あつ》い	太《ふと》さや奥行《おくゆ》きがあること。精神的《せいしんてき》に器《うつわ》が大《おお》きいこと。
篤《あつ》い	心《こころ》がこもっていること。

使い分けのポイント

暑《あつ》いは気温《きおん》、熱《あつ》いは人《ひと》や物《もの》の温度《おんど》。厚《あつ》いは大《おお》きさを感《かん》じるときに、篤《あつ》いは気持《きも》ちをこめるときに使《つか》う。

例文

- 暑《あつ》い日《ひ》はアイスがよく売《う》れる。
- このスープはとても熱《あつ》いから冷《さ》ましてから飲《の》もう。
- 本棚《ほんだな》に厚《あつ》い辞書《じしょ》が入《はい》っている。
- 祖父母《そふぼ》に篤《あつ》いもてなしを受《う》けた。

もうひとオシ! 篤《あつ》いには「病気《びょうき》が重《おも》い」という意味《いみ》もある。

同音異義語

かいほう

解放《かいほう》・開放《かいほう》・快方《かいほう》

図書室《としょしつ》
やあ
前田《まえだ》さん
蒼井《あおい》くん
ようやく試験勉強《しけんべんきょう》から解放《かいほう》されたのに何《なに》してるの？
ふふっ
前田《まえだ》さんもね
もうすぐ夏休《なつやす》みだねどこか行《い》くの？
ぼくは図書室《としょしつ》に来《く》るよ
ここは夏休《なつやす》みの間《あいだ》も開放《かいほう》されているから
まじめだね
前田《まえだ》さんは？
う〜ん
アンズたち次第《しだい》かな
そう

解放《かいほう》	それまでの制限《せいげん》をやめて自由《じゆう》にすること。
開放《かいほう》	開《あ》けたままにすること。
快方《かいほう》	だんだんよくなること。

使い分けのポイント

解放《かいほう》は肉体的《にくたいてき》・精神的《せいしんてき》に自由《じゆう》にするときに使《つか》う。開放《かいほう》は入《い》り口《ぐち》や窓《まど》を開《あ》け放《はな》ち、空間的《くうかんてき》に自由《じゆう》にするときに使《つか》う。快方《かいほう》は、病気《びょうき》やけがが回復《かいふく》に向《む》かっているときに使《つか》う。

例文

♥校長先生《こうちょうせんせい》の長《なが》い話《はなし》からようやく解放《かいほう》された。
♥放課後《ほうかご》は体育館《たいいくかん》を開放《かいほう》し、自由《じゆう》に出入《でい》りできるようにしている。
♥彼《かれ》の病状《びょうじょう》は快方《かいほう》に向《む》かっているそうだ。

同訓異字

うつ

撃《う》つ・打《う》つ・討《う》つ

七夕祭《たなばたまつ》り
カップルばっかりっス～
なんで女子《じょし》ばっかりで来《き》たのかな
アンズが行《い》こうって言《い》ったんじゃない
射的《しゃてき》やろう!! 射的《しゃてき》!!
スッ
パァン
バタッ
カスミ撃《う》つのうまっ!!
よーしウチも!!
ゴンッ
イタッ
頭《あたま》打《う》ったぁ
あれ? ユリさんじゃないっスか?
ごめんごめん

撃《う》つ	弾丸《だんがん》などを発射《はっしゃ》すること。
打《う》つ	物《もの》や人《ひと》がぶつかり合《あ》うこと。
討《う》つ	敵《てき》を倒《たお》すこと。

使い分けのポイント

撃《う》つは銃《じゅう》や弓《ゆみ》を放《はな》つときの言葉《ことば》。打《う》つは物《もの》や人《ひと》が、他《ほか》の物《もの》や人《ひと》とぶつかるときに使《つか》う。また、討《う》つは敵《てき》を攻撃《こうげき》するときの言葉《ことば》。

例文

♥猟師《りょうし》は大《おお》きな鹿《しか》をねらって鉄砲《てっぽう》を撃《う》った。

♥ピッチャーの投《な》げた球《たま》をバットで打《う》つ。

♥江戸時代《えどじだい》の武士《ぶし》は仇《あだ》を討《う》つことが認《みと》められていた。

同音異義語

きげん

機嫌《きげん》・期限《きげん》・起源《きげん》

チョコ
彼氏《かれし》もいるね
ユリ〜
プンプン
何《なに》かあったのかな
スタスタスタスタ
ユリの彼氏《かれし》タイヨウは他《ほか》の女《おんな》の子《こ》ばかり見《み》ていたため
ごめんって〜
ふん!!
ユリの機嫌《きげん》を損《そこ》ねていた

ってかさあ七夕祭《たなばたまつ》り最悪《さいあく》だったんだけど!
後日《ごじつ》
ああ見《み》たよ
まだおこってる…
どした?
聞《き》いてよあのさ〜
あっごめんこの本今日《ほんきょう》が返却《へんきゃく》期限《きげん》なんだ
じゃウチが聞《き》いとく!!

機嫌《きげん》	表情《ひょうじょう》に現《あらわ》れる気分《きぶん》のこと。
期限《きげん》	前《まえ》もって決《き》められた日時《にちじ》のこと。
起源《きげん》	物事《ものごと》の始《はじ》まりのこと。

使い分けのポイント

機嫌《きげん》は人《ひと》の様子《ようす》を表《あらわ》すときに、期限《きげん》は予定《よてい》や期間《きかん》の終《お》わりを決《き》めるときに使《つか》う。また、起源《きげん》は物事《ものごと》の始《はじ》まるときのこと。

例文

♥彼女《かのじょ》は朝《あさ》から機嫌《きげん》が悪《わる》かった。

♥宿題《しゅくだい》の提出《ていしゅつ》期限《きげん》まで1週間《しゅうかん》あるからのんびりやろう。

♥人類《じんるい》の起源《きげん》はアフリカにあると教《おそ》わった。

類義語

天気《てんき》・天候《てんこう》・気象《きしょう》

夏休《なつやす》みのある日《ひ》
プシュ〜〜
あ〜やっぱりパンクか…
あれ？どうしたの
蒼井《あおい》くん！パンクしちゃって…
自転車屋《じてんしゃや》まで押《お》していくの手伝《てつだ》うよ
ありがとう助《たす》かる〜
あれ？
どんより…
ちょっと天気《てんき》悪《わる》くなってきた？
ほんとだ
ちょっと急《いそ》ごうか
うん この前《まえ》みたいにずぶぬれになると困《こま》るもんね
サイクル
ありがとー

天気《てんき》	数時間《すうじかん》から数日間《すうじつかん》の空《そら》の様子《ようす》。
天候《てんこう》	数日《すうじつ》から数《すう》か月間《げつかん》の空《そら》の様子《ようす》。
気象《きしょう》	空《そら》で起《お》きるさまざまな現象《げんしょう》。

使い分けのポイント

3つとも空《そら》の様子《ようす》を表《あらわ》すが、天気《てんき》は短《みじか》い期間《きかん》のときに使《つか》う。天候《てんこう》は少《すこ》し長《なが》い期間《きかん》、気象《きしょう》は雨《あめ》、雪《ゆき》などの現象《げんしょう》を指《さ》すときに使《つか》う。

例文

♥今日《きょう》はいい天気《てんき》だから布団《ふとん》を干《ほ》そう。

♥今年《ことし》は天候《てんこう》が異常《いじょう》で水不足《みずぶそく》が心配《しんぱい》だとニュースで言《い》っていた。

♥毎朝《まいあさ》テレビで気象《きしょう》情報《じょうほう》を見《み》ることにしている。

同音異義語

いし

意思《いし》・意志《いし》・遺志《いし》

今日《きょう》はカフェで宿題《しゅくだい》
カスミは彼氏《かれし》欲《ほ》しいとか思《おも》わないの？
チラリ
わたし男子《だんし》と話《はな》すの苦手《にがて》だし…
強《つよ》い意志《いし》と努力《どりょく》で人《ひと》は変《か》われる!!
やってみようよギャルメイク!!
えっ？
ギャルはちょっと…
こんなかんじ？
絶対《ぜったい》似合《にあ》うし!!
やろ!!
こらこら本人《ほんにん》の意思《いし》を尊重《そんちょう》しなさいって

意思《いし》	意志《いし》	遺志《いし》
何《なに》かをしようとする気持《きも》ち。	何《なに》かをしようとする強《つよ》い気《き》持《も》ち。	亡《な》くなった人《ひと》の、何《なに》かをしようとした強《つよ》い気持《きも》ち。

使い分けのポイント

意思《いし》も意志《いし》も、何《なに》かをしたいという気持《きも》ちのこと。意志《いし》のほうがより強《つよ》い気持《きも》ちを表《あらわ》す。遺志《いし》は、亡《な》くなった人《ひと》の思《おも》い残《のこ》したことを表《あらわ》す言葉《ことば》。

例文

♥相手《あいて》の意思《いし》を大事《だいじ》にする。
♥彼女《かのじょ》の意志《いし》は固《かた》かった。
♥父《ちち》の遺志《いし》を尊重《そんちょう》して店《みせ》を継《つ》ぐことにした。

同音異義語

かんしん

関心《かんしん》・感心《かんしん》・歓心《かんしん》

同訓異字

すすめる

勧《すす》める・薦《すす》める・進《すす》める

おしゃれやメイクに関心《かんしん》はあるし
かわいくなりたいとは思《おも》うけど…
おず
おず
よし!! それならお姉《ねえ》ちゃんのところへ行《い》こう!
それだ!!
ユリの姉《ねえ》ちゃん美容部員《びようぶいん》だもんね
これから行ってもいい?…と
デパートのコスメコーナー
うわ～混《こ》んでる
ぞろーーー
お姉《ねえ》ちゃんこっち!!
ユリ!! お待《ま》たせ～
ユリの姉《あね》です!! よろしくね
で…この子《こ》ね?
ずいっ
あ…
やだ!! お肌《はだ》ツルツルじゃない!!
ペタ
ペタ
ホントに何《なに》もしてないの!?
ペタ

関心《かんしん》	興味《きょうみ》をもつこと。
感心《かんしん》	心《こころ》を強《つよ》く動《うご》かされること。
歓心《かんしん》	相手《あいて》によくしてもらって、心《こころ》から喜《よろこ》ぶこと。

使い分けのポイント

関心《かんしん》は何《なに》かが気《き》になるときに使《つか》い、感心《かんしん》は何《なに》かに心《こころ》を動《うご》かされたときに使《つか》う。歓心《かんしん》は、誰《だれ》かの心《こころ》を喜《よろこ》ばせたいときに使《つか》う。

例文

- 新聞《しんぶん》の記事《きじ》を読《よ》んで、教育問題《きょういくもんだい》に関心《かんしん》をもつようになった。
- 彼《かれ》が毎日《まいにち》5時半《じはん》に起《お》きると聞《き》いて感心《かんしん》した。
- 好《す》きな人《ひと》の歓心《かんしん》を買《か》いたい。

もうひとオシ! 「かんしん」には「寒心《かんしん》」という漢字《かんじ》もある。寒心《かんしん》は恐《おそ》れや不安《ふあん》で心《こころ》がゾッとすること。

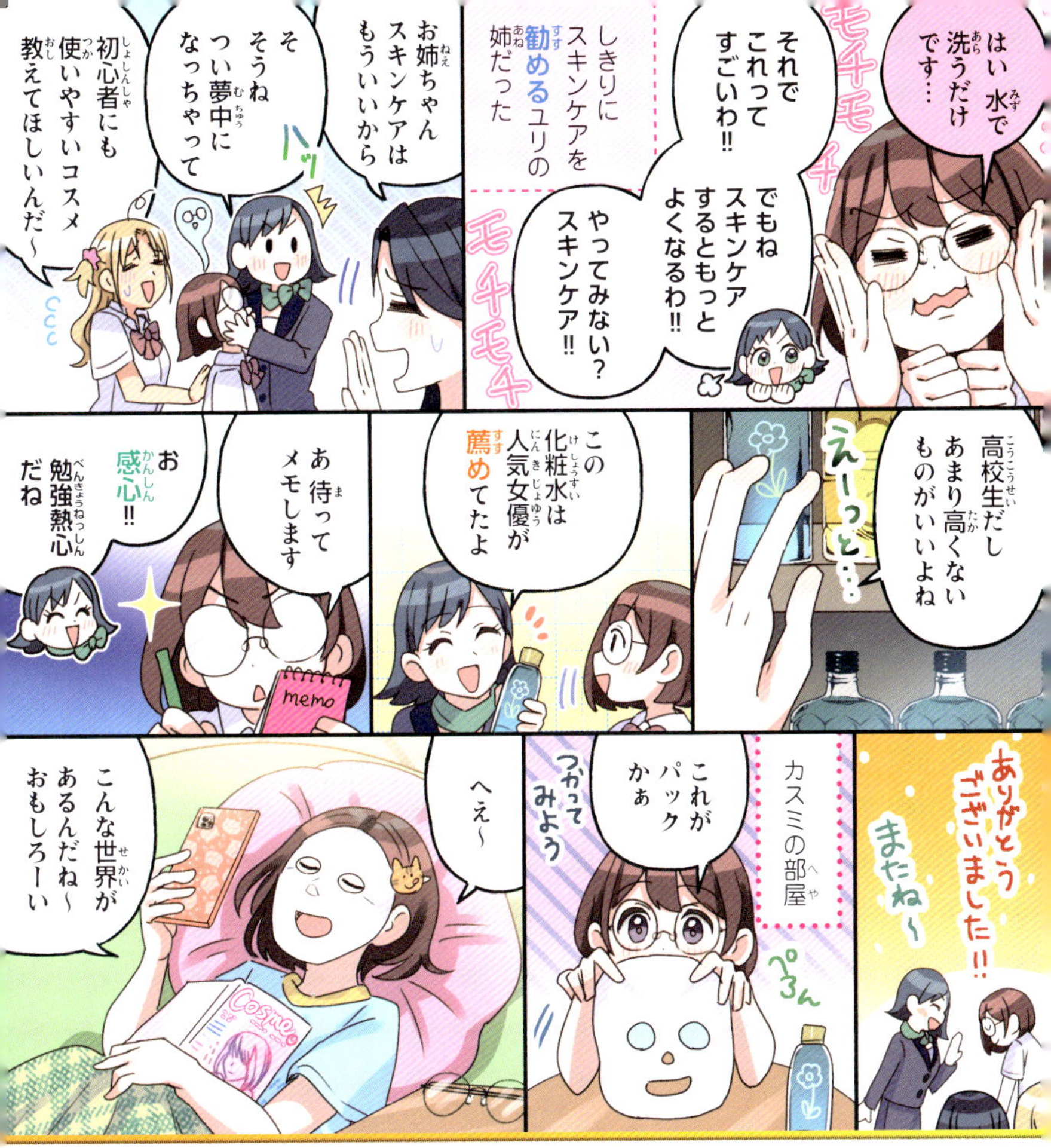
はい 水《みず》で洗《あら》うだけです…
モチモチ
それでこれってすごいわ!!
でもねスキンケアするともっとよくなるわ!!
やってみない?スキンケア!!
モチモチ
しきりにスキンケアを勧《すす》めるユリの姉《あね》だった
お姉《ねえ》ちゃんスキンケアはもういいから
ハッ
そ そうね つい夢中《むちゅう》になっちゃって
初心者《しょしんしゃ》にも使《つか》いやすいコスメ教《おし》えてほしいんだ〜
高校生《こうこうせい》だしあまり高《たか》くないものがいいよね
えーっと…
この化粧水《けしょうすい》は人気女優《にんきじょゆう》が薦《すす》めてたよ
あ 待《ま》ってメモします
memo
お感心《かんしん》!! 勉強熱心《べんきょうねっしん》だね
ありがとうございました!!
またね〜
カスミの部屋《へや》
これがパックかぁ
つかってみよう
ぷるん
へぇ〜
こんな世界《せかい》があるんだね〜おもしろーい
Cosme

勧《すす》める	ある行動《こうどう》をするように誘《さそ》いかけること。
薦《すす》める	物《もの》や人《ひと》をほめて、採用《さいよう》するよう促《うなが》すこと。
進《すす》める	物事《ものごと》を、前《まえ》や先《さき》に動《うご》かすこと。

使い分けのポイント

勧《すす》めるは相手《あいて》に何《なに》かをしてほしいときに、**薦《すす》める**は人《ひと》や物《もの》を紹介《しょうかい》するときに使《つか》う。何《なに》かを前進《ぜんしん》させたいときには**進《すす》める**を使《つか》う。

例文

♥健康《けんこう》のために早寝早起《はやねはやお》きを**勧《すす》め**られた。

♥友《とも》だちが「マンゴー味《あじ》おいしいよ!!」と**薦《すす》め**てきた。

♥会議《かいぎ》をスムーズに**進《すす》める**ために、次《つぎ》の議題《ぎだい》を提案《ていあん》した。

対義語

登校《とうこう》 ⇔ 下校《げこう》

夏期講習《かきこうしゅう》のため登校《とうこう》
下校《げこう》途中《とちゅう》に寄《よ》り道《みち》
コーヒーショップへ
Cafe
月末《げつまつ》の花火大会《はなびたいかい》の日《ひ》も夏期講習《かきこうしゅう》とはね～
花火大会《はなびたいかい》行《い》きたいけど暑《あつ》いしなあなやむ～
いや涼《すず》しい花火大会《はなびたいかい》なんてないっスよ～
ううん
あるよ～
うちのマンション川沿《かわぞ》いだから涼《すず》しいし花火《はなび》も見《み》えるよ来《く》る？
おねがいします!!
ペコーーッ
いいよ～

登校《とうこう》	学校《がっこう》に行《い》くこと。
下校《げこう》	学校《がっこう》から家《いえ》に帰《かえ》ること。

例文

♥夏休《なつやす》み前《まえ》の最後《さいご》の**登校《とうこう》**をして、教科書類《きょうかしょるい》を持《も》ち帰《かえ》った。

♥「**下校《げこう》**中《ちゅう》にたくさんカラスを見《み》たよ。あそこに何《なに》かあるのかなあ」

なるほど！

登校《とうこう》と通学《つうがく》

「登校《とうこう》」は、その日《ひ》学校《がっこう》へ行《い》くことを表《あらわ》す言葉《ことば》。「通学《つうがく》」は日常的《にちじょうてき》に学校《がっこう》へ通《かよ》うことを表《あらわ》しているよ。

まだまだあるよ！対義語《たいぎご》

幸運《こううん》…運《うん》が良《よ》いこと。
不運《ふうん》…運《うん》が悪《わる》いこと。

♥**不運《ふうん》**をなげくばかりでは、目《め》の前《まえ》の**幸運《こううん》**を逃《のが》すかもしれないよ。

あてはまるのは、どっち？

ことわざや慣用句《かんようく》に使《つか》われているカタカナに合《あ》う漢字《かんじ》は、
AとBのどっちかな？

1

灯台《とうだい》**モト****暗《くら》し**で、アンズのことを好《す》きな子《こ》は、案外《あんがい》近《ちか》くにいるかもしれないね～

A 下《もと》　B 元《もと》

2

もう宿題《しゅくだい》は手伝《てつだ》わないって言《い》ってるのに、うちの弟《おとうと》ってば、毎日《まいにち》手伝《てつだ》ってって言《い》ってくるんスよ。**面《つら》の皮《かわ》が****アツイ**っスよね！

A 熱《あつ》い　B 厚《あつ》い

3

ねえタイヨウ。私《わたし》が話《はな》している間《あいだ》ずっと**あいづちを****ウッ**ているけど、何《なん》の話《はなし》をしているかわかってる?

A 打《う》っ　B 撃《う》っ

答《こた》えは254ページを見《み》てね。

同訓異字

わく　湧《わ》く・沸《わ》く

同訓異字

まじる　交《ま》じる・混《ま》じる

たーまやー
特等席《とくとうせき》っスね
ドン
そういえばカスミちゃんコンタクトにしたんだね
かわいい!!
うん!!
メイクのこととかいろいろ調《しら》べてたら興味《きょうみ》が湧《わ》いちゃって
すごくイイ!!
あーそれにしても彼氏《かれし》欲《ほ》しーい!!
花火大会《はなびたいかい》なんてカップルだらけじゃーん!!
そんなことないっスカップルに交《ま》じって女《おんな》の子《こ》のグループもいるっス

湧《わ》く	沸《わ》く
地中《ちちゅう》から噴《ふ》き出《で》る。気持《きも》ちや考《かんが》えが出《で》てくる。何《なに》かが次《つぎ》つぎと起《お》こる。	水《みず》が熱《あつ》くなって沸騰《ふっとう》する。気持《きも》ちが盛《も》り上《あ》がる。

使い分けのポイント

湧《わ》くは、水《みず》や気持《きも》ちがあふれてくるときに使《つか》う。沸《わ》くは、気持《きも》ちが熱《あつ》くなったり、水《みず》がにえたりするときに使《つか》う言葉《ことば》。

例文

♥きれいな水《みず》が湧《わ》く場所《ばしょ》を探《さが》す。

♥「この歌《うた》を歌《うた》うと勇気《ゆうき》が湧《わ》いてくるんだ」

♥歌手《かしゅ》が登場《とうじょう》したので、大《おお》きな歓《かん》声《せい》が沸《わ》いた。

おなかへった～
ぐぅ～
たこ焼《や》き食《た》べたいっスね
いいよ～材料《ざいりょう》あるしみんな手伝《てつだ》ってね
わーい
もちろん!
ジュワァァ
1つ味見《あじみ》!!
ぱくっ
あ
…このたこ焼《や》き何《なに》か混《ま》じってる?
もぐもぐ
粉《こな》チーズ混《ま》ぜてみたんだけど…
どう?
??
お鍋《なべ》のお湯《ゆ》沸《わ》いたっスよ～
これどうするの?
ぐつ
ぐつ
トウモロコシゆでるのはいこれ
わーい最高《さいこう》じゃん
食《た》べよ～
お祭《まつ》りっぽいね
ユリは今《いま》ごろ彼氏《かれし》といるのかな
ベランダから見《み》たらいるかもしれないっスよ
えっ?まじでいるんだけど!!
ホラあそこ!!

交《ま》じる	混《ま》じる
性質《せいしつ》の違《ちが》うものが一緒《いっしょ》になっていること。	性質《せいしつ》の違《ちが》うものが溶《と》け合《あ》って一緒《いっしょ》になっていること。

使い分けのポイント

交《ま》じるは2つのものの見分《みわ》けがつくときに使《つか》い、**混《ま》じる**は2つのものの見分《みわ》けがつかないときに使《つか》う。

例文

♥生徒《せいと》の中《なか》に教師《きょうし》が交《ま》じっている。

♥牛乳《ぎゅうにゅう》にリンゴジュースが混《ま》じってしまった。

なるほど!

「玉石混交《ぎょくせきこんこう》」
価値《かち》のあるものとないものが、ごちゃまぜになっている様子《ようす》。

対義語

派手《はで》 ⇔ 地味《じみ》

類義語

地味《じみ》★質素《しっそ》

2学期《がっき》になった
スマホケース替《か》えた？派手《はで》すぎん？
逆《ぎゃく》にユリのは地味《じみ》すぎっしょ
おはよー
カスミ!?
これはモテるぞ〜
も〜
ななに言《い》ってるのよ
すごくかわいくなったって!!
おはよう蒼井《あおい》くん
やあ前田《まえ》《だ》さんかめがねじゃないから一瞬《いっしゅん》わからなかったよ
コンタクトにしたんだよ

派手《はで》	華《はな》やかで人《ひと》の注意《ちゅうい》を引《ひ》くこと。
地味《じみ》	目立《めだ》たないこと。

例文

♥誕生日《たんじょうび》のケーキに派手《はで》な飾《かざ》りつけをしてもらった。

♥その虫《むし》は地味《じみ》だから見《み》つけにくいよね。

地味《じみ》	目立《めだ》たないこと。
質素《しっそ》	お金《かね》をかけないようにすること。

例文

♥ハロウィーンなのに友《とも》だちが地味《じみ》な服装《ふくそう》をしていたので、カボチャのランタンを貸《か》した。

♥その画家《がか》は有名《ゆうめい》になった後《あと》も質素《しっそ》な生活《せいかつ》を送《おく》ったという。

同訓異字

あてる

当《あ》てる・宛《あ》てる・充《あ》てる

国語《こくご》の授業《じゅぎょう》
ここで重要《じゅうよう》なのは友人《ゆうじん》が主人公《しゅじんこう》に宛《あ》てて書《か》いた手紙《てがみ》で——
あ シャープペンの芯《しん》きれた…
カチカチ
わたしのだけど使《つか》う?
スッ
サンキュー 今度《こんど》倍《ばい》にして返《かえ》すよ
いいって
ニコッ
おしゃべりしない!!
蒼井《あおい》次《つぎ》当《あ》てるぞ
ビクッ
ビクッ
すみませーん
ほー
ふーん
これはもしや…
ヒソヒソ
ラブな予感《よかん》?
では?

当《あ》てる	宛《あ》てる	充《あ》てる
何《なに》かと何《なに》かが接触《せっしょく》する。ねらい通《どお》りになる。	手紙《てがみ》やメールの届《とど》け先《さき》にすること。	あるものを別《べつ》のもので補《おぎな》うこと。割《わ》り振《ふ》ること。

使い分けのポイント

当《あ》てるは、何《なに》かと何《なに》かが触《ふ》れたり、ねらった通《とお》りになったときに使《つか》う。宛《あ》てるは手紙《てがみ》やメールを送《おく》るとき、充《あ》てるは何《なに》かを割《わ》り振《ふ》るときや補《おぎな》うときに使《つか》う。

例文

♥「くじで1等《とう》を当《あ》てたい!!」

♥母《はは》への手紙《てがみ》に、祖母《そぼ》に宛《あ》てた手《て》紙《がみ》も同封《どうふう》した。

♥通学《つうがく》する電車《でんしゃ》の時間《じかん》を勉強《べんきょう》に充《あ》てている。

かんしょう

鑑賞《かんしょう》・観賞《かんしょう》

今日《きょう》は美術館《びじゅつかん》で芸術鑑賞《げいじゅつかんしょう》
おーい3班《ぱん》集合《しゅうごう》〜
班長《はんちょう》だからね
蒼井《あおい》っちはりきってるね
??
ほ〜
あれ?みんなどこ?
もしかしてはぐれた?
前田《まえだ》さーん
蒼井《あおい》くん
よかった見《み》つかって
みんなあっちにいるよ
ごめん
どきっ

鑑賞《かんしょう》	観賞《かんしょう》
作品《さくひん》を見《み》たり、聴《き》いたりして楽《たの》しむこと。	生《い》き物《もの》などを見《み》て楽《たの》しむこと。

使い分けのポイント

鑑賞《かんしょう》はつくったものに対《たい》して使《つか》う言葉《ことば》で、観賞《かんしょう》は人《ひと》の手《て》の入《はい》っていないものを見《み》るときに使《つか》う言葉《ことば》。

例文

♥私《わたし》の趣味《しゅみ》はクラシック音楽《おんがく》の鑑賞《かんしょう》です。

♥水槽《すいそう》の魚《さかな》を観賞《かんしょう》する。

まだまだあるよ! 同音異義語《どうおんいぎご》

【そうぞう】

想像《そうぞう》……頭《あたま》の中《なか》で考《かんが》えること。

創造《そうぞう》……新《あたら》しいものをつくり出《だ》すこと。

♥彼《かれ》が創造《そうぞう》した芸術作品《げいじゅつさくひん》は、自分《じぶん》の想像《そうぞう》をはるかに超《こ》えていた。

対義語

普通《ふつう》 ↔ 特別《とくべつ》

図書室《としょしつ》にて
あ
蒼井《あおい》くんもこれ読《よ》んでるの？
うん おもしろいよね 前田《まえだ》さんは登場人物《とうじょうじんぶつ》ではだれが好《す》き？
やっぱりガンダルフでしょ!!
渋《しぶ》いね！
エルフのエルロンドかと思《おも》ったのに
おたがいの好《す》きな本《ほん》の話《はなし》で めちゃくちゃ盛《も》り上《あ》がった
じゃあこんどぼくの本《ほん》貸《か》すよ
今日《きょう》はなんてことない普通《ふつう》の日《ひ》だったのに
ドキ ドキ
特別《とくべつ》な1日《にち》になった気《き》がする
蒼井《あおい》くんとは1年《ねん》も同《おな》じクラスで
またね
図書室《としょしつ》でよく会《あ》うから話《はな》すようになったんだよね

普通《ふつう》	他《ほか》と変《か》わらないこと。めずらしくないこと。
特別《とくべつ》	他《ほか》とははっきり違《ちが》うこと。

例文

♥ 普通《ふつう》サイズのカレーを注文《ちゅうもん》した。

♥ タンポポはどこにでも普通《ふつう》に生《は》えている花《はな》だ。

♥ 国宝《こくほう》の仏像《ぶつぞう》が特別《とくべつ》に公開《こうかい》される。

まだまだあるよ！ 対義語《たいぎご》

原因《げんいん》……物事《ものごと》が起《お》こる元《もと》になること。
結果《けっか》……何《なに》かをしたために起《お》こったこと。

♥ 頭痛《ずつう》の原因《げんいん》はスマホの見《み》すぎと言《い》われた。

♥ 昨日《きのう》彼《かれ》がした告白《こくはく》の結果《けっか》が知《し》りたくてウズウズする。

11月《がつ》
6時間目《じかんめ》が体育《たいいく》ってだるいよね～
ほんと～
ガラガラ
ガチャッ
え
早《はや》く行《い》こー
開《あ》けられない
グッ
カギかけられちゃったかあ…
どうしよう…
おーい
だれかー
ドンドン
ドンドン
1時間後《じかんご》
スマホもないし…
誰《だれ》も気《き》づいてくれないし…
暗《くら》くなってきたね…
せめて明《あ》かりつけようどこだっけ
えーとこのへん…
ごそごそ
パッ
あっ

同訓異字

あける 開《あ》ける・明《あ》ける・空《あ》ける

対義語

空腹《くうふく》 ↕ 満腹《まんぷく》

開《あ》ける	開《ひら》いた状態《じょうたい》にする。
明《あ》ける	明《あか》るい状態《じょうたい》になる。何《なに》かの期間《きかん》が終《お》わる。
空《あ》ける	何《なに》もない状態《じょうたい》にする。

使い分けのポイント

開《あ》けるは窓《まど》や戸《と》などの仕切《しき》りを開《ひら》くとき、**空《あ》ける**はある空間《くうかん》が空《から》っぽになるときに使《つか》う。**明《あ》ける**は明《あか》るくはっきりした状態《じょうたい》になるときや、休《やす》みが終《お》わるときなどに使《つか》う。

例文

- ジャムのビンのふたを**開《あ》ける**。
- 夜《よる》が**明《あ》け**て朝《あさ》になる。
- 「休《やす》みが**明《あ》け**たらまた会《あ》おうね」
- ペットボトルの中身《なかみ》を**空《あ》け**て、

ぱっ
う ううん
ごっ ごめん
2時間後《じかんご》
空腹《くうふく》で おなかが 鳴《な》りそう…
なったら はずかしい な…
ふぁ〜 ひまだ〜
3時間後《じかんご》
ぶるっ
さむっ
くしゅんっ
大丈夫《だいじょうぶ》
すとん
きっと先生《せんせい》が 気《き》づいてくれるよ
寒《さむ》かったら これ着《き》てて
え!!
ジャージ?
蒼井《あおい》くん だって 寒《さむ》いでしょ
へーき へーき
けっきょく かりちゃった…
蒼井《あおい》くん… あったかい…
夜《よる》が明《あ》けるまで ふたりっきり… 悪《わる》くないかも…
ガチャリ
ガラガラッ
はっ
おーい 誰《だれ》かいる のか?
電気《でんき》ついてたから見《み》にきたぞー
助《たす》かったああ

工作《こうさく》の材料《ざいりょう》にする。

♥次《つぎ》の人《ひと》のために場所《ばしょ》を空《あ》ける。

なるほど!

期間《きかん》が終《お》わるとき

「年《とし》が明《あ》ける」「連休明《れんきゅうあ》け」など、ある期間《きかん》が終《お》わることを「明《あ》ける」と表現《ひょうげん》するよ。お正月《しょうがつ》の挨拶《あいさつ》「明《あ》けましておめでとう」は、古《ふる》い年《とし》が終《お》わって新《あたら》しい年《とし》になったことを祝《いわ》う言葉《ことば》だよ。

空腹《くうふく》	何《なに》かを食《た》べたいと思《おも》う状態《じょうたい》のこと。
満腹《まんぷく》	これ以上《いじょう》食《た》べられないと思《おも》う状態《じょうたい》のこと。

例文

♥空腹《くうふく》を覚《おぼ》えてからもう2時間《じかん》が経《た》った。

♥弟《おとうと》は満腹《まんぷく》になるまでごはんをおかわりした。

同音異義語
てきかく
的確《てき かく》・適格《てき かく》

同音異義語
しりょう
資料《し りょう》・史料《し りょう》

次《つぎ》の日《ひ》
——ってことだったの
大変《たいへん》だったね
だから昨日《きのう》の夕方《ゆうがた》いなかったのかぁ
話《はなし》は聞《き》かせてもらったっス
それは恋愛《れんあい》マンガの定番《ていばん》シーン つり橋効果《ばしこうか》で心《こころ》が急接近《きゅうせっきん》!!
ワイが的確《てきかく》なアドバイスで導《みちび》いてあげるっス!!
何《なに》もないって!
それからというもの…
前田《まえだ》さんちょっといい?
先生《せんせい》が資料《しりょう》を運《はこ》んでくれって
今日《きょう》日直《にっちょく》だから
蒼井《あおい》くんがキラキラして見《み》える…
わせた
わわっ
おっと
コケッ
大丈夫《だいじょうぶ》?
うん…
ドキドキ
ニヤニヤ
気《き》をつけてね

的確《てきかく》	適格《てきかく》
間違《まちが》いがなく正確《せいかく》なこと。「適確《てきかく》」とも書《か》く。	地位《ちい》や身分《みぶん》などにぴったりであること。

例文
- この本《ほん》は的確《てきかく》に現代社会《げんだいしゃかい》を捉《とら》えている。
- 彼《かれ》は生徒会長《せいとかいちょう》になるには適格《てきかく》な人《ひと》だ。

資料《しりょう》	史料《しりょう》
何《なに》かをするときに使《つか》う材料《ざいりょう》。	歴史《れきし》の研究《けんきゅう》に必要《ひつよう》なもの。

例文
- 発表《はっぴょう》のための資料《しりょう》を集《あつ》める。
- その事実《じじつ》が正《ただ》しいかどうか史料《しりょう》を基《もと》に考《かんが》える。

同訓異字

ひとり

独《ひと》り・一人《ひとり》

あーもう どうしよう 蒼井《あおい》くんの顔《かお》見《み》るとドキドキするし
なんなのこれ!!
でっかい
ぴゃっ
独《ひと》り言《ごと》だねぇ
こっ声《こえ》に出《で》てた?
うん
ウチでよければ話聞《はなしき》くよ~
公園《こうえん》行こっ♥
公園《こうえん》
そっちは一人乗《ひとりの》り
こっちに乗《の》ろう
なるほどねぇ…
ギコ
ギコ
それはねぇ こ・い・よ こ・い♥
恋《こい》!!
コイ!?
ちがうLove!

独《ひと》り	自分《じぶん》だけでいること。
一人《ひとり》	人数《にんずう》が1であること。

使い分けのポイント

独《ひと》りは人《ひと》のあり方《かた》に注目《ちゅうもく》をして使《つか》う言葉《ことば》で、一人《ひとり》は数《かず》に注目《ちゅうもく》をしたときに使《つか》う言葉《ことば》。

例文

♥今日《きょう》1日《にち》独《ひと》りで留守番《るすばん》だ。

♥公園《こうえん》には一人《ひとり》の少年《しょうねん》がいた。

なるほど!

事実《じじつ》の捉《と》え方《かた》で変《か》わる

「ひとり暮《ぐ》らし」の「ひとり」をどのように書《か》くかは、その人《ひと》が独身《どくしん》で親《おや》も子《こ》もいない場合《ばあい》は「独《ひと》り」、他《ほか》に同居《どうきょ》する人《ひと》がいないだけであれば「一人《ひとり》」と書《か》くのがふさわしい。その人《ひと》がどのような状況《じょうきょう》にあるかで、使《つか》う漢字《かんじ》が変《か》わるよ。

クリパしよう!!
どうしたの急《きゅう》に
ひとりでクリスマス過《す》ごすのいやなの～
ぐすん
タイヨウもバイトだしいいよ
すまん!!
カスミは?
いいよ
12月《がつ》24日《か》
わいわい
カチューシャかわいい
えへへ作《つく》った～
ランちゃんそっちもう少《すこ》し上《あ》げて
はいっス

同訓異字

あげる 上《あ》げる・挙《あ》げる・揚《あ》げる

同訓異字

つくる 作《つく》る・造《つく》る・創《つく》る

上《あ》げる	挙《あ》げる	揚《あ》げる
高《たか》いところへ移動《いどう》させる。物事《ものごと》の程度《ていど》を高《たか》める。	はっきりとわかるように示《しめ》す。目立《めだ》たせる。全員《ぜんいん》で行《おこな》う。	揚《あ》げ物《もの》をつくる。陸《りく》に移《うつ》す。目立《めだ》つようにする。

使い分けのポイント

物《もの》・値段《ねだん》など、何《なに》かを高《たか》くするときは**上《あ》げる**を使《つか》うが、高《たか》くするものが手《て》のときは**挙《あ》げる**、旗《はた》や凧《たこ》のときは**揚《あ》げる**を使《つか》う。物《もの》を渡《わた》すときは「あげる」は、ひらがなで書《か》くことが多《おお》い。

紅茶《こうちゃ》がいい人《ひと》手《て》ぇ挙《あ》げて～
はーい
はーい
あれ？ちょっと待《ま》ってなんでここにカスミちゃんが…？
あのぉ…
蒼井少年《あおいしょうねん》から何《なに》か言《い》われなかったっスか？
蒼井《あおい》くん？
そういえば1週間《しゅうかん》くらい前《まえ》に声《こえ》かけられてさ～
えっ？
24日《か》って空《あ》いてたりする？
24日《か》？
その日《ひ》はアンズたちとクリパするよ
クリパ？ああクリスマスパーティー
…そうかごめん！
ヨロッ…
？
えっ!! 何《なに》やってるの!!!!
そりゃデートの誘《さそ》いに決《き》まってんだろっ!!
今《いま》から「空《あ》いてます」って言《い》え!! 今《いま》すぐ!!
こわっ

例文

♥暑《あつ》いので髪《かみ》を**上《あ》げ**た。
♥来年《らいねん》から家賃《やちん》を**上《あ》げる**と言《い》われた。
♥スポーツ選手《せんしゅ》を、国《くに》を**挙《あ》げ**て応《おう》援《えん》する。
♥具体例《ぐたいれい》を**挙《あ》げ**てほしい。
♥広場《ひろば》で凧《たこ》を**揚《あ》げる**。
♥沈没《ちんぼつ》した船《ふね》を引《ひ》き**揚《あ》げる**。

作《つく》る	何《なに》かを生《う》み出《だ》すこと。
造《つく》る	より大《おお》がかりなものを生《う》み出《だ》すこと。
創《つく》る	今《いま》まで存在《そんざい》しなかったものを新《あたら》しく生《う》み出《だ》すこと。

例文

♥規則《きそく》を**作《つく》る**。
♥豪華客船《ごうかきゃくせん》を**造《つく》る**。
♥新《あたら》しい料理《りょうり》を**創《つく》る**のは楽《たの》しい。

同音異義語

ぜっこう

絶好《ぜっこう》・絶交《ぜっこう》

そのころ…
蒼井《あおい》くんさあ カスミちゃんのこと どう思《おも》ってんねん
じろり
えっ どうって いきなり何《なに》？ なんで関西弁《かんさいべん》？
カスミちゃんは アンタのこと 好《す》きみたいやで アンタは どやねん？
すっ 好《す》き です…けど…
なら クリスマス デートに誘《さそ》ったれ
告白《こくはく》する 絶好《ぜっこう》の チャンスやで
ニヤリ
ぽすっ
断《こと》わられた けどな…
まぁ
ポン
ポンポンポン
え？ 前田《まえだ》さん？
わっわっわっ
この前《まえ》 ごめんね
今日《きょう》 空《あ》いてます
デート しよ♥
ちょ… まっ… え？
カスミの スマホ
送信《そうしん》っと♥

絶好《ぜっこう》	何《なに》かをするにはちょうどよいこと。
絶交《ぜっこう》	つき合《あ》いをやめること。

使い分けのポイント

絶好《ぜっこう》は好《この》ましい物事《ものごと》に対《たい》して使《つか》う言葉《ことば》で、絶交《ぜっこう》は人《ひと》とのつき合《あ》いをやめるときに使《つか》う言葉《ことば》。

例文

♥秋《あき》は外《そと》へ出《で》かけるには絶好《ぜっこう》の季節《きせつ》だと思《おも》う。

♥親友《しんゆう》とけんかをして、「もう絶交《ぜっこう》だ」と言《い》われた。

まだまだあるよ！ 対義語《たいぎご》

円満《えんまん》…仲《なか》が良《よ》い状態《じょうたい》。

不和《ふわ》…仲《なか》が悪《わる》い状態《じょうたい》。

♥親子《おやこ》げんかは円満《えんまん》に解決《かいけつ》した。

♥家庭内《かていない》の不和《ふわ》は話《はな》したくない。

まちがいさがし

ランがグループチャットを送《おく》ったよ！
間違《まちが》っている漢字《かんじ》を見《み》つけてね。

カスミちゃん応援《おうえん》グループ

ラン
鉄《てつ》は厚《あつ》いうちに打《う》て！
ってことで、蒼井少年《あおいしょうねん》との
デートを成功《せいこう》させたいっス！

ラン
うち、親《おや》がレストランやってるんで、
席《せき》を明《あ》けておいてもらうっス

アンズ
おお～

ラン
ワイらの計画《けいかく》がバレないように
深長《しんちょう》に行動《こうどう》するっス

ユリ
OK《オーケー》！

よっしゃ！　これで準備《じゅんび》はバッチリや‼…あら？
3つくらい漢字間違《かんじまちが》えてるけど…まあいいか！

答《こた》えは255ページを見《み》てね。

類義語
用《よう》意《い》★準《じゅん》備《び》

同音異義語
せいし
制《せい》止《し》♥静《せい》止《し》

類義語
同《どう》感《かん》★共《きょう》感《かん》

30分後《ぷんご》
待《ま》った？
うぅん 今来《いまき》たとこ
はぁ はぁ
急《きゅう》にごめんね あの…
すみませーん
クリスマス福引《ふくびき》やってるんで
どうぞ～♥
ずいっ…
よくわからないままひいてみることに…
ガラガラ
コロン
大当《おおあ》たりー!!
レストランご招待《しょうたい》～!!
え!? ちょっ
えっ!?
ぐいぐい
ちょっと強引《ごういん》すぎない？
ラン
モモ
強引《ごういん》なくらいでちょうどいいんっスよ
いらっしゃいませ～

用《よう》意《い》	短《みじか》い期間《きかん》で、何《なに》かを前《まえ》もって整《ととの》えること。
準《じゅん》備《び》	長《なが》い期間《きかん》で、何《なに》かを前《まえ》もって整《ととの》えること。

例文

♥寝《ね》る前《まえ》に明日《あす》のテストで使《つか》う筆《ひっ》記用具《きようぐ》を用意《ようい》した。

♥来月《らいげつ》、海外旅行《かいがいりょこう》に行《い》くための準備《じゅんび》を始《はじ》めた。

制《せい》止《し》	相手《あいて》のしようとすることをやめさせること。
静《せい》止《し》	同《おな》じところにずっと止《と》まっていること。

クリスマス福引《ふくびき》のスイーツになります
どうぞごゆっくり!!
はあ…
せっかくだからいただこうか
当《あ》たりが出《で》てよかったね
ふふっ
そうだね
ランちゃんいつから用意《ようい》してたの?
蒼井少年《あおいしょうねん》をたきつけたときからっス
クマ!?
えっ?ナニソレ
ねえねえどうなった?
外《そと》でまっていた
あまり進展《しんてん》はしてないっスね…
じゃあウチがあとひと押《お》し…
待《ま》って
飛《と》び出《だ》そうとするアンズをユリが制止《せいし》した
きっともう大丈夫《だいじょうぶ》だよ
お似合《にあ》いだよね～
同感《どうかん》っス
ありがとうございました
帰《かえ》るよ
ついていこう

例文

♥外《そと》に行《い》こうとする生徒《せいと》を先生《せんせい》が制止《せいし》した。

♥海《うみ》の波《なみ》が静止《せいし》することなく、寄《よ》せては返《かえ》すのを見《み》ていた。

同感《どうかん》	相手《あいて》の考《かんが》えや意見《いけん》に賛成《さんせい》すること。
共感《きょうかん》	相手《あいて》と同《おな》じ気持《きも》ちを自分《じぶん》ももつこと。

使い分けのポイント

どちらも相手《あいて》の考《かんが》えに同意《どうい》するという意味《いみ》だが、同感《どうかん》は自分《じぶん》がどう感《かん》じるか、共感《きょうかん》は相手《あいて》がどう感《かん》じているかが重要《じゅうよう》。

例文

♥「その意見《いけん》には同感《どうかん》です」

♥ドラマの主人公《しゅじんこう》の言葉《ことば》に共感《きょうかん》を覚《おぼ》えた。

まだまだあるよ！ 同音異義語《どうおんいぎご》

せいねん

青年《せいねん》	年《とし》の若《わか》い人《ひと》。特《とく》に男性《だんせい》。
成年《せいねん》	大人《おとな》になる年齢《ねんれい》。

例文

♥犬《いぬ》の散歩《さんぽ》をしている青年《せいねん》はうちの兄《あに》です。

♥日本《にほん》では2022年《ねん》4月《がつ》から成年《せいねん》の年齢《ねんれい》が18歳《さい》になった。

私《わたし》はもう成年《せいねん》よ!!

ぜんしん

全身《ぜんしん》	からだ全体《ぜんたい》。
前身《ぜんしん》	以前《いぜん》の職業《しょくぎょう》や身分《みぶん》。
前進《ぜんしん》	前《まえ》に進《すす》むこと。

例文

♥どろ遊《あそ》びをして全身《ぜんしん》どろだらけになった。

♥うちの高校《こうこう》は、今《いま》は共学《きょうがく》だけど前身《ぜんしん》は男子校《だんしこう》だったんだって。

♥赤組《あかぐみ》と白組《しろぐみ》がそれぞれ前進《ぜんしん》して、スタートの位置《いち》に着《つ》いた。

そっこう

即効《そっこう》	効果《こうか》がすぐに出《で》ること。
速効《そっこう》	速《はや》く効果《こうか》が出《で》ること。医学《いがく》や農業《のうぎょう》で使《つか》う言葉《ことば》。
速攻《そっこう》	スポーツなどで素早《すばや》く攻撃《こうげき》すること。
即行《そっこう》	ただちに行《おこな》うこと。

例文

♥おなかが痛《いた》かったので即効性《そっこうせい》のある薬《くすり》を飲《の》んだ。

♥トマトの苗《なえ》に速効性《そっこうせい》肥料《ひりょう》をあげた。

♥試合開始後《しあいかいしご》、速攻《そっこう》で点《てん》を取《と》った。

♥災害対策《さいがいたいさく》を即行《そっこう》しなければいけないと思《おも》う。

たいせい

体勢《たいせい》	体《からだ》の構《かま》え、姿勢《しせい》。
態勢《たいせい》	物事《ものごと》に対《たい》する構《かま》え。
体制《たいせい》	社会《しゃかい》・組織《そしき》やその仕組《しく》み。

例文

♥騎馬戦《きばせん》では、くずれた体勢《たいせい》を素早《すばや》く整《ととの》えるのが大切《たいせつ》だ。

♥ヒーローは24時間《じかん》態勢《たいせい》で町《まち》を守《まも》ってくれているんだ。

♥母《はは》がPTA《ピーティーエー》の体制《たいせい》に不満《ふまん》を言《い》っていた。

あの体勢《たいせい》苦《くる》しいのよ

たいめん

対面《たいめん》	顔《かお》を合《あ》わせて会《あ》うこと。おたがいに向《む》き合《あ》うこと。
体面《たいめん》	他《ほか》の人《ひと》から見《み》た自分《じぶん》の評判《ひょうばん》や名誉《めいよ》。世間体《せけんてい》。

例文

♥今朝《けさ》生《う》まれたばかりの妹《いもうと》と初《はじ》めて対面《たいめん》した。かわいかった!

♥個人面談《こじんめんだん》は対面《たいめん》で行《おこな》うことになっている。

♥父《ちち》はいつも体面《たいめん》ばかり気《き》にする。

ふしん

不信《ふしん》	信《しん》じないこと。
不審《ふしん》	あやしいこと。

例文

♥クラスメイトにうそをつかれて人間《にんげん》不信《ふしん》になってしまいそうだ。

♥不審《ふしん》な人物《じんぶつ》を見《み》たらすぐに通報《つうほう》してください。

ふよう

不要《ふよう》	必要《ひつよう》ないこと。
不用《ふよう》	使《つか》わないこと。役《やく》に立《た》たないこと。

例文

♥台風《たいふう》だから不要《ふよう》な外出《がいしゅつ》はやめたほうがいい。

♥不用《ふよう》なものがあったらバザーに提供《ていきょう》してほしい。

5章《しょう》

アウトドア大《だい》好《す》きだよっ!!

みふゆの家族《かぞく》はみんなアウトドアが大好《だいす》きで、キャンプやバーベキューを楽《たの》しんでいる。近所《きんじょ》に引《ひ》っ越《こ》してきた空川《そらかわ》さん家《ち》のパパはアウトドアにあこがれていて…。

合《あ》わせる・併《あわ》せる

祠《ほこら》に手《て》を合《あ》わせる兄妹《きょうだい》

会《かい》心《しん》・改《かい》心《しん》

おいしい!!
モグモグ
うん 会心《かいしん》の出来《でき》だな これは

更《ふ》ける・老《ふ》ける

流《なが》れた!!
えっ!?
どこ? 見《み》てない!!
空《そら》を見《み》てなきゃ見《み》えないぞ
えっ
夏《なつ》の夜《よる》は更《ふ》けていく――

登場人物紹介《とうじょうじんぶつしょうかい》

森山家《もりやまけ》
お父《とう》さん
（森山《もりやま》あきと）
お母《かあ》さん
（森山《もりやま》なつみ）
兄《あに》
妹《いもうと》
はるや
ソロキャンプにあこがれる高校生《こうこうせい》。
みふゆ
元気《げんき》いっぱい！小学《しょうがく》5年生《ねんせい》。

空川家《そらかわけ》
パパ
（空川《そらかわ》あらし）
ママ
（空川《そらかわ》いずみ）
姉《あね》
弟《おとうと》
じゅり
小学《しょうがく》5年生《ねんせい》。
そうた
小学《しょうがく》3年生《ねんせい》。

同訓異字

はる
張《は》る・貼《は》る

同訓異字

たつ
建《た》つ・立《た》つ

わたし森山《もりやま》みふゆ 小学《しょうがく》5年生《ねんせい》
今日《きょう》は家族《かぞく》で高原《こうげん》のキャンプ場《じょう》に来《き》ている
この人《ひと》はわたしのお兄《にい》ちゃん 高校生《こうこうせい》だよ
みふゆ テント張《は》るの手伝《てつだ》ってくれ
うん いいよ この黄色《きいろ》いテープが貼《は》ってあるのがメインフレームだよね
お いい感《かん》じに建《た》ったじゃないか!
森山家《もりやまけ》のお父《とう》さん
今《いま》できたところだよ 父《とう》さん
!!

張《は》る	貼《は》る
伸《の》ばして固定《こてい》すること。広《ひろ》げること。充実《じゅうじつ》していること。押《お》し通《とお》すこと。	何《なに》かに物《もの》をくっつけること。

使い分けのポイント

どちらも物《もの》を固定《こてい》するときに使《つか》う言葉《ことば》だが、接着剤《せっちゃくざい》やテープで固定《こてい》するときには**貼《は》る**、それ以外《いがい》は**張《は》る**を使《つか》う。

例文

♥今日《きょう》は水《みず》たまりに氷《こおり》が**張《は》る**ほど冷《ひ》えている。

♥雑草《ざっそう》が根《ね》を**張《は》っ**ていて、引《ひ》き抜《ぬ》くのが大変《たいへん》だ。

♥すばらしい銀《ぎん》メダルだ、胸《むね》を**張《は》っ**て帰国《きこく》してほしい。

お父《とう》さん見《み》て！
このテント広《ひろ》いよ 中《なか》でまっすぐ立《た》つことができるもん!!
クルッ
おー これならみんなで寝《ね》られるなあ
え〜 ソロキャンプの練習《れんしゅう》するって言《い》ったよね
おれ 別《べつ》のテント張《は》って寝《ね》るから
ソロキャンプはお兄《にい》ちゃんの夢《ゆめ》なんだって
そうか？
ちょっとこっちも手伝《てつだ》ってちょうだい
お母《かあ》さーん お兄《にい》ちゃんがひとりで寝《ね》るって言《い》ってる〜
森山家《もりやまけ》のお母《かあ》さん
別《べつ》にいいわよ じゃあ みふゆはお父《とう》さんとお母《かあ》さんひとりじめね
そっか！ そうだね
単純《たんじゅん》なやつ！
いーだ
ハハハ
ハハハ
わたしたち森山家《もりやまけ》はアウトドアが大好《だいす》き！

♥そんなに意地《いじ》を張《は》るのはやめたほうがいいんじゃない？

♥ノートにプリントを貼《は》ろう。

建《た》つ	建物《たてもの》をつくること。
立《た》つ	物《もの》や体《からだ》がまっすぐな状態《じょうたい》なこと。建物《たてもの》が存在《そんざい》していること。成《な》り立《た》つこと。

使い分けのポイント

建《た》つは建物《たてもの》など、人《ひと》の手《て》でつくられるものに関《かん》して使《つか》う。それ以外《いがい》は立《た》つを使《つか》う。

例文

♥駅《えき》の前《まえ》に新《あたら》しいビルが建《た》った。

♥都会《とかい》には多《おお》くのお店《みせ》が立《た》ちならんでいる。

♥踏《ふ》み台《だい》の上《うえ》に立《た》ったけど、まだ手《て》が届《とど》かない。

♥工作《こうさく》が完成《かんせい》するめどが立《た》った。

お肉《にく》や野菜《やさい》は家《いえ》で串《くし》に刺《さ》してくれれば生《なま》ごみがほとんど出《で》ないのよ
ジュー
なるほど
お母《かあ》さんかわいい花《はな》見《み》つけた～
タタタ
クサフジねこれ食《た》べられるのよ
へー!!
お母《かあ》さんこの花《はな》髪《かみ》に挿《さ》して
いいよ
あらかわいい
ありがとう!

同訓異字

さす

指《さ》す・刺《さ》す・挿《さ》す・差《さ》す・*射《さ》す

指《さ》す	刺《さ》す	挿《さ》す	差《さ》す	射《さ》す
方向《ほうこう》を示《しめ》す。指摘《してき》する。	先《さき》がとがった物《もの》を何《なに》かに突《つ》き入《い》れる。	細長《ほそなが》いものを他《ほか》の物《もの》の中《なか》に入《い》れる。	何《なに》かが現《あらわ》れてくる。かざす。中《なか》に入《い》れる。	光《ひかり》が当《あ》たること。

例文

♥コンパスは北《きた》を指《さ》している。
♥まち針《ばり》を針山《はりやま》に刺《さ》す。
♥ガラスのビンに花《はな》を挿《さ》しておこうかな。
♥急《きゅう》に雨《あめ》が降《ふ》ってきたので、傘《かさ》を差《さ》した。
♥この部屋《へや》は西日《にしび》が射《さ》すので、夕《ゆう》方《がた》はまぶしい。

同訓異字

あわせる 合《あ》わせる・併《あわ》せる

翌朝《よくあさ》
気持《きも》ちのいい朝《あさ》！
お兄《にい》ちゃん散歩《さんぽ》に行《い》こう
いいね行《い》くか
へぇこんなところに祠《ほこら》がある
ほんとだおまいりしていこう
祠《ほこら》に手《て》を合《あ》わせる兄妹《きょうだい》
何《なに》を祈《いの》った？
家族《かぞく》の健康《けんこう》と安全《あんぜん》だよ
スタスタ
併《あわ》せて金運《きんうん》アップもお願《ねが》いしたみふゆだった

合《あ》わせる	併《あわ》せる
いくつかのものを1つにまとめる。混《ま》ぜる。一致《いっち》させる。	異《こと》なる物事《ものごと》を同時《どうじ》に行《おこな》う。合体《がったい》させる。

使い分けのポイント

2つのものをまとめたり数《かず》を足《た》したりするときは合《あ》わせるを使《つか》う。会社《かいしゃ》などの組織《そしき》や、作業《さぎょう》を一緒《いっしょ》にすることには併《あわ》せるを使《つか》う。

例文

- 2個《こ》と3個《こ》、合《あ》わせて何個《なんこ》？
- 2種類《しゅるい》のみそを合《あ》わせてみそ汁《しる》をつくろう。
- 時計《とけい》の時間《じかん》を合《あ》わせておこう。
- 1班《ぱん》と2班《はん》を併《あわ》せて新《あたら》しい班《はん》をつくった。

同訓異字

たつ
断《た》つ・絶《た》つ・裁《た》つ*・経《た》つ

このキャンプ場《じょう》よかったね
うん
また来《こ》ような
ねぇお母《かあ》さんチョコ食《た》べる？
い…いらない
母《はは》はダイエット中《ちゅう》で甘《あま》いものを断《た》っている
1時間《じかん》が経《た》った
みふゆ？
ん？
やっぱりさっきのチョコもらっていい？
意志《いし》の弱《よわ》い母《はは》だった
やだ溶《と》けてる〜
ハハハ
わはは
ブロロ…

断《た》つ	絶《た》つ	裁《た》つ	経《た》つ
つながりを一時的《いちじてき》に切《き》り離《はな》すこと。	つながりを完全《かんぜん》に終《お》わらせること。	紙《かみ》や布《ぬの》を切《き》ること。	時間《じかん》が過《す》ぎること。

例文

- 鬼《おに》ごっこをしていたら、壁《かべ》ぎわに追《お》いこまれて退路《たいろ》を断《た》たれてしまった。
- エベレストで登山家《とざんか》が消息《しょうそく》を絶《た》ったというニュースが流《なが》れた。
- 型紙《かたがみ》に合《あ》わせて布《ぬの》を裁《た》つ。
- 祖父《そふ》と最後《さいご》に会《あ》ってからずいぶん時間《じかん》が経《た》った。

同音異義語

かんせい

歓《かん》声《せい》・完《かん》成《せい》・感《かん》性《せい》・閑《かん》静《せい》

ある土曜日《どようび》
キャー
キャー
キャー
ワー
ワー
すごい歓声《かんせい》だな
ヒーローショーだって
のぞいてみる?
それより早《はや》く買《か》い出《だ》し終《お》わらせなきゃ!
セール
ただいまー
バタンッ
あの家《いえ》完成《かんせい》したんだね
ずっと工事《こうじ》していたもんな
どんな人《ひと》が引《ひ》っ越《こ》してくるのかなあ
わくわく

歓声《かんせい》	うれしさのあまり出《だ》す声《こえ》。
完成《かんせい》	できあがること。
感性《かんせい》	物事《ものごと》を見《み》たり聞《き》いたりしたときに感《かん》じる心《こころ》の働《はたら》き。
閑静《かんせい》	静《しず》かなこと。

例文

- スタジオにゲストの歌手《かしゅ》が入《はい》ると大《おお》きな歓声《かんせい》が起《お》きた。
- 難《むずか》しいパズルがついに完成《かんせい》した。
- 表情《ひょうじょう》がくるくる変《か》わる、感性《かんせい》が豊《ゆた》かな人《ひと》だなあ。
- ここは閑静《かんせい》な住宅街《じゅうたくがい》なんですよ。

同訓異字

なか

中《なか》・仲《なか》

次《つぎ》の日《ひ》
こんにちは 近所《きんじょ》に 越《こ》してきた 空川《そらかわ》と いいます
これ つまらない ものですが
あら すみません
ほら ごあいさつ
空川《そらかわ》そうたです 3年生《ねんせい》です
仲《なか》よくして くださいね
空川《そらかわ》じゅりです 5年生《ねんせい》です
えっ 5年生《ねんせい》? わたしも!!
同《おな》じ だね!!
ねえ 中《なか》で 遊《あそ》ぼう
みなさんも どうぞ中《なか》へ
いいの?

中《なか》	仲《なか》
物《もの》の内側《うちがわ》や中心《ちゅうしん》、物事《ものごと》の間《あいだ》のこと。ある状態《じょうたい》が続《つづ》いていること。	人《ひと》と人《ひと》との関係《かんけい》のこと。

使い分けのポイント

物事《ものごと》や場所《ばしょ》、時間《じかん》や空間《くうかん》の範囲《はんい》を表《あらわ》すときに使《つか》うのが中《なか》、人《ひと》と人《ひと》との間柄《あいだがら》を表《あらわ》すのが仲《なか》。

例文

♥箱《はこ》の中《なか》にはおいしそうなケーキが入《はい》っていた。

♥人気《にんき》のラーメン店《てん》にならんでいる人《ひと》の中《なか》に友《とも》だちを見《み》つけた。

♥台風《たいふう》がせまる中《なか》、叔父《おじ》が訪《たず》ねてきた。

♥「急《きゅう》に仲《なか》が悪《わる》くなるなんて、何《なに》かあったの?」

♥「もう仲直《なかなお》りしよう、握手《あくしゅ》してくれる?」

同訓異字

なく

泣《な》く・鳴《な》く

みてー
わー すてき!
パパ見《み》て!
すごーい
お庭《にわ》も見《み》てよ
これはすごい!!
うちはよくバーベキューをするんですよ
そうだ 今日《きょう》ご一緒《いっしょ》にどうですか?
えっ? いいんですか!?
どうぞどうぞ
あこがれの…庭《にわ》でバーベキューすごい…!!
うっ…
えっ泣《な》くほどうれしいの!?
チュンチュン
鳥《とり》も鳴《な》いているし…いいところに引《ひ》っ越《こ》してきたなあ…
じーん…
大《おお》げさねぇ…

泣《な》く	涙《なみだ》を流《なが》すこと。
鳴《な》く	生《い》き物《もの》が声《こえ》を出《だ》すこと。

使い分けのポイント

泣《な》くは、人《ひと》が悲《かな》しんだり喜《よろこ》んだりして涙《なみだ》を流《なが》しているときに使《つか》う。人以外《ひといがい》の生《い》き物《もの》が声《こえ》を出《だ》すときには鳴《な》くを使《つか》う。

例文

- 「泣《な》いて謝《あやま》っているから、今回《こんかい》は許《ゆる》してあげてもいいかな」
- 夏《なつ》の田《た》んぼはカエルの鳴《な》く声《こえ》がにぎやかだ。

なるほど!

「泣《な》く」「鳴《な》く」より大《おお》きな声《こえ》

イヌやトラなどが、太《ふと》くて大《おお》きな声《こえ》を出《だ》すことを「吠《ほ》える」という。また、人《ひと》が大声《おおごえ》で泣《な》いたりわめいたりすることも「吠《ほ》える」という。

同訓異字

かま

釜《かま》・窯《かま》

同音異義語

かいしん

会《かい》心《しん》・改《かい》心《しん》

バーベキュー開始《かいし》！
おいしい
じゅりちゃんマシュマロ焼《や》こうよ
おいしそう!!
すごいピザ窯《がま》まであるんですか
すぐ焼《や》けますよ
うちの人《ひと》凝《こ》り性《しょう》なのよ
モグモグ
おいしい!!
うん会心《かいしん》の出来《でき》だなこれは
母《かあ》さんごはん炊《た》けたよ
うまくできた？

釜《かま》	窯《かま》
ご飯《はん》などを炊《た》く調理道具《ちょうりどうぐ》。	焼《や》き物《もの》や食《た》べ物《もの》などをつくる装置《そうち》のこと。

使い分けのポイント

大《おお》きさにかかわらず、器《うつわ》の外側《そとがわ》から熱《ねつ》を加《くわ》える調理道具《ちょうりどうぐ》が釜《かま》、内側《うちがわ》に加熱《かねつ》したいものと一緒《いっしょ》に火《ひ》を入《い》れて熱《ねつ》を加《くわ》える装置《そうち》が窯《かま》。

例文

♥旅館《りょかん》の夕食《ゆうしょく》で食《た》べた釜《かま》めしがおいしかった。

♥大《おお》きな窯《かま》で陶器《とうき》を焼《や》いている様《よう》子《す》を見学《けんがく》した。

お釜《かま》で炊《た》いたごはんまでいただけるとは…!!
また泣《な》いてる…
うまい! うま すぎるっ!!
ハハ
よっしゃー
いつもこんなふうに野外《やがい》で遊《あそ》ばれているんですか?
そうですね キャンプとか 釣《つ》りとか
キャンプ!!
どうです 今度《こんど》ご一緒《いっしょ》に ご家族《かぞく》で…
ぜひ キャンプに!!
バッ
ちょっと
あの… 道具《どうぐ》もありませんし… いきなり キャンプは…

会心《かいしん》	心《こころ》から満足《まんぞく》すること。
改心《かいしん》	悪《わる》かったと思《おも》って心《こころ》を入《い》れ替《か》えること。

使い分けのポイント

会心《かいしん》は期待通《きたいどお》りの結果《けっか》が出《で》たときに使《つか》う言葉《ことば》。改心《かいしん》は反省《はんせい》して心《こころ》を改《あらた》めること。

例文

♥会心《かいしん》のホームランが飛《と》び出《だ》しました!

♥彼《かれ》はすっかり改心《かいしん》したようだね。

なるほど!

他《ほか》にもある「かいしん」

気持《きも》ちがよいこと・いきいきすることを表《あらわ》す「快心《かいしん》」、主《おも》に宗教的《しゅうきょうてき》な意味《いみ》で心《こころ》を改《あらた》めることを「回心《かいしん》」という。また、用心《ようじん》することを「戒心《かいしん》」ということもある。

同訓異字

はやい 早《はや》い・速《はや》い

同訓異字

たま 球《たま》・玉《たま》・弾《たま》

今日《きょう》はじゅりちゃんたちと運動公園《うんどうこうえん》に遊《あそ》びに来《き》たよ
アスレチック楽《たの》しい～
さあ こい!!
おっ いいじゃん なかなか速《はや》い球《たま》投《な》げるね
えい!!
スパンッ
父《ちち》たちはジョギング
朝《あさ》の早《はや》い時間《じかん》だと静《しず》かでいいですね
お母《かあ》さん シャボン玉《だま》やっていい?
いいよ
わあ大《おお》きいのできた～
すごい!

早《はや》い	時間《じかん》が前《まえ》であること。手間《てま》がかからないこと。
速《はや》い	他《ほか》と比《くら》べて動《うご》きがすみやかで時間《じかん》がかからないこと。

例文

- 明日《あす》は出《で》かけるので早《はや》く寝《ね》よう。
- メールより電話《でんわ》のほうが早《はや》い。
- 彼女《かのじょ》はとても足《あし》が速《はや》い。

球《たま》	ボールのような丸《まる》いもの。
玉《たま》	丸《まる》みのある形《かたち》のもの。美《うつく》しいものや大切《たいせつ》なもの。
弾《たま》	鉄砲《てっぽう》や大砲《たいほう》などの弾丸《だんがん》。

例文

- ネコが毛糸《けいと》の玉《たま》を転《ころ》がしている。
- 玉《たま》のような赤《あか》ちゃんが生《う》まれた。
- ライフルの弾《たま》が的《まと》を撃《う》ち抜《ぬ》いた。

対義語

禁止《きんし》 ↔ 許可《きょか》

じゅりちゃんたちってキャンプ行《い》ったことある？
ううんないの
キャンプってたき火《び》でごはんつくったりするんでしょ？
ドヤ顔《がお》
そうでもね今《いま》は地面《じめん》の上《うえ》で火《ひ》を燃《も》やしちゃいけないんだ
周《まわ》りに燃《も》え移《うつ》ったら大変《たいへん》だし直火《じかび》を禁止《きんし》にしているキャンプ場《じょう》もあるよ
ちょっとお父《とう》さん…
それで専用《せんよう》のたき火台《びだい》を使《つか》うんだよ
キャンプ場《じょう》によっては直火専用《じかびせんよう》の場所《ばしょ》があって申請《しんせい》すれば許可《きょか》されることもあるよ
もう！わたしが説明《せつめい》したかったのに
ごめんごめん

禁止《きんし》	許可《きょか》
何《なに》かを人《ひと》にさせないようにすること。	何《なに》かをすることを条件付《じょうけんつ》きで認《みと》めること。

例文

♥劇場内《げきじょうない》は飲食物《いんしょくぶつ》の持《も》ちこみが禁止《きんし》されている。

♥私《わたし》の学校《がっこう》では、休《やす》み時間《じかん》はスマホの使用《しよう》が許可《きょか》されている。

まだまだあるよ！ 類義語《るいぎご》

許可《きょか》…条件付《じょうけんつ》きでやってもよいと認《みと》める。

承認《しょうにん》…事実《じじつ》・正当《せいとう》であると認《みと》める。それでいいと許《ゆる》す。

♥学校《がっこう》から許可《きょか》をもらってバザーを開《ひら》いた。

♥国連《こくれん》で独立国《どくりつこく》として承認《しょうにん》された。

同訓異字

はなす

離《はな》す・放《はな》す

お兄《にい》ちゃんとお父《とう》さんが海釣《うみづ》りに行《い》ったよ
いいな〜
海《うみ》だ〜
よっしゃやるか
ちょっと近《ちか》いかな…釣《つ》り糸《いと》がからまないようにいすを離《はな》して…と
あ
ピクッ
来《き》た!!
ぐいっ
小《ちい》さいから放《はな》したほうがいいよね
ほいっ
ほっ
そうだな
そこそこ釣《つ》れたね
ああ十分《じゅうぶん》だな

離《はな》す	放《はな》す
くっついているものを分《わ》けること。	自由《じゆう》にしてあげること。ほうっておくこと。ある状態《じょうたい》を続《つづ》けること。

使い分けのポイント

2つのものを分《わ》けるときに使《つか》うのが**離《はな》す**、何《なに》かを自由《じゆう》にするときに使《つか》うのが**放《はな》す**。

例文

- 自転車《じてんしゃ》のハンドルから手《て》を**離《はな》す**のは危《あぶ》ない。
- 「昨日《きのう》、うちの庭《にわ》の池《いけ》に金魚《きんぎょ》を**放《はな》し**たよ」
- 親《おや》にまでに見**放《はな》さ**れたら大変《たいへん》だ。
- 物置《ものおき》の戸《と》を開《あ》け**放《はな》し**ておいたら、タヌキが入《はい》っていた。

ぴったりなのは、どれ？

カタカナに合《あ》う漢字《かんじ》はどれ？ A B C から選《えら》んでね。

1

このクーラーボックス重《おも》いね。持《も》ちアゲルのが大変《たいへん》！

A 揚《あ》げる　B 上《あ》げる　C 挙《あ》げる

2

わが家《や》は高台《たかだい》の住宅地《じゅうたくち》にタッているんだよ

A 建《た》っ　B 経《た》っ　C 立《た》っ

3

公園《こうえん》で遊《あそ》んでいたら、服《ふく》に草《くさ》の実《み》がいっぱいツイチャッたよ

A 就《つ》いちゃっ　B 着《つ》いちゃっ　C 付《つ》いちゃっ

答《こた》えは255ページを見《み》てね。

同訓異字

かわく

渇《かわ》く・乾《かわ》く

夏休《なつやす》み
今日《きょう》は海水浴《かいすいよく》!!
ふ～暑《あつ》い
のど渇《かわ》いた
海の家
氷
クーラーボックスに冷《ひ》えた麦茶《むぎちゃ》入《はい》ってるわよ
ゴクゴク
おーい かき氷《ごおり》買《か》いに…
ビシャッ
わっぷ
あっ ごめん
びっしょり
あらあら 乾《かわ》かさないとね
服《ふく》も乾《かわ》いたし そろそろ帰《かえ》るわよ
やだー まだ遊《あそ》ぶー

渇《かわ》く	潤《うるお》いがなく、水分《すいぶん》が欲《ほ》しくなること。何《なに》かがすごくほしいこと。
乾《かわ》く	水分《すいぶん》が少《すく》なくなること。冷淡《れいたん》な様子《ようす》。

使い分けのポイント

渇《かわ》くはとても水分《すいぶん》が欲《ほ》しいときに使《つか》い、何《なに》かを欲《ほ》しがる様子《ようす》を表《あらわ》す言葉《ことば》としても使《つか》われる。乾《かわ》くは水分《すいぶん》や湿気《しっけ》がなくなるという意味《いみ》で、温《あたた》かみがない様子《ようす》にも使《つか》われる。

例文

♥熱中症予防《ねっちゅうしょうよぼう》のために、のどが渇《かわ》いたと感《かん》じる前《まえ》に水《みず》を飲《の》もう。

♥洗濯物《せんたくもの》が乾《かわ》いたら取《と》りこんでね。

♥最近《さいきん》の彼《かれ》の言動《げんどう》はギスギスしていて、心《こころ》が乾《かわ》いているんだなと感《かん》じた。

同訓異字

つかう 使《つか》う・遣《つか》う

類義語

方《ほう》角《がく》★方《ほう》向《こう》

今日《きょう》はお兄《にい》ちゃんが初《はじ》めてソロキャンプに行《い》く日《ひ》
キャンプ場《じょう》まで送《おく》っていかなくていいか？
大丈夫《だいじょうぶ》だって
ソロキャンプに車《くるま》で送《おく》り迎《むか》えなんてはずかしいじゃん
キャンプ場《じょう》へは電車《でんしゃ》とバスを使《つか》って行《い》くことにした
こっちが北《きた》だから…キャンプ場《じょう》はあっちの方角《ほうがく》だな
ブオン
北
着《つ》いた！
奥山村キャンプ場
今日《きょう》ちょっと混《こ》んでいて近《ちか》くなっちゃうんですけどいいですか？
あ はい
そういう気《き》の遣《つか》い方《かた》も必要《ひつよう》なんだな…

使《つか》う	物《もの》や考《かんが》え方《かた》などをある目的《もくてき》のために用《もち》いること。
遣《つか》う	心《こころ》を働《はたら》かせること。

例文

♥「台所《だいどころ》を使《つか》ってもいい？」「いいよ、おいしいものつくってね」

♥気《き》を遣《つか》う仕事《しごと》なので疲《つか》れる。

方角《ほうがく》	東西南北《とうざいなんぼく》を表《あらわ》すこと。
方向《ほうこう》	物《もの》や考《かんが》えの進《すす》む向《む》きのこと。

例文

♥南《みなみ》の方角《ほうがく》に煙《けむり》が上《あ》がっている。

♥ケーブルカーは折《お》り返《かえ》し地点《ちてん》に着《つ》くと、反対方向《はんたいほうこう》に進《すす》み始《はじ》めた。

同訓異字

あからむ

赤《あか》らむ・明《あか》らむ

パチパチ…
日《ひ》が傾《かたむ》いて西《にし》の空《そら》が赤《あか》らんできた
いい匂《にお》い…
ジュ～
おれも夕食《ゆうしょく》にしよう…
あの…これナポリタンですか？
ええ ただこれスパゲッティの麺《めん》じゃなくて
焼《や》きそばの麺《めん》なんですよ
ジュー…
へえー!!
夜《よる》には満天《まんてん》の星《ほし》が広《ひろ》がった
東《ひがし》の空《そら》がだんだんと明《あか》らんできた
夜明《よあ》けだ
夜《よる》じゅう星《ほし》を見《み》て過《す》ごしちゃったなあ…
う～ん
さて 帰《かえ》る支度《したく》をするか

赤《あか》らむ	明《あか》らむ
赤《あか》みをおびること。	明《あか》るくなること。

使い分けのポイント

赤《あか》らむはつぼみや顔《かお》などが赤《あか》くなる様子《ようす》、**明《あか》らむ**は空《そら》などが明《あか》るくなるときに使《つか》う言葉《ことば》。

例文

♥みんなからほめられて彼女《かのじょ》の顔《かお》が**赤《あか》らん**だ。

♥空《そら》が**明《あか》らみ**、街《まち》の人《ひと》びとが活動《かつどう》を始《はじ》めた。

まだまだあるよ！ 同訓異字《どうくんいじ》

【ひ】

火《ひ》……物《もの》が燃《も》えて光《ひかり》や熱《ねつ》が出《で》ること。

灯《ひ》……照明《しょうめい》。明《あか》るくなるもと。

♥「寒《さむ》いので火《ひ》に当《あ》たろうよ」

♥「山《やま》すその町《まち》の灯《ひ》がきれいだね」

兄《あに》のはるやがソロキャンプを楽《たの》しんでいたころ…
イエイ！
みふゆはお母《かあ》さんとトレッキングへ出《で》かけていた
海《うみ》に臨《のぞ》む公園《こうえん》を通《とお》り目的《もくてき》の山《やま》を目指《めざ》す
あの山《やま》だよね
そうよ
これくらいの山《やま》なら楽勝楽勝《らくしょうらくしょう》♪
低《ひく》くても山《やま》は山《やま》油断《ゆだん》しないでね
山頂《さんちょう》には富士山《ふじさん》を望《のぞ》む展望台《てんぼうだい》があるわよ
楽《たの》しみ!!
山頂《さんちょう》に着《つ》いた
わー富士山《ふじさん》!!
今日《きょう》は特《とく》によく見《み》える気《き》がするわ

同訓異字

のぞむ

臨《のぞ》む・望《のぞ》む

臨《のぞ》む	望《のぞ》む
何《なに》かに面《めん》していること。向《む》き合《あ》うこと。	遠《とお》くから見《み》る。そうなってほしいと願《ねが》う。

使い分けのポイント

何《なに》かに面《めん》していることや、試合《しあい》や会議《かいぎ》に出《で》ることを**臨《のぞ》む**という。遠《とお》くを眺《なが》めたり、願《ねが》いがあるときには**望《のぞ》む**を使《つか》う。

例文

- 湖《みずうみ》に**臨《のぞ》ん**でホテルが立《た》ちならんでいる。
- 国《くに》の代表《だいひょう》として試合《しあい》に**臨《のぞ》む**選手《せんしゅ》たちを応援《おうえん》しよう。
- 校舎《こうしゃ》の窓《まど》から遠《とお》くの山《やま》を**望《のぞ》む**。
- 多《おお》くの人《ひと》が世界《せかい》の平和《へいわ》を**望《のぞ》ん**でいる。

同訓異字

いたむ

痛《いた》む・傷《いた》む・悼《いた》む

山頂《さんちょう》でお弁当《べんとう》
わーい　フルーツ
あっ　ちょっと待《ま》って
これ　もしかして　傷《いた》んでいるかも
ぷ〜ん
えー　食《た》べたかったのに〜
残念《ざんねん》
まあ　今日《きょう》は暑《あつ》かったしね
代《か》わりにこっちのパンを食《た》べましょ
やった!
山《やま》を下《くだ》る途中《とちゅう》…
疲《つか》れた〜　歩《ある》けない〜
足《あし》が痛《いた》むの?　ちょっと休憩《きゅうけい》しようか
しばらくして…
チョコレート食《た》べたら元気出《げんきで》た!!
車《くるま》まであと少《すこ》し!
がんばれ!!

痛《いた》む	傷《いた》む	悼《いた》む
体《からだ》や心《こころ》にいたみや苦《くる》しみを感《かん》じること。	物《もの》が傷《きず》つくこと。食《た》べ物《もの》がくさること。	人《ひと》の死《し》を悲《かな》しむこと。

使い分けのポイント

痛《いた》むは人《ひと》が肉体的《にくたいてき》・精神的《せいしんてき》に苦《くる》しみを感《かん》じるときに、傷《いた》むは物《もの》が傷《きず》ついたりくさったりしたときに使《つか》う。悼《いた》むは亡《な》くなった相手《あいて》を思《おも》い悲《かな》しむときに使《つか》う。

例文

- 宿題《しゅくだい》をやっていないのにやったと嘘《うそ》をついたので良心《りょうしん》が痛《いた》む。
- 6年間《ねんかん》使《つか》っているので、ランドセルがだいぶ傷《いた》んできた。
- ペットの死《し》を悼《いた》む。

類義語

理解《りかい》★了解《りょうかい》

同訓異字

ふける 更《ふ》ける♥老《ふ》ける

流《なが》れ星《ぼし》を見《み》るために明《あ》かりの少《すく》ない公園《こうえん》へ
流《なが》れ星《ぼし》見《み》えるかなぁ
どんなお願《ねが》いしようかな～
ペルセウス座《ざ》はあっちのほうだな
あの星座《せいざ》の星《ほし》が降《ふ》ってくるの?
ははは
ちがうよ流《なが》れるのは※1宇宙《うちゅう》のちりだよ
ペルセウス座《ざ》を※2放射点《ほうしゃてん》としているからそう見《み》えるけどね
今《いま》の説明《せつめい》…理解《りかい》できた?
ほうしゃてんってなに?
そっ
イマイチ…
——でねお兄《にい》ちゃん徹夜《てつや》しちゃったんだって
あっ!!
えー
ぺちゃぺちゃ
流《なが》れた!!
えっ!?
どこ?見《み》てない!!
空《そら》を見《み》てなきゃ見《み》えないぞ
えっ
夏《なつ》の夜《よる》は更《ふ》けていく——

※1：スイフト・タットル彗星《すいせい》が残《のこ》したちりとされる。

※2：流《なが》れ星《ぼし》の出発点《しゅっぱつてん》に見《み》える空《そら》の一点《てん》。

理解《りかい》	了解《りょうかい》
物事《ものごと》の意味《いみ》や内容《ないよう》を正《ただ》しくつかむこと。	物事《ものごと》の内容《ないよう》をつかみ、認《みと》めること。

例文

♥ゲームのルールは理解《りかい》できた。

♥「あなたが遅《おく》れた理由《りゆう》は了解《りょうかい》したけど、遅《おく》れたことを許《ゆる》したわけではないよ」

更《ふ》ける	老《ふ》ける
深《ふか》まること。	年《とし》をとること。

例文

♥秋《あき》が更《ふ》けて冬《ふゆ》が近《ちか》づいてきた。

♥兄《あに》は年齢《ねんれい》より老《ふ》けて見《み》える。

類義語
賛成《さんせい》★同意《どうい》

対義語
賛成《さんせい》⇔反対《はんたい》

空川一家《そらかわいっか》はパパの実家《じっか》に帰省中《きせいちゅう》
ここは変《か》わらないなあ
日本《にほん》の田舎《いなか》って感《かん》じよね
いとこのこうちゃん
パパ～ザリガニ釣《つ》りに行《い》っていい？
おお行《い》ってこい
行《い》ってきまーす
子《こ》どもたちには外《そと》でいろんなことをさせたいと思《おも》っているんだ
私《わたし》もそれには賛成《さんせい》よ
ぐっ
じゃあキャンプも!?
きちんと準備《じゅんび》ができればね
やった!! ママの同意《どうい》も得《え》られたし帰《かえ》ったらホームセンターへ行《い》こう!!

賛成《さんせい》	同意《どうい》
積極的《せっきょくてき》に他《ほか》の人《ひと》の意見《いけん》や考《かんが》えをよいと認《みと》めること。	他《ほか》の人《ひと》の意見《いけん》や考《かんが》えがよいと態度《たいど》に表《あらわ》すこと。

例文

- 「文化祭《ぶんかさい》の出《だ》し物《もの》、お化《ば》け屋敷《やしき》に賛成《さんせい》の人《ひと》は手《て》を挙《あ》げて」
- 議長《ぎちょう》の島田《しまだ》くんは、その意見《いけん》には同意《どうい》できないと言《い》った。

反対《はんたい》
他《ほか》の人《ひと》の意見《いけん》や考《かんが》えを認《みと》めないこと。位置《いち》や順序《じゅんじょ》や方向《ほうこう》が逆《ぎゃく》になること。セットになっているものの片方《かたほう》。

例文

- イヌを飼《か》うことに母《はは》が反対《はんたい》している。
- 彼《かれ》は急《きゅう》に反対方向《はんたいほうこう》に歩《ある》き出《だ》した。
- 黒《くろ》の反対《はんたい》は白《しろ》。

同訓異字

さげる 下《さ》げる・提《さ》げる

ホームセンター
ホームセンター
パパー このテント かっこいい
Sale 60%オフ
バーベキューコンロも売《う》ってるよ
いろいろあるわね～
どうしてこんなにお安《やす》いんですか？
季節商品《きせつしょうひん》のためお値段《ねだん》を下《さ》げております
Sale60%オフ
8月末《がつまつ》だとキャンプ用品《ようひん》はお買《か》い得《どく》ですよ
STAFF
あらっ
この保冷《ほれい》バッグおしゃれね!!
肩《かた》から提《さ》げられるのがいいいな
ふだんのお買《か》い物《もの》にも使《つか》えそうね
いいな～
パパ
あっちにすごいテントあるよ!!
あらっ!!
これはいいな!!
いろいろ見《み》たがこの日《ひ》は決《き》まらなかった

下《さ》げる	提《さ》げる
物《もの》の端《はし》を固定《こてい》して垂《た》らすこと。上《うえ》から下《した》へ移《うつ》す。高《たか》いものを低《ひく》くする。	物《もの》を手《て》や肩《かた》などで支《ささ》えて垂《た》らすこと。

使い分けのポイント

下《さ》げるは物《もの》を垂《た》らすこと以外《いがい》に、高《たか》いものを低《ひく》くするという意味《いみ》でも使《つか》う。提《さ》げるは手《て》や肩《かた》など体《からだ》の一部《いちぶ》から物《もの》を垂《た》らすときに使《つか》う。

例文

- 軒下《のきした》に下《さ》げた風鈴《ふうりん》から、よい音《ね》色《いろ》がする。
- 弟《おとうと》はどうしてもネコを飼《か》いたいと頭《あたま》を下《さ》げた。
- 名《な》札《ふだ》は首《くび》から提《さ》げておこう。

チャットの時間《じかん》

雨《あめ》が降《ふ》っててもテントで寝《ね》るんですか？

よほどの大雨《おおあめ》じゃない限《かぎ》りテントですね、ぼくは

びしょぬれになりません？

水《みず》はけのよさそうな場所《ばしょ》を選《えら》んだり
寝袋《ねぶくろ》の下《した》に折《お》りたたみベッドを置《お》いたり
その時《とき》どきで**最善《さいぜん》**の方法《ほうほう》を考《かんが》えるのも
楽《たの》しいんですよ

はあ～やっぱりすごい！
師匠《ししょう》とよばせてください!!

類義語

最善《さいぜん》	できる限《かぎ》りの中《なか》で最《もっと》も良《よ》いこと。ベスト。
最良《さいりょう》	品質《ひんしつ》や内容《ないよう》が最《もっと》も良《よ》いこと。

使い分けのポイント

最善《さいぜん》は、自分《じぶん》のできる範囲《はんい》でいちばん良《よ》いと思《おも》うこと。**最良《さいりょう》**は品質《ひんしつ》などがいちばん良《よ》いこと。「最善《さいぜん》をつくす」とは言《い》うけれど「最良《さいりょう》をつくす」とは言《い》わない。

例文

♥「これが今《いま》できる**最善《さいぜん》**の策《さく》なんだ、わかってくれよ」

♥「今日《きょう》はぼくの人生《じんせい》で**最良《さいりょう》**の日《ひ》だ！」

対義語

出発《しゅっぱつ》 ↕ 到着《とうちゃく》

今日《きょう》は森山家《もりやまけ》だけでハイキング
みんな準備《じゅんび》はいいか
うん!
おいくつひもほどけてるぞ
ぎゅっ
できたいざ出発《しゅっぱつ》!!
わあきれい!!
山頂《さんちょう》にはおいしいそば屋《や》があるぞ
おそば食《た》べたい!!
食《く》いいじ!!
山頂《さんちょう》に到着《とうちゃく》
臨時休業
すみません!!
えーっ!!
お休《やす》み!?
そんなあ〜

出発《しゅっぱつ》	出《で》かけること。
到着《とうちゃく》	目的地《もくてきち》に着《つ》くこと。

例文

♥「朝早《あさはや》く出発《しゅっぱつ》したほうが、電車《でんしゃ》が混《こ》まないと思《おも》うよ」

♥空港《くうこう》に飛行機《ひこうき》が到着《とうちゃく》し、お客《きゃく》が降《お》りてきた。

まだまだあるよ! 同音異義語《どうおんいぎご》

【はっしん】

発進《はっしん》……乗《の》り物《もの》が出発《しゅっぱつ》すること。

発信《はっしん》……情報《じょうほう》や報告《ほうこく》を送《おく》り出《だ》すこと。

♥ならんだ車《くるま》がいっせいに発進《はっしん》した。

♥サッカーの日本代表《にほんだいひょう》がアジア最終《さいしゅう》予選《よせん》を白星《しろぼし》発進《はっしん》した。

♥遭難《そうなん》した船《ふね》からSOS《エスオーエス》が発信《はっしん》されている。

同訓異字

やさしい

易《やさ》しい・優《やさ》しい

同音異義語

ひっし

必《ひっ》死《し》・必《ひっ》至《し》

冬休《ふゆやす》み みふゆたちは スキー場《じょう》に来《き》ていた
ふ〜 最高《さいこう》!!
初心者
みふゆは 初心者《しょしんしゃ》 コースに 行《い》くぞ
えーっ もう滑《すべ》れる のに!!
でも去年《きょねん》の冬《ふゆ》から 滑《すべ》っていないだろ 最初《さいしょ》は易《やさ》しい コースからだ
はーい
初心者《しょしんしゃ》コース
ゆっくり 行《い》くんだぞ
柵《さく》の外《そと》に 出《で》るなよ
おさきに〜!!
大丈夫《だいじょうぶ》 大丈夫《だいじょうぶ》〜!!
シュー

易《やさ》しい	簡単《かんたん》なこと。わかりやすいこと。
優《やさ》しい	思《おも》いやりがあること。おだやかで好《この》ましいこと。

使い分けのポイント

優《やさ》しいは、人《ひと》から受《う》ける印象《いんしょう》について表《あらわ》すときに使《つか》う。易《やさ》しいは、程度《ていど》ややり方《かた》が簡単《かんたん》であるときに使《つか》う。

例文

♥赤《あか》ちゃんの頭《あたま》を優《やさ》しくなでる。

♥母《はは》の料理《りょうり》は優《やさ》しい味付《あじつ》けのものが多《おお》かった。

♥「こんな易《やさ》しい問題《もんだい》を間違《まちが》えるなんてショック!」

ふんふ〜ん♪
くるっ
お父《とう》さーん 早《はや》く〜
……
あれ?
シーーン…
えっ ここどこ?
きょろ
きょろ
もしかして迷《まよ》った? どうしよう!!
おとうさん…
ぐすっ
あれ?
シャー
どうしたの? 迷子《まいご》?
はい…
じゃあ 一緒《いっしょ》においで
優《やさ》しく声《こえ》をかけてもらい
気《き》をつけてね〜
ありがとうございます
ペコ ペコ
必死《ひっし》で探《さが》していたんだぞ!!
お父《とう》さーん!!
ぎゅっ
よかった ぶじで…
お父《とう》さんに会《あ》えたみふゆだった

必死《ひっし》	命《いのち》がけで全力《ぜんりょく》を尽《つ》くすこと。
必至《ひっし》	必《かなら》ずそうなると決《き》まっていること。

使い分けのポイント

必死《ひっし》は全力《ぜんりょく》で何《なに》かに取《と》り組《く》むときに、必至《ひっし》は必《かなら》ずそうなるにちがいないと思《おも》ったときに使《つか》う。

例文

♥妹《いもうと》は夏休《なつやす》みの宿題《しゅくだい》を早《はや》く終《お》わらせようと必死《ひっし》になっていた。

♥練習《れんしゅう》が足《た》りないのだから、今度《こんど》の試合《しあい》に負《ま》けるのは必至《ひっし》だ。

子《こ》どもたちにはいろいろ体験《たいけん》させてあげたくて
キャンプ用品《ようひん》を見《み》に行《い》ったものの
私《わたし》があまり外遊《そとあそ》びをしたことがなくて…
よくわからないんです
あら
夫《おっと》も結婚前《けっこんまえ》はそうだったのよ
そうなんですか⁉
アウトドアの経験《けいけん》豊富《ほうふ》そうなのに‼
あはは
私《わたし》があちこち連《つ》れ回《まわ》したら
すっかりはまってしまってね～
うちも今《いま》からできるかしら…
でもやっぱりキャンプは自信《じしん》ないです…
それならうちと一緒《いっしょ》に行《い》きましょ
いいんですか⁉

類義語

体験《たいけん》★経験《けいけん》

体験《たいけん》	経験《けいけん》
自分《じぶん》が見《み》たり聞《き》いたり行《おこな》ったりしたこと。	見《み》たり聞《き》いたり行《おこな》ったりしてきて得《え》た学《まな》びのこと。

使い分けのポイント

体験《たいけん》はそれを行《おこな》ったことのみを示《しめ》すのに対《たい》し、経験《けいけん》はそこから得《え》た知識《ちしき》をふくんでいる。経験《けいけん》のほうが、体験《たいけん》よりも表《あらわ》す範囲《はんい》が広《ひろ》い。

例文

♥スキーを一度《いちど》でも体験《たいけん》すると、何度《なんど》でもやってみたくなる。

♥学生生活《がくせいせいかつ》の中《なか》でさまざまな経験《けいけん》を通《とお》して、ひと回《まわ》り成長《せいちょう》できたと思《おも》います。

お姉《ねえ》ちゃん何《なに》弾《ひ》いているの？
子犬《こいぬ》のワルツ
去年《きょねん》までピアノ習《なら》ってたからときどき弾《ひ》きたくなるんだよね
そっかーぼくも練習《れんしゅう》しなくちゃな～
何《なに》を？
ソーラン節《ぶし》踊《おど》ってみるからお姉《ねえ》ちゃん見《み》ててよ
ドッコイショー
ドッコイショー
ソーラン ソーラン
……
いいんじゃない？
テキトーな感想《かんそう》だな…
ちょっと!!風邪《かぜ》引《ひ》いたんじゃない？
ぷしっ
その夜《よる》
森山《もりやま》さんとキャンプします
パパ!?
やったー!!
躍《おど》り上《あ》がって喜《よろこ》ぶパパだった

同訓異字

ひく

弾《ひ》く・引《ひ》く

同訓異字

おどる

踊《おど》る・躍《おど》る

弾《ひ》く	管楽器《かんがっき》や弦楽器《げんがっき》を演奏《えんそう》する。
引《ひ》く	物《もの》を近《ちか》いところに寄《よ》せる。線《せん》を描《えが》く。注意《ちゅうい》や関心《かんしん》を向《む》けさせる。調《しら》べる。

例文

- ギターを弾《ひ》く練習《れんしゅう》をしなくちゃ。
- ドアの取《と》っ手《て》を引《ひ》いた。
- 点《てん》と点《てん》を結《むす》ぶ線《せん》を引《ひ》きましょう。
- わからない言葉《ことば》があったら辞書《じしょ》を引《ひ》こう。

踊《おど》る	音楽《おんがく》やリズムに合《あ》わせて体《からだ》を動《うご》かすこと。
躍《おど》る	はね上《あ》がること。心《こころ》がウキウキすること。

例文

- 胸《むね》が躍《おど》る話《はなし》を聞《き》いた。

同音異義語 きょうそう

競走《きょうそう》・競争《きょうそう》

同音異義語 しょうか

消火《しょうか》・消化《しょうか》

いよいよキャンプ当日《とうじつ》
テントサイトまで競走《きょうそう》だよ！
わーっ
じゃあ次《つぎ》はどっちが早《はや》くテントを張《は》れるか競争《きょうそう》ね
いいけどうちのほうが有利《ゆうり》じゃない？
見《み》て～ワンタッチテント!!
サッ
パッ
バサッ
へへへ
練習《れんしゅう》したから負《ま》けないわよ
本当《ほんとう》に～？
何《なに》それ!?
一瞬《いっしゅん》でテントが建《た》った!!
これならできるかもって
ママが選《えら》んだの

競走《きょうそう》	決《き》まった距離《きょり》を走《はし》る速《はや》さを比《くら》べること。
競争《きょうそう》	同《おな》じ目的《もくてき》に向《む》かって勝敗《しょうはい》や優劣《ゆうれつ》を決《き》めること。

使い分けのポイント

競走《きょうそう》は走《はし》るスピードを比《くら》べることに限定《げんてい》した表現《ひょうげん》。競争《きょうそう》は同《おな》じ目的《もくてき》に向《む》かって争《あらそ》うことであれば、目《もく》的《てき》はさまざま。

例文

♥「運動会《うんどうかい》で借《か》り物《もの》競走《きょうそう》に出《で》るんだ、楽《たの》しみ！」

♥「競争率《きょうそうりつ》が高《たか》くてなかなかライブのチケットが取《と》れないよ」

明るいうちに夕食《ゆうしょく》の準備《じゅんび》だ
はるや兄《にい》ちゃん何《なに》つくるの?
ナポリタン焼《や》きそばだ!!
焼きそば
ソロキャンプに行《い》ったとき となりの人《ひと》がつくっていたのをまねしてるんだって!
そうなんだ!
とうふでスープをつくりましょ
消化《しょうか》にいいですよね~
マシュマロ用《よう》の炭火《すみび》をつけたよ
さっそく1つ…
ジジ…
わっ 火《ひ》がついちゃった!!
ぼっ
大変《たいへん》!! 消火《しょうか》しなきゃ!!
わっ!?
バケツ!?
ナポリタン焼《や》きそばできたよ~
なにやってんの?
キャー
びしょぬれ
アハハ
ハハハ

消火《しょうか》	消化《しょうか》
火《ひ》を消《け》すこと。	生物《せいぶつ》が体《からだ》の中《なか》で食《た》べ物《もの》を吸収《きゅうしゅう》しやすいように変化《へんか》させること。理解《りかい》する。たまった仕事《しごと》などをこなす。

使い分けのポイント

消火《しょうか》は火《ひ》を消《け》す行動《こうどう》のこと。消化《しょうか》は食《た》べ物《もの》を食《た》べた後《あと》に体内《たいない》で行《おこな》われる作用《さよう》のことで、そこから物事《ものごと》をよく理解《りかい》して自分《じぶん》の知識《ちしき》にすることや、仕事《しごと》や商品《しょうひん》をさばくことにも使《つか》われるようになった。

例文

♥消防士《しょうぼうし》が火災《かさい》の消火《しょうか》活動《かつどう》をする。
♥「よくかまないと消化《しょうか》に悪《わる》いよ」
♥「塾《じゅく》の授業《じゅぎょう》が早《はや》すぎて、習《なら》ったことを全部《ぜんぶ》消化《しょうか》しきれないよ」
♥「こんなにたくさんの宿題《しゅくだい》は、1日《にち》では消化《しょうか》しきれないよ!」

まだまだあるよ！ 同音異義語《どうおんいぎご》

へいこう

平行《へいこう》	どこまでいっても2つのものが交《まじ》わらないこと。
並行《へいこう》	ならんで進《すす》むこと。2つ以上《いじょう》のことが同時《どうじ》に行《おこな》われること。

例文

♥2本《ほん》の線《せん》が平行《へいこう》なことを証明《しょうめい》しなさい。

♥川《かわ》に並行《へいこう》する道路《どうろ》を自転車《じてんしゃ》で走《はし》っていった。

♥姉《あね》は英語《えいご》とフランス語《ご》を並行《へいこう》して学《まな》んでいる。

ほけん

保険《ほけん》	入《はい》っておくと、いざというときにお金《かね》を補償《ほしょう》してくれる仕組《しく》み。
保健《ほけん》	健康《けんこう》を保《たも》つこと。体《からだ》や健康《けんこう》について学《まな》ぶ科目《かもく》（保健体育《ほけんたいいく》）。

例文

♥父《ちち》が入院《にゅういん》したが、保険《ほけん》に入《はい》っていたのでお金《かね》の心配《しんぱい》をしないですんだ。

♥体調《たいちょう》が悪《わる》いので保健室《ほけんしつ》で休《やす》みたい。

♥5時間目《じかんめ》は保健《ほけん》の授業《じゅぎょう》だ。

ほしょう

保障《ほしょう》	権利《けんり》や安全《あんぜん》を守《まも》ること。
保証《ほしょう》	人《ひと》や物《もの》に対《たい》して責任《せきにん》をもつこと。
補償《ほしょう》	損失《そんしつ》をお金《かね》で補《おぎな》い、償《つぐな》うこと。

例文

♥日本《にほん》では憲法《けんぽう》によって自由《じゆう》が保障《ほしょう》されている。

♥魚屋《さかなや》さんが「味《あじ》は保証《ほしょう》するよ」と言《い》うので、カツオのたたきを買《か》った。

♥事故《じこ》による損害《そんがい》を補償《ほしょう》してもらう。

やせい

野性《やせい》	自然《しぜん》のままの性質《せいしつ》。
野生《やせい》	生《い》き物《もの》が自然《しぜん》の中《なか》で生《い》きること。

例文

♥飼《か》いネコがセミをとる姿《すがた》を見《み》て野性《やせい》を感《かん》じた。

♥野生《やせい》のクマがうろついているので注意《ちゅうい》してください。

野生《やせい》のクマは恐《こわ》いわね

まだまだあるよ！類義語《るいぎご》

安全《あんぜん》	危《あぶ》ないことや害《がい》がないこと。安心《あんしん》して過《す》ごせること。
無事《ぶじ》	ふだんと変《か》わりないこと。元気《げんき》で健康《けんこう》なこと。間違《まちが》いや事故《じこ》がないこと。

例文

♥遠足《えんそく》では安全《あんぜん》に気《き》をつけて行動《こうどう》しましょう。

♥毎日《まいにち》を無事《ぶじ》に過《す》ごすことが大切《たいせつ》だ。

♥70歳《さい》になった祖父《そふ》の無事《ぶじ》を願《ねが》う。

♥お祭《まつ》りは無事《ぶじ》に終《お》わった。

改良《かいりょう》	物《もの》をより良《よ》くすること。
改善《かいぜん》	状況《じょうきょう》・状態《じょうたい》などをより良《よ》くすること。

例文

♥これは品種《ひんしゅ》改良《かいりょう》によって生《う》まれた新《あたら》しいブドウだ。

♥ピッチャーのフォームを改善《かいぜん》したら、ストライクがもっと取《と》れるようになった。

円満《えんまん》	仲《なか》がよい状態《じょうたい》。
温厚《おんこう》	おだやかで優《やさ》しくまじめなこと。

例文

♥班《はん》の話《はな》し合《あ》いは円満《えんまん》に進《すす》んだ。

♥ふだん温厚《おんこう》な先生《せんせい》ほど怒《おこ》ると怖《こわ》いんだよね。

会話《かいわ》	複数《ふくすう》の人《ひと》が、おたがいに話《はな》すこと。
対話《たいわ》	向《む》かい合《あ》って話《はな》し合《あ》うこと。

例文

♥「犬《いぬ》と会話《かいわ》できたらいいのになあ」

♥先生《せんせい》との対話《たいわ》はちょっと緊張《きんちょう》する。

基準《きじゅん》	物事《ものごと》の基礎《きそ》となるめやす。満《み》たさなければいけないこと。
標準《ひょうじゅん》	判断《はんだん》や行動《こうどう》のめやす。平均的《へいきんてき》なこと。

例文

♥合格《ごうかく》と不合格《ふごうかく》を判定《はんてい》する基準《きじゅん》はなんだろうか。

♥寒《さむ》がりの人《ひと》の感覚《かんかく》を標準《ひょうじゅん》に室温《しつおん》を決《き》めたほうがいい。

♥彼女《かのじょ》の身長《しんちょう》は標準《ひょうじゅん》よりも少《すこ》し高《たか》い。

区別《くべつ》	物《もの》と物《もの》の違《ちが》いを判断《はんだん》して分《わ》けること。
差別《さべつ》	扱《あつか》いに差《さ》をつけること。

例文

♥班《はん》の区別《くべつ》がしやすいように目印《めじるし》をつけよう。

♥「人種《じんしゅ》などによって差別《さべつ》をしてはいけないよ」

原因《げんいん》	ある物事《ものごと》や状態《じょうたい》、変化《へんか》を引《ひ》き起《お》こす元《もと》になる物事《ものごと》。
理由《りゆう》	物事《ものごと》がそうなった事情《じじょう》。また、物事《ものごと》をそうだと判断《はんだん》したわけ。

例文

♥失敗《しっぱい》の原因《げんいん》を考《かんが》えてみよう。

♥友《とも》だちの転校《てんこう》の理由《りゆう》を知《し》って切《せつ》なくなった。

限度《げんど》	あらかじめそこまでと限《かぎ》られたところ。
限界《げんかい》	それ以上進《いじょうすす》めなくなるぎりぎりのところ。

例文

♥優《やさ》しい姉《あね》にもがまんの限度《げんど》があった。

♥体力《たいりょく》の限界《げんかい》に挑《いど》む。

公平《こうへい》	すべてのものをかたよりなく判断《はんだん》して扱《あつか》うこと。
平等《びょうどう》	差別《さべつ》がなく、かたよらず等《ひと》しいこと。

例文

♥係決《かかりぎ》めは公平《こうへい》にくじ引《び》きで行《おこな》おう。

♥お菓子《かし》は兄弟《きょうだい》で平等《びょうどう》に分《わ》けないとけんかになる。

自然《しぜん》	人間《にんげん》の手《て》の加《くわ》わらない、ありのままの状態《じょうたい》。わざとらしさや無理《むり》のない様子《ようす》。ひとりでにそうなること。
天然《てんねん》	ありのままの性質《せいしつ》。意図《いと》していない行動《こうどう》がおもしろいこと。

例文

♥川《かわ》の土手《どて》にはまだ多《おお》くの自然《しぜん》が残《のこ》されている。

♥妹《いもうと》の自然《しぜん》な笑顔《えがお》を写真《しゃしん》に残《のこ》すことができた。

♥毛布《もうふ》にくるまると自然《しぜん》と落《お》ちついてきた。

♥父《ちち》は天然《てんねん》もののうなぎを食《た》べに行《い》くと言《い》って出《で》かけた。

♥彼女《かのじょ》は天然《てんねん》なので、普通《ふつう》に話《はな》しているだけで楽《たの》しい。

手段《しゅだん》	目的《もくてき》を実現《じつげん》させるための具体的《ぐたいてき》な行為《こうい》や手立《てだ》て。
方法《ほうほう》	いろいろな手段《しゅだん》を組《く》み合《あ》わせて働《はたら》かせ、目的《もくてき》を実現《じつげん》する手立《てだ》て。

例文

♥友《とも》だちを助《たす》けるためには**手段《しゅだん》**を選《えら》んでいられない。

♥自分《じぶん》に合《あ》った勉強《べんきょう》**方法《ほうほう》**を考《かんが》えてみたんだ。

順序《じゅんじょ》	ある基準《きじゅん》に沿《そ》ったならび方《かた》。物事《ものごと》の手順《てじゅん》や段取《だんど》り。
順番《じゅんばん》	ある基準《きじゅん》で代《か》わるがわる事《こと》に当《あ》たること。

例文

♥まねきねこが、左《ひだり》から右《みぎ》にだんだん大《おお》きくなるように**順序《じゅんじょ》**よくならんでいる。

♥その件《けん》については、まず先生《せんせい》に相談《そうだん》するのが**順序《じゅんじょ》**だ。

♥「おならびの**順番《じゅんばん》**にお客様《きゃくさま》をご案内《あんない》しております」

情勢《じょうせい》	変化《へんか》する物事《ものごと》の、その時《とき》どきの様子《ようす》。
形勢《けいせい》	変化《へんか》する物事《ものごと》の、その時《とき》どきの状態《じょうたい》や勢力《せいりょく》の関係《かんけい》。

例文

♥社会科《しゃかいか》で世界《せかい》の**情勢《じょうせい》**について勉強《べんきょう》する。

♥今日《きょう》の試合《しあい》はA《エー》チームが2点差《てんさ》でリードしていたが、残《のこ》り1分《ぷん》で3点《てん》取《と》られ、**形勢《けいせい》**が逆転《ぎゃくてん》した。

使《つか》い分《わ》けできるようになってきたかも！

真実《しんじつ》	本当《ほんとう》のこと。
真相《しんそう》	特《とく》に事件《じけん》などの、本当《ほんとう》の事情《じじょう》や内容《ないよう》。

例文

♥「**真実《しんじつ》**と事実《じじつ》がくい違《ちが》うこともあるよね」

♥探偵《たんてい》は**真相《しんそう》**を探《さぐ》るために、メイドに変装《へんそう》してお屋敷《やしき》に潜入《せんにゅう》した。

進歩《しんぽ》	物事《ものごと》が全体的《ぜんたいてき》によい方向《ほうこう》へ進《すす》むこと。ステップアップ。
向上《こうじょう》	技術《ぎじゅつ》や学問《がくもん》などの数値的《すうちてき》なことが、それまでより高《たか》いレベルに向《む》かうこと。

例文

♥科学《かがく》は日々《ひび》**進歩《しんぽ》**している。

♥塾《じゅく》を変《か》えたおかげで、学力《がくりょく》が**向上《こうじょう》**したと思《おも》う。

6章《しょう》

新人冒険者《しんじんぼうけんしゃ》エマをよろしく★

15歳《さい》になったエマは、冒険者《ぼうけんしゃ》になるために村《むら》を出発《しゅっぱつ》！　冒険者《ぼうけんしゃ》ギルドの仕事中《しごとちゅう》に出会《であ》ったエルフのリンとコンビを組《く》んで、冒険者《ぼうけんしゃ》として成長《せいちょう》していく…。

探《さが》す・捜《さが》す

初《はじ》めにする仕事《しごと》なら薬草集《やくそうあつ》めがいいかな
え――
薬草《やくそう》探《さが》すだけなんてつまんない!!

容易《ようい》・用意《ようい》

この仕事《しごと》をこなすのは容易《ようい》ではないが…このふたりが一緒《いっしょ》なら…

影《かげ》・陰《かげ》

岩《いわ》の陰《かげ》からのぞいてみよう
人《ひと》の影《かげ》が見《み》える…

登場人物紹介《とうじょうじんぶつしょうかい》

エマ

15歳《さい》になったので、生《う》まれ育《そだ》った村《むら》を出《で》て冒険者《ぼうけんしゃ》に。いろいろな仕事《しごと》をして、立派《りっぱ》な冒険者《ぼうけんしゃ》になりたいな！

リン

エルフの冒険者《ぼうけんしゃ》。A《エー》ランクなのでとても強《つよ》い。年《ねん》齢《れい》は聞《き》いてはいけない。

ロイ

王都《おうと》を拠点《きょてん》にしている冒険者《ぼうけんしゃ》。正義感《せいぎかん》が強《つよ》い。

ベティ

エマとリンが森《もり》の中《なか》で出《で》会《あ》った、ウサギ族《ぞく》の少女《しょうじょ》。何《なに》か秘密《ひみつ》があるみたい。

誕生日《たんじょうび》おめでとう エマ
今日《きょう》わたしは
冒険者《ぼうけんしゃ》ギルドに登録《とうろく》できる15歳《さい》になった
エマ
朝食《ちょうしょく》にしましょ
はーい
勇者様《ゆうしゃさま》が魔王《まおう》を倒《たお》し 魔王軍《まおうぐん》と国王軍《こくおうぐん》との戦争《せんそう》が終《お》わって5年《ねん》――
世界《せかい》は平和《へいわ》を取《と》り戻《もど》したけど…
もぐもぐ
まだモンスターがいるし…
マリア
エマの母《はは》
エマが冒険者《ぼうけんしゃ》になるなんて…
しんぱい…
大丈夫《だいじょうぶ》だって!
じゃあ行《い》ってきまーす
エマ〜!
その前《まえ》にやることあるでしょ!

対義語

戦争《せんそう》 ↔ 平和《へいわ》

戦争《せんそう》	武力《ぶりょく》を用《もち》いて争《あらそ》うこと。激《はげ》しい争《あらそ》いや競争《きょうそう》のこと。
平和《へいわ》	争《あらそ》いやもめごとがなく、世《よ》の中《なか》や心《こころ》がおだやかなこと。

例文

♥受験《じゅけん》戦争《せんそう》に勝《か》つためには、いい塾《じゅく》へ通《かよ》うことも大切《たいせつ》だと思《おも》う。

♥今日《きょう》は兄弟《きょうだい》げんかがなくて平和《へいわ》な一日《いちにち》だった。

まだまだあるよ! 同訓異字《どうくんいじ》

【せめる】

攻《せ》める…攻撃《こうげき》すること。

責《せ》める…やったことをとがめること。

♥積極的《せっきょくてき》に攻《せ》めて1点《てん》を追加《ついか》した。

♥「そんなに自分《じぶん》を責《せ》めないで」

同訓異字

そなえる 供《そな》える・備《そな》える

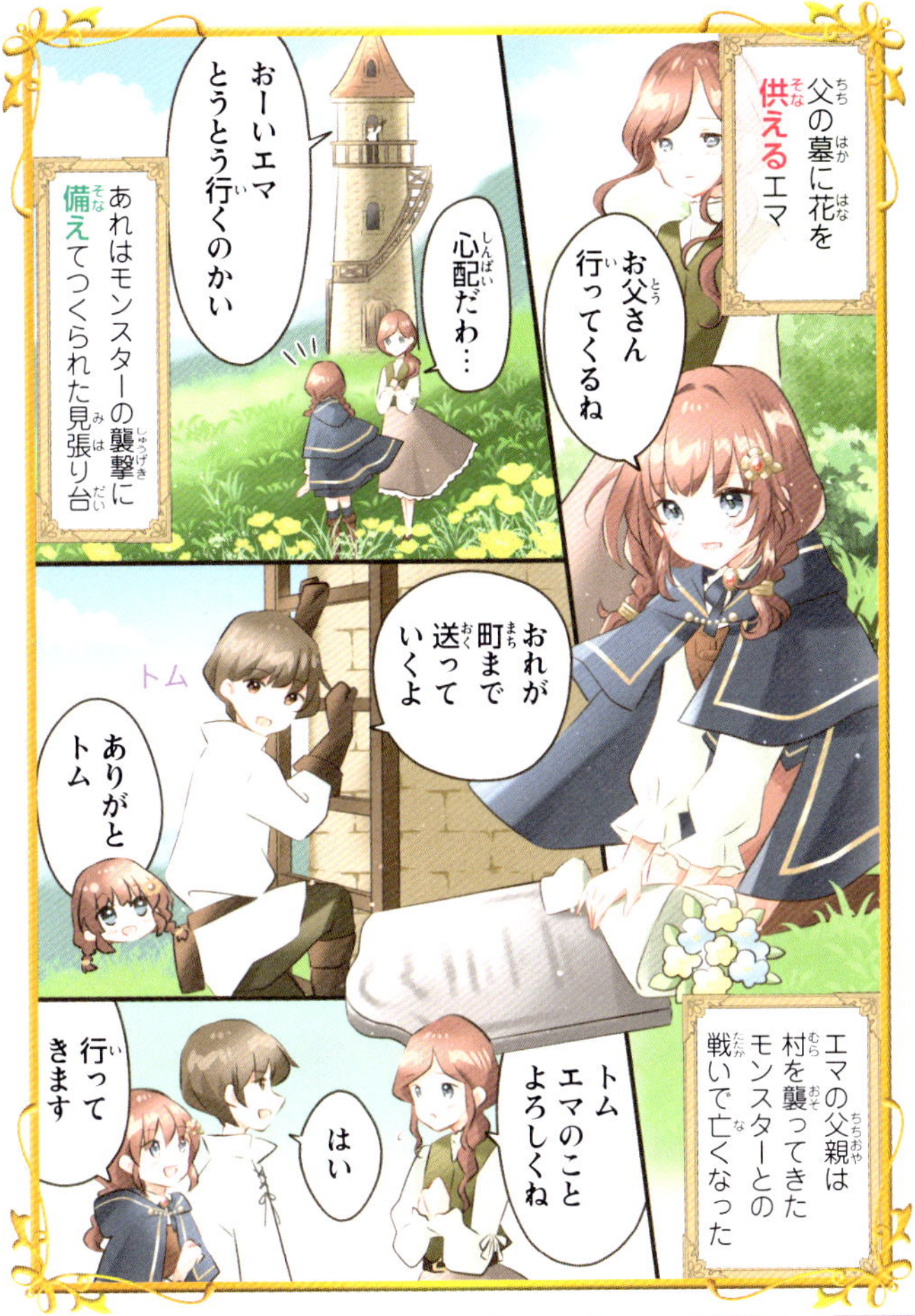
父《ちち》の墓《はか》に花《はな》を供《そな》えるエマ
お父《とう》さん行《い》ってくるね
心配《しんぱい》だわ…
おーいエマ とうとう行《い》くのかい
あれはモンスターの襲撃《しゅうげき》に備《そな》えてつくられた見張《みは》り台《だい》
おれが町《まち》まで送《おく》っていくよ
トム
ありがと トム
エマの父親《ちちおや》は村《むら》を襲《おそ》ってきたモンスターとの戦《たたか》いで亡《な》くなった
トム エマのことよろしくね
はい
行《い》ってきます

供《そな》える	神《かみ》や仏《ほとけ》にささげること。
備《そな》える	あらかじめ用意《ようい》すること。生《う》まれつきもっていること。

使い分けのポイント

供《そな》えるはお墓《はか》まいりのときのように何《なに》かものをささげるときに、備《そな》えるは非常時《ひじょうじ》などに何《なに》かを準備《じゅんび》するときに使《つか》う。

例文

- おじいちゃんが好《す》きだったお団《だん》子《ご》を仏壇《ぶつだん》に供《そな》えよう。
- 修学旅行《しゅうがくりょこう》に備《そな》えて、酔《よ》い止《ど》めの薬《くすり》を買《か》っておこう。
- 彼女《かのじょ》は生《う》まれつき絵《え》の才能《さいのう》を備《そな》えていたのではないか。

そう
沿《そ》う・添《そ》う

このまま川《かわ》に沿《そ》って行《い》けば町《まち》に着《つ》くんだ行《い》こう!
ありがとう助《たす》かる~
トムは冒険者《ぼうけんしゃ》ギルドに登録《とうろく》しないの? 一緒《いっしょ》に冒険者《ぼうけんしゃ》になろうよ
おれには病気《びょうき》の弟《おとうと》がいるからな付《つ》き添《そ》ってやらないといけないんだ
そっかあ…

沿《そ》う	ものや人《ひと》の考《かんが》えから離《はな》れないようにすること。
添《そ》う	何《なに》かのそばを離《はな》れずにいること。

使い分けのポイント

沿《そ》うは何《なに》かとならんで進《すす》むときに、添《そ》うは何《なに》かと一緒《いっしょ》にいるときに使《つか》う言葉《ことば》。

例文

♥道路《どうろ》に沿《そ》って並《なら》んだ看板《かんばん》をながめているうちに時間《じかん》が経《た》っていた。

♥基本方針《きほんほうしん》に沿《そ》って、実験《じっけん》の内容《ないよう》を考《かんが》えてみた。

♥冬《ふゆ》になると、ネコが寄《よ》り添《そ》ってくるようになる。

同訓異字

たずねる

訪《たず》ねる・尋《たず》ねる

町《まち》に着《つ》いた！
すっごく都会《とかい》！
おれは帰《かえ》るよ
がんばれエマ
うん
エマは叔父《おじ》のサムがやっている雑貨屋《ざっかや》を訪《たず》ねることにした
えーと
エマは通行人《つうこうにん》に尋《たず》ねた
すみません
サムって人《ひと》のお店《みせ》を知《し》りませんか？

訪《たず》ねる	尋《たず》ねる
人《ひと》に会《あ》いに行《い》くこと。何《なに》かをするために行《い》くこと。	質問《しつもん》すること。

使い分けのポイント

行《い》き先《さき》に関《かん》することは**訪《たず》ねる**、人《ひと》に質問《しつもん》するときは**尋《たず》ねる**を使《つか》う。

例文

♥北海道《ほっかいどう》を**訪《たず》ね**てみたいな。

♥「それがものを**尋《たず》ねる**態度《たいど》？　せめてていねいな言葉遣《ことばづか》いをしなよ」

まだまだあるよ！　同訓異字《どうくんいじ》

【うかがう】

伺《うかが》う…聞《き》くこと。尋《たず》ねること。人《ひと》に会《あ》いに行《い》くこと。

***窺《うかが》う**…そっとのぞいて様子《ようす》を探《さぐ》ること。

♥「明日《あした》、**伺《うかが》っ**てもいいですか？」

♥「人《ひと》の顔色《かおいろ》を**窺《うかが》っ**てばかりだね」

サムの雑貨屋《ざっかや》
ここだ
トン トン
叔父《おじ》さーん?
あっ 寝《ね》てる!!
ぐがーー
叔父《おじ》さん 起《お》きて!!
ん? おお エマか
サム
エマの叔父《おじ》
15歳《さい》になったから来《き》たよ
そうか
冒険者《ぼうけんしゃ》ギルドに登録《とうろく》しに行《い》くか
姉《ねえ》さん 心配《しんぱい》してなかったか?
してた!
でもずっと前《まえ》から決《き》めていたことだし
強《つよ》い冒険者《ぼうけんしゃ》になれば ママも安心《あんしん》するかなって
――そうだな

対義語

安心《あんしん》 ↔ 心配《しんぱい》

対義語

安心《あんしん》 ↔ 不安《ふあん》

安心《あんしん》	心配《しんぱい》
気《き》がかりなことがない状態《じょうたい》。	気《き》がかりなことがあり、心《こころ》を悩《なや》ませている状態《じょうたい》。

例文

♥夏休《なつやす》みの宿題《しゅくだい》が終《お》わって、ひと安心《あんしん》だ。

♥「待《ま》ち合《あ》わせ場所《ばしょ》に来《こ》ないから心配《しんぱい》したよ」

安心《あんしん》	不安《ふあん》
気《き》がかりなことがない状態《じょうたい》。	気《き》がかりなことがあって落《お》ちつかないこと。

例文

♥テーマパークで迷子《まいご》になったときは不安《ふあん》だったけど、友《とも》だちと会《あ》えて安心《あんしん》した。

そういえば魔王軍《まおうぐん》の生《い》き残《のこ》りってどうなってるの？
森《もり》にかくれているらしいとか たまに話題《わだい》に上《のぼ》ることはあるな
着《つ》いたぞ ここがこの町《まち》の冒険者《ぼうけんしゃ》ギルドだ
ドン!!
立派《りっぱ》!!
受付《うけつけ》は2階《かい》だ
ふたりは魔法《まほう》エレベーターで2階《かい》へ昇《のぼ》った

同訓異字

のぼる

上《のぼ》る・昇《のぼ》る・登《のぼ》る

上《のぼ》る	昇《のぼ》る	登《のぼ》る
下《した》から上《うえ》へ移動《いどう》すること。取《と》り上《あ》げられること。一定《いってい》の量《りょう》や数《かず》に達《たっ》すること。	空高《そらたか》く上《あ》がること。地位《ちい》が上《あ》がること。	山《やま》などの高《たか》いところへ上《あ》がっていくこと。

使い分けのポイント

上《のぼ》るは一歩一歩《いっぽいっぽ》上《あ》がっていく様子《ようす》、登《のぼ》るは急《きゅう》な場所《ばしょ》を上《あ》がっていく様子《よう す》。昇《のぼ》るには、勢《いきお》いよく上《あ》がるという意味《いみ》もある。また、すべての「のぼる」は「上《のぼ》る」と書《か》いてもよい。

例文

- サケが川《かわ》を上《のぼ》っていく。
- この展覧会《てんらんかい》を見《み》に来《き》た人《ひと》は5万《まん》人《にん》に上《のぼ》ったらしい。
- 朝日《あさひ》が昇《のぼ》るのを見《み》よう。
- 「木《き》に登《のぼ》るの、上手《じょうず》だね」

おう サム 今日《きょう》はなんだ
やあ ギルマス
ギルドマスター
冒険者《ぼうけんしゃ》ギルドの責任者《せきにんしゃ》
おれの姪《めい》を登録《とうろく》してほしくてな
よっ
よろしくお願《ねが》いします!!
じーー
まいいだろう
こっち
サムの姪《めい》?
ここに手《て》のせろ
パァァ
これがギルドカードだ なくすなよ
F《エフ》ランクかあ

同訓異字

はじめ

始《はじ》め・初《はじ》め

同訓異字

さがす

探《さが》す・捜《さが》す

始《はじ》め	物事《ものごと》が起《お》こったとき。
初《はじ》め	ある期間《きかん》のうち早《はや》い段階《だんかい》のこと。

使い分けのポイント

物事《ものごと》のはじまりをいうときには、始《はじ》めを使《つか》う。動詞《どうし》として使《つか》うときは「始《はじ》める」と書《か》く。ある期間《きかん》の中《なか》で最《もっと》も早《はや》い瞬間《しゅんかん》が初《はじ》めで、最初《さいしょ》のこと。

例文

♥部長《ぶちょう》は劇《げき》の始《はじ》めから終《お》わりまで、ずっと舞台《ぶたい》の上《うえ》で演《えん》じていた。

♥年《とし》の初《はじ》めに、神社《じんじゃ》やお寺《てら》へお参《まい》りに行《い》く。

♥初《はじ》めはそう思《おも》ったけど、後《あと》で考《かんが》えが変《か》わった。

始《はじ》めは誰《だれ》でもF《エフ》ランクだ
依頼《いらい》をこなせばランクアップできるぞ
エマこっちだ
へー
依頼《いらい》はここから選《えら》ぶんだ
わっ報酬《ほうしゅう》100万《まん》ゼニーだって!
じゃないとだめだな
残念《ざんねん》
初《はじ》めにする仕事《しごと》なら薬草集《やくそうあつ》めがいいかな
え―
薬草《やくそう》探《さが》すだけなんてつまんない!!
草原《そうげん》にはモンスターもいるし楽《らく》ではないぞ
そうなの?
さあ出発《しゅっぱつ》!!
これにする
最初《さいしょ》だからおれもついていってやるよ
サムついていくならこいつも捜《さが》してくれ
行方不明《ゆくえふめい》のウサギ族《ぞく》?すごい賞金《しょうきん》だな
おじさーんいくよー
こうしてエマの冒険者《ぼうけんしゃ》ライフが始《はじ》まった!

探《さが》す	捜《さが》す
欲《ほ》しいものや、まだ見《み》たことがないものを見《み》つけようとすること。	行方不明《ゆくえふめい》の人《ひと》など、かくれているものを見《み》つけようとすること。

使い分けのポイント

まだ目《め》にしたことがないものを見《み》つけたいときは**探《さが》す**、見《み》えなくなったものを見《み》つけたいときは**捜《さが》す**を使《つか》う。

例文

♥その冒険家《ぼうけんか》は、まだ見《み》ぬ宝物《たからもの》を**探《さが》す**旅《たび》に出《で》かけた。
♥兄《あに》は新《あたら》しい仕事《しごと》を**探《さが》し**ている。
♥「行方不明《ゆくえふめい》になったうちのネコを**捜《さが》し**てください!」

同訓異字

とぶ 跳《と》ぶ・飛《と》ぶ

おれも忙《いそが》しいんだ とっとと終《お》わらせるぞ
何《なに》よ お店《みせ》では寝《ね》てたくせに！
ここは橋《はし》がないんだ 跳《と》べ!!
うん せーの…
ハア〜 やっと着《つ》いた
薬草《やくそう》はこのへんにあるんだよ
ねえ なんか飛《と》んでるんだけど…
襲《おそ》ってこないかな…
あっ!!
誰《だれ》か襲《おそ》われてる！

跳《と》ぶ	飛《と》ぶ
踏《ふ》み切《き》ってはね上《あ》がること。ジャンプ。	空中《くうちゅう》を移動《いどう》すること。広《ひろ》まること。

使い分けのポイント

ある程度《ていど》の時間《じかん》、空中《くうちゅう》を移動《いどう》するときには**飛《と》ぶ**、瞬間的《しゅんかんてき》に空中《くうちゅう》にはね上《あ》がるときには**跳《と》ぶ**を使《つか》う。

例文

- 飛行機《ひこうき》で島《しま》へ**飛《と》ん**でいきたい。
- 変《へん》なデマが**飛《と》ん**でいた。
- 跳《と》び箱《ばこ》の8段《だん》を**跳《と》べ**た！
- 欲《ほ》しかったゲームをもらって、**跳《と》び**上《あ》がって喜《よろこ》んだ。

なるほど！

「とぶ」は「*翔《と》ぶ」と書《か》くこともある。「翔《と》ぶ」は、大空《おおぞら》に舞《ま》い上《あ》がり自由《じゆう》に飛《と》び回《まわ》ることを表《あらわ》し、文学《ぶんがく》や歌詞《かし》などで使《つか》われる。

まちがいさがし

冒険者《ぼうけんしゃ》ギルドにこんな依頼書《いらいしょ》が貼《は》り出《だ》されていたよ。

間違《まちが》っている漢字《かんじ》を見《み》つけてね。

A《エー》ランクの冒険者《ぼうけんしゃ》へ

国境《こっきょう》の森《もり》で、これまで聞《き》いたことがない生《い》き物《もの》の泣《な》き声《ごえ》がするという報告《ほうこく》があった。

生《い》き物《もの》の正体《しょうたい》を見究《みきわ》めてきてほしい。危険《きけん》な生《い》き物《もの》でなければ、1匹《ぴき》捉《とら》えてきてほしい。

報酬《ほうしゅう》は100万《まん》ゼニー。

冒険者《ぼうけんしゃ》ギルドマスター

字《じ》が3か所《しょ》間違《まちが》っているけど
100万《まん》ゼニーは魅力的《みりょくてき》よね！
わたしにはまだできない仕事《しごと》だけど…

答《こた》えは255ページを見《み》てね。

同訓異字

はな

花《はな》・華《はな》

ザッ
これで最後《さいご》だ!!
大丈夫《だいじょうぶ》?
ありがとう 助《たす》かった
魔力《まりょく》のある花《はな》を摘《つ》みに来《き》たら襲《おそ》われた…
よかったらわたしたちと一緒《いっしょ》に行《い》かない?
私《わたし》エルフのリン冒険者《ぼうけんしゃ》…
うーむ華《はな》のある子《こ》だな
エマとは大《おお》ちがいだ
何《なに》よ!!

花《はな》	華《はな》
植物《しょくぶつ》の花《はな》。花《はな》のようにきれいなもの。	美《うつく》しくきらびやかな様子《ようす》。

使い分けのポイント

どちらも植物《しょくぶつ》の花《はな》を表《あらわ》す漢字《かんじ》だったが、きらびやかなことを華《はな》というようになった。目《め》を引《ひ》くものや人《ひと》を花《はな》に例《たと》えることもある。

例文

♥庭《にわ》に咲《さ》いていた花《はな》を摘《つ》んで、部《へ》屋《や》に飾《かざ》ったよ。

♥「両手《りょうて》に花《はな》でうらやましいよ」

♥いとこのお姉《ねえ》さんは華《はな》のある人《ひと》で、しかもとても優《やさ》しい。

同訓異字

ほか
外《ほか》・他《ほか》

薬草《やくそう》集《あつ》めてきました!
おお! 思《おも》いの外《ほか》早《はや》かったな
ドン!
エッヘン!!
ドヤ顔《がお》
まあ おれも手伝《てつだ》ったしな
次《つぎ》はどれにするの?
うーん F《エフ》ランクの仕事《しごと》って少《すく》ないのね
他《ほか》にないの?
うーん
2つありましたよ
角《つの》ウサギ退治《たいじ》とフシギベリー摘《つ》みかあ…

外《ほか》	他《ほか》
ある範囲《はんい》を超《こ》えたところ。	あるものとは別《べつ》のもの。

使い分けのポイント

ある範囲《はんい》から外《はず》れたところを示《しめ》すときには外《ほか》を使《つか》い、別《べつ》の物《もの》や人《ひと》を示《しめ》すときには他《ほか》を使《つか》う。

例文

♥「外《ほか》でもない、きみの頼《たの》みだから引《ひ》き受《う》けるよ」

♥「レストランが満席《まんせき》だから、他《ほか》のお店《みせ》を探《さが》そう」

なるほど!

「もってのほか」

「とんでもない」という意味《いみ》で使《つか》われる言葉《ことば》。漢字《かんじ》にすると「以《もっ》ての外《ほか》」になるが、多《おお》くの場合《ばあい》ひらがなで書《か》く。「授業《じゅぎょう》をさぼるなんてもってのほかだ」などと使《つか》う。

もうひとオシ!「外《ほか》でもない」は、「他《ほか》」と書《か》いてもいいよ。

同訓異字

わかれる

分《わ》かれる・別《わか》れる

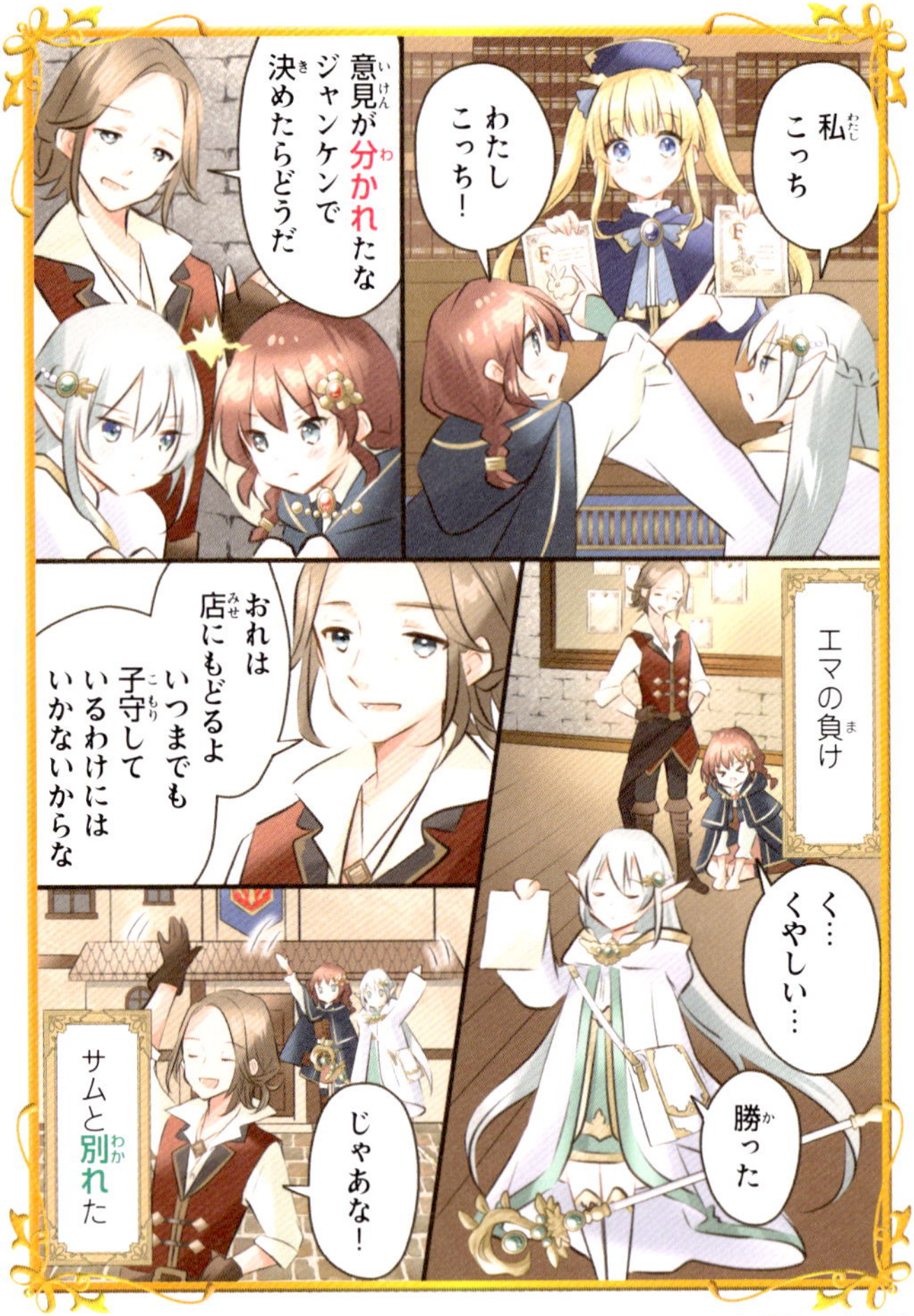

私《わたし》こっち
わたしこっち！
意見《いけん》が分《わ》かれたな ジャンケンで決《き》めたらどうだ
エマの負《ま》け
く…くやしい…
勝《か》った
おれは店《みせ》にもどるよ いつまでも子守《こもり》しているわけにはいかないからな
じゃあな！
サムと別《わか》れた

分《わ》かれる	1つのものがいくつかになる。
別《わか》れる	一緒《いっしょ》にいた人《ひと》と別《べつ》べつになる。

使い分けのポイント

別《わか》れるは人《ひと》に対《たい》して使《つか》う言葉《ことば》で、分《わ》かれるは人《ひと》以外《いがい》にも使《つか》う。また、送《おく》りがなも違《ちが》うので注意《ちゅうい》しよう。

例文

- 道《みち》が2つに分《わ》かれている場所《ばしょ》に着《つ》いた。
- 二手《ふたて》に分《わ》かれて目的地《もくてきち》を目指《めざ》した。
- 友《とも》だちと別《わか》れて、家《いえ》に帰《かえ》った。
- 祖父《そふ》には生《い》き別《わか》れてしまった兄弟《きょうだい》がいるらしい。

畑《はたけ》を荒《あ》らす角《つの》ウサギを捕《と》ってくれればいいんだね
初《はじ》めての仕事《しごと》は薬草《やくそう》を採《と》るだけだったけど…今回《こんかい》はモンスターが相手《あいて》かあ…
リンって何《なに》ランクなの？
A《エー》ランク
なっなんですって!?
まあ長《なが》く生《い》きてるからね
ねえ何歳《なんさい》なの!?
ちょっと…
女《おんな》の子《こ》に年齢《ねんれい》聞《き》くのゼッタイダメ
はぁい
エルフ族《ぞく》は長命《ちょうめい》

同訓異字

とる 取《と》る・捕《と》る・採《と》る・撮《と》る・執《と》る

取《と》る	手《て》で持《も》つ。手《て》に入《い》れる。
捕《と》る	動《うご》くものをつかまえる。
採《と》る	いくつかのものから選《えら》ぶ。
撮《と》る	写真《しゃしん》や動画《どうが》を写《うつ》すこと。
執《と》る	仕事《しごと》をする。あつかう。

使い分けのポイント

取《と》るはどの意味《いみ》にも使《つか》える。何《なに》を「とる」かにより漢字《かんじ》を使《つか》い分《わ》ける。

例文

♥「そこの本《ほん》を取《と》ってくれる？」
♥「新幹線《しんかんせん》の指定席《していせき》を取《と》ったよ」
♥ホームランボールを捕《と》ったぞ！
♥役《やく》に立《た》ちそうな提案《ていあん》を採《と》る。
♥将来《しょうらい》は映画《えいが》を撮《と》りたい。
♥このビルの1階《かい》で父《ちち》が事務《じむ》を執《と》っている。

同訓異字

かける

掛《か》ける・架《か》ける・賭《か》ける・懸《か》ける

橋《はし》が壊《こわ》れていて渡《わた》れないよ
工事中
悪《わる》いな修理中《しゅうりちゅう》だ半日《はんにち》ぐらい待《ま》ってくれ
どうする?
半日《はんにち》でしょ昼寝《ひるね》でもして待《ま》とう
スマンな
このへんでいいか
ゴロン
ポイ
マントこのへんに掛《か》けておくね
んー
半日後《はんにちご》
橋《はし》を架《か》けてくれたのね
よし行《い》こう

掛《か》ける	架《か》ける	賭《か》ける	懸《か》ける
ぶら下《さ》げる。上《うえ》に置《お》く。装置《そうち》を動《うご》かす。	こちらからあちらへまたぐように渡《わた》す。	お金《かね》などを出《だ》し合《あ》って勝負《しょうぶ》をする。	命《いのち》など大切《たいせつ》なものを失《うしな》う覚悟《かくご》で行《おこな》う。

例文

- 待合室《まちあいしつ》のいすに腰掛《こしか》けて待《ま》つ。
- 下《くだ》り坂《ざか》では安全《あんぜん》のため自転車《じてんしゃ》のブレーキを掛《か》けよう。
- 家《いえ》のそばで、電線《でんせん》を架《か》ける工事《こうじ》をしている。
- 「賭《か》けてもいい、明日《あした》は絶対雨《ぜったいあめ》が降《ふ》る。だって台風《たいふう》が来《き》ているから」
- 探偵《たんてい》だった祖父《そふ》の名《な》に懸《か》けて、ぼくがこの謎《なぞ》を解《と》いてみせる。

角《つの》ウサギはリンがあっという間《ま》に倒《たお》し
ギルドに納品《のうひん》
すご
余《あま》った分《ぶん》をサムの店《みせ》に売《う》りにきた
角《つの》ウサギの皮《かわ》か！買《か》うよ
叔父《おじ》さんこの革《かわ》の胸《むね》あて欲《ほ》しい！
それはちょっと高《たか》いぜ
安《やす》くしてよ
ダメー
これ欲《ほ》しい
うんリンならタダでいいぞ
はあ!?

同訓異字

かわ

皮《かわ》・革《かわ》

皮《かわ》	革《かわ》
物《もの》や動物《どうぶつ》の外側《そとがわ》をおおっているもの。本来《ほんらい》の姿《すがた》をかくしているもののこと。	動物《どうぶつ》の皮《かわ》に手《て》を加《くわ》えたもの。

使い分けのポイント

物《もの》の外側《そとがわ》をおおうものが皮《かわ》、動物《どうぶつ》の皮《かわ》を加工《かこう》して使《つか》いやすくしたものが革《かわ》。

例文

- 「お母《かあ》さん、リンゴの皮《かわ》のむき方教《かたおし》えて」
- 今日《きょう》の夕食用《ゆうしょくよう》に、春巻《はるまき》の皮《かわ》を買《か》った。
- 「かっこいい革《かわ》靴《ぐつ》だね、ぼくも欲《ほ》しいなあ」

同訓異字

こえる

越《こ》える・超《こ》える

冒険者《ぼうけんしゃ》として慣《な》れてきたある日《ひ》
王都《おうと》に行《い》くにはあそこに見《み》える山《やま》を越《こ》えるんだよね？
うん 2千《せん》メートルを超《こ》える山《やま》だよ
そんな仕事《しごと》うけちゃって大丈夫《だいじょうぶ》かな…
王都《おうと》へ届《とど》け物《もの》をする依頼《いらい》をうけた
なんとかなる

越《こ》える	超《こ》える
ある場所《ばしょ》や時点《じてん》を通《とお》り過《す》ぎて、その先《さき》に進《すす》むこと。	ある基準《きじゅん》や範囲《はんい》、程度《ていど》を上回《うわまわ》ること。

使い分けのポイント

越《こ》えるはその場所《ばしょ》や時点《じてん》を通《とお》り過《す》ぎるときに使《つか》い、基準《きじゅん》を上回《うわまわ》るときには**超《こ》える**を使《つか》う。

例文

- 堤防《ていぼう》を**越《こ》え**て、海岸《かいがん》へ出《で》てはいけません。
- 箱根《はこね》の山《やま》を**越《こ》える**のは大変《たいへん》だ。
- エルフ族《ぞく》のリンは500歳《さい》を**超《こ》え**ている。
- 想定《そうてい》を**超《こ》える**大《おお》きな地震《じしん》が起《お》こる可能性《かのうせい》がある。
- 町《まち》の人口《じんこう》が5万人《まんにん》を**超《こ》え**た。

ぴったりなのは、どれ？

カタカナに合《あ》う漢字《かんじ》はどれ？ A B C から選《えら》んでね。

1

ギルドの外《そと》から**カンセイ**が聞《き》こえて、何《なに》かと思《おも》ったらめずらしいモンスターを倒《たお》した人《ひと》が来《き》たんだって

A 歓《かん》声《せい》　B 感《かん》性《せい》　C 完《かん》成《せい》

2

エマと初《はじ》めて会《あ》ったときに**トッ**ていた花《はな》は薬《くすり》の材料《ざいりょう》

A 捕《と》っ　B 採《と》っ　C 執《と》っ

3

カケてもいい、リンはきっとオレのことを好《す》いている！

A 賭《か》け　B 架《か》け　C 掛《か》け

答《こた》えは255ページを見《み》てね。

暑《あつ》いー!!
火山《かざん》が火《ひ》を噴《ふ》いているので本当《ほんとう》に暑《あつ》い!!
あまりの暑《あつ》さに汗《あせ》が吹《ふ》き出《だ》してくる
リンはどうして平気《へいき》なのよー
忘《わす》れてた
ごそごそ
ひんやりポーション
これ飲《の》むと涼《すず》しくなる
ぱっ
ごくごく
ほんとだ
暑《あつ》くない!
これもおいしいよ
ほんと?
これなに?
ごくごく
しゃっくりが止《と》まらなくなるしゃっくりコーラ
でもおいしい

同訓異字

ふく
噴《ふ》く・吹《ふ》く

噴《ふ》く	吹《ふ》く
中《なか》から液体《えきたい》や気体《きたい》が勢《いきお》いよく出《で》ること。	風《かぜ》が動《うご》くこと。息《いき》を出《だ》すこと。表面《ひょうめん》に出《で》てくること。

使い分けのポイント

内側《うちがわ》から勢《いきお》いよく出《で》るときには**噴《ふ》く**を使《つか》うことが多《おお》く、それ以外《いがい》は**吹《ふ》く**を使《つか》うことが多《おお》い。

例文

- 村《むら》の広場《ひろば》に井戸《いど》を掘《ほ》っていたら、温泉《おんせん》が**噴《ふ》き**出《だ》してきた。
- びっくりしてコーヒーを**吹《ふ》き**出《だ》しそうになっちゃった。
- 「口笛《くちぶえ》を**吹《ふ》く**の上手《じょうず》だね」
- 涼《すず》しい風《かぜ》が**吹《ふ》い**てきた。

ヒック
ヒック
あ
人《ひと》が倒《たお》れてる
ヒック
助《たす》けてあげる?
ありがとう助《たす》かった!
体力《たいりょく》には自信《じしん》があったんだけどな
オレはロイ 怪鳥《かいちょう》ギルを倒《たお》しにきた
ロイ
剣士《けんし》
無理《むり》しないほうがいい
ゴゴゴゴゴ
自分自身《じぶんじしん》で決《き》めたことだやりとげる!
こいつはオレの故郷《こきょう》を襲《おそ》ったんだ
じゃあせめてこれ飲《の》んで!! 暑《あつ》さに耐《た》えられるから
すまんな
ヒック
しゃっくりコーラだった
ヒック
あ、それ…

同音異義語

じしん
自信《じしん》・自身《じしん》

同訓異字

たえる
耐《た》える・堪《た》える

自信《じしん》	自分《じぶん》の能力《のうりょく》や価値《かち》を確《たし》かだと思《おも》うこと。
自身《じしん》	自分《じぶん》のこと。

例文

- 人前《ひとまえ》で演技《えんぎ》ができる自信《じしん》がある。
- あなた自身《じしん》で確認《かくにん》してください。

耐《た》える	外《そと》から来《く》る力《ちから》や苦《くる》しみ・悲《かな》しみに負《ま》けないこと。
堪《た》える	がまんすること。それだけの値打《ねう》ちがあること。

例文

- 猛暑日《もうしょび》の暑《あつ》さに耐《た》えられない。
- 厳《きび》しい指導《しどう》に堪《た》えたからこそ、今《いま》の自分《じぶん》がある。
- この映画《えいが》は鑑賞《かんしょう》するに堪《た》える作《さく》品《ひん》だ。

同音異義語

ようい

用意《よう い》・容易《よう い》

類義語

容易《よう い》★簡単《かん たん》

すごい！暑《あつ》さを感《かん》じないぞ
この仕事《しごと》をこなすのは容易《ようい》ではないが…このふたりが一緒《いっしょ》なら…
よかったら一緒《いっしょ》に倒《たお》しに行《い》かないか？報酬《ほうしゅう》は山分《やまわ》けで
山分《やまわ》けならOK《オーケー》
これを登《のぼ》るのは無理《むり》か…
大丈夫《だいじょうぶ》
ちゃんと用意《ようい》してある
えっ？どうやって入《はい》っていたの？
スルスル
スル
しゅるるるる
これで登《のぼ》れるね

用意《ようい》	容易《ようい》
事前《じぜん》に必要《ひつよう》なものをそろえること。	何《なに》かをすることが難《むずか》しくないこと。

例文

♥来週旅行《らいしゅうりょこう》に出《で》かけるから用意《ようい》をしておこう。

♥温暖化《おんだんか》を止《と》めることは容易《ようい》ではないが、取《と》り組《く》むべきことだ。

簡単《かんたん》

手間《てま》がかかっていないこと。

例文

♥びっくり箱《ばこ》の仕組《しく》みは簡単《かんたん》だから、ぼくにもつくれそうだ。

ギャー
来《き》たな怪鳥《かいちょう》!!
お前《まえ》は絶対《ぜったい》に
この手《て》で
倒《たお》してやる!!
バサ
バサ
あ
リンちゃん!!
がしっ
しまった!!
と…飛《と》んでるよ〜
エマって好《す》きな人《ひと》いる?
それ今《いま》聞《き》くこと!?
絶体《ぜったい》絶命《ぜつめい》のピンチ!!

同音異義語

ぜったい

絶対《ぜったい》・絶体《ぜったい》

絶対《ぜったい》	他《ほか》に比《くら》べるものがないこと。どうしても。決《けっ》して。
絶体《ぜったい》	危険《きけん》や困難《こんなん》な状態《じょうたい》。

使い分けのポイント

相手《あいて》になるものがない、確実《かくじつ》であるときには絶対《ぜったい》を使《つか》う。絶体《ぜったい》は、四字熟語《よじじゅくご》「絶体絶命《ぜったいぜつめい》」でしか使《つか》われない熟語《じゅくご》。

例文

♥その国《くに》では、王《おう》が絶対《ぜったい》の権力《けんりょく》をにぎっていた。

♥「絶対《ぜったい》に間違《まちが》いない」って言《い》ったじゃないか!

♥9回裏《かいうら》ノーアウト満塁《まんるい》です。ピッチャー、絶体《ぜったい》絶命《ぜつめい》です!!

知《し》ってる？
怪鳥《かいちょう》はえものを高《たか》いところから落《お》として殺《ころ》すんだよ
え!?
パッ
キャー!!
死《し》ぬー!!
ほらね
へゃ〜
――お父《とう》さん久《ひさ》しぶり――
生《う》まれたころのわたし――
※走馬灯《そうまとう》が見《み》える――
ウインド!!
ふわっ
たすかったー!
エマの走馬灯《そうまとう》見《み》えた
かわいい…
なんで見《み》え…!?
それより…すごい臭《にお》いがする…

同訓異字

におい

臭《にお》い・匂《にお》い

同訓異字

かげ

影《かげ》・陰《かげ》

臭《にお》い	不快《ふかい》な香《かお》りのこと。
匂《にお》い	主《おも》によい香《かお》りのこと。

使い分けのポイント

くさい、気分《きぶん》が悪《わる》いと思《おも》うときには臭《にお》い、それ以外《いがい》は匂《にお》いを使《つか》う。

例文

♥ラフレシアはハエを呼《よ》び寄《よ》せるためにくさい臭《にお》いを出《だ》す。

♥犬《いぬ》が匂《にお》いをかぎ分《わ》ける能力《のうりょく》は、人間《にんげん》の数千倍《すうせんばい》といわれる。

なるほど!

「臭《しゅう》」の成《な》り立《た》ち

「臭《しゅう》」の「自」は「鼻《はな》」のこと、「大」は「犬《いぬ》」のこと。犬が鼻《はな》でにおいをかぐというところからできた漢字《かんじ》。「臭い」は「くさい」とも読《よ》み、不快《ふかい》なにおいや、よくない評判《ひょうばん》のこと。

怪鳥のえものの墓場《はかば》かな
早《はや》くここ出《で》ようよ
あれ？
いい匂《にお》いがする！
あっちみたい
わなかもしれないから慎重《しんちょう》に
岩《いわ》の陰《かげ》からのぞいてみよう
人《ひと》の影《かげ》が見《み》える…
パキッ
あっ
誰《だれ》!?
ビクッ
！
ここで何《なに》してるの？
名前《なまえ》は？
どこへ行《い》くの？
え？
え？
え？
あたしベティ…独《ひと》りぼっちなの
そうなの？じゃあ一緒《いっしょ》に行《い》かない？
いいけど…
……
ベティ

影《かげ》	陰《かげ》
光《ひかり》をさえぎったときにできる黒《くろ》い形《かたち》。何《なに》かの姿《すがた》。	光《ひかり》がさえぎられてできる暗《くら》い場所《ばしょ》。目《め》の届《とど》かない場所《ばしょ》。

使い分けのポイント

影《かげ》は形《かたち》に注目《ちゅうもく》して使《つか》うが、陰《かげ》は場《ば》所《しょ》に注目《ちゅうもく》して使《つか》う。

例文

♥前《まえ》を歩《ある》いている母《はは》の影《かげ》が長《なが》く伸《の》びている。
♥声《こえ》がしたほうを見《み》たが、影《かげ》も形《かたち》もなかった。
♥日陰《ひかげ》を好《この》む植物《しょくぶつ》もあると知《し》った。
♥「陰《かげ》でこそこそ悪口《わるぐち》を言《い》うのはかっこ悪《わる》いからやめなよ」

※走馬灯《そうまとう》とは、過去《かこ》のできごとが次《つぎ》つぎに思《おも》い出《だ》されること。

怪鳥《かいちょう》に捕《つか》まって移動《いどう》したから
王都《おうと》まであと少《すこ》しだよ
気《き》を引《ひ》き締《し》めていこう
ん？雨《あめ》だ
小屋《こや》がある!!
ザー
入《はい》ろう
早《はや》く早《はや》く
ギギィ…
ドアちゃんと閉《し》めてね
む…
ザー
グー…
おなかすいちゃった
あはは
モモのビン詰《づめ》あるよこれを開《あ》けよう
ちょっとリン取《と》りすぎ!!
ザー
その晩《ばん》は小屋《こや》で過《す》ごしました

同訓異字

しめる

閉《し》める・締《し》める・絞《し》める

閉《し》める	開《ひら》いていたものをとじる。終《お》わりにする。
締《し》める	ゆるみがないようにすること。区切《くぎ》りをつけること。
絞《し》める	首《くび》の回《まわ》りを圧迫《あっぱく》すること。

例文

- 浴衣《ゆかた》の帯《おび》の締《し》め方《かた》を教《おし》えてもらった。
- チーム全体《ぜんたい》で気《き》を引《ひ》き締《し》めて、試合《しあい》の後半《こうはん》もがんばろう。
- 「今日《きょう》のパーティー、そろそろ締《し》めようと思《おも》うんだけど」
- えりの部分《ぶぶん》がきつくて、首《くび》を絞《し》められているように感《かん》じる。

ここが王都《おうと》ね
止《と》まれ
何《なに》かあったんですか？
こういうウサギ族《ぞく》の子《こ》ども見《み》なかったか？
これって…
そ　そんな子《こ》見《み》たことないわ…!!
そうか行《い》っていいよ
うん
今夜《こんや》泊《と》まるところ探《さが》さないと

同訓異字

とまる

止《と》まる・泊《と》まる・停*《と》まる・留《と》まる

止《と》まる	動《うご》きがなくなる。続《つづ》いていたものが終《お》わる。
泊《と》まる	自分《じぶん》の家以外《いえいがい》の場所《ばしょ》で夜《よる》を過《す》ごす。船《ふね》がいかりを下《お》ろして休《やす》む。
停《と》まる	乗《の》り物《もの》が動《うご》かなくなること。
留《と》まる	動《うご》かないように固定《こてい》される。心《こころ》に残《のこ》る。

例文

- 連勝《れんしょう》が止《と》まってくやしい。
- 小《ちい》さな船《ふね》が港《みなと》に泊《と》まっている。
- タクシーが家《いえ》の前《まえ》で停《と》まった。
- 「そでのボタンがうまく留《と》まらないんだ」
- 店頭《てんとう》のカラフルな服《ふく》に目《め》が留《と》まった。

冒険者《ぼうけんしゃ》たちの日常《にちじょう》

垂直《すいちょく》に立《た》てた柱《はしら》の上《うえ》に
板《いた》を水平《すいへい》にならべていくのが大切《たいせつ》なんじゃ

対義語

垂直《すいちょく》

地面《じめん》に対《たい》して直角《ちょっかく》なこと。

水平《すいへい》

地面《じめん》に対《たい》して平行《へいこう》なこと。

積極的《せっきょくてき》に仕事《しごと》をするとランクも上《あ》がるしお金《かね》もたまるぞ

対義語

積極《せっきょく》

自分《じぶん》から進《すす》んで行《おこな》う様子《ようす》。

消極《しょうきょく》

自分《じぶん》からは進《すす》んで行《おこな》わない様子《ようす》。

エマはいつも楽観《らっかん》しすぎるところがよくない
でも悲観《ひかん》してばかりでも仕方《しかた》ないじゃない

対義語

楽観《らっかん》

この先《さき》うまくいくと考《かんが》えて心配《しんぱい》しないこと。

悲観《ひかん》

自分《じぶん》が思《おも》うようにならず、悲《かな》しむこと。

朗報《ろうほう》だ!! この先《さき》に薬草《やくそう》の群生地《ぐんせいち》があるそうだ
どれくらいかたまっているんだろうね

対義語

朗報《ろうほう》

よいことがあるだろうという知《し》らせ。

悲報《ひほう》

悲《かな》しい知《し》らせ。

前《まえ》に失敗《しっぱい》したお仕事《しごと》だけど
今度《こんど》は成功《せいこう》させたいな
えらい

対義語

成功《せいこう》

計画《けいかく》したことが思《おも》い通《どお》りにいくこと。

失敗《しっぱい》

うまくできないこと。

永遠《えいえん》に会《あ》えないかと思《おも》った
まさか!

対義語

永遠《えいえん》

はてしなく続《つづ》くこと。

瞬間《しゅんかん》

非常《ひじょう》に短《みじか》い間《あいだ》のこと。

王都《おうと》のギルド
町《まち》のギルドからです
ご苦労《くろう》さまでした これが報酬《ほうしゅう》です
王都《おうと》の人口《じんこう》は10万人《まんにん》 多《おお》くの種族《しゅぞく》が暮《く》らしている
たくさんもらったから豪華《ごうか》な宿《やど》に泊《と》まる？
むだ遣《づか》いはよくない
じゃあ…街《まち》を見《み》てから考《かん》えよう
うん
勇者様《ゆうしゃさま》一行《いっこう》の像《ぞう》
この人《ひと》たちのおかげで
……

同訓異字

まわり

回《まわ》り・周《まわ》り

同音異義語

じんこう

人口《じんこう》・人工《じんこう》

回《まわ》り	自分《じぶん》の周囲《しゅうい》。回《まわ》ること。
周《まわ》り	そのあたり。

使い分けのポイント

自分《じぶん》を中心《ちゅうしん》とした狭《せま》い範囲《はんい》のことには回《まわ》り、より広《ひろ》い範囲《はんい》のことには周《まわ》りを使《つか》う。

例文

♥ヘルパーさんが祖母《そぼ》の身《み》の回《まわ》りの世話《せわ》をしてくれている。

♥扇風機《せんぷうき》の羽《はね》の回《まわ》りがよくないので修理《しゅうり》に出《で》そう。

♥キャンプ場《じょう》の周《まわ》りには多《おお》くの自然《しぜん》が残《のこ》っている。

人工《じんこう》の湖《みずうみ》があり
大小《だいしょう》の船《ふね》が
行《い》き交《か》っている
わーい さすが 王都《おうと》!!
100年前《ねんまえ》には こんな湖《みずうみ》 なかった…
湖《みずうみ》の周《まわ》りに お店《みせ》や宿《やど》が あるんだね
時計回《とけいまわ》りに 見《み》てみようか
さっきの手配書 なんだったんだろ…
……
ベティ… 具合悪《ぐあいわる》い? 休《やす》もうか?
ううん 大丈夫《だいじょうぶ》
アイスクリーム 食《た》べれば 元気《げんき》が出《で》る

人口《じんこう》	その地域《ちいき》に住《す》む人《ひと》の数《かず》。世間《せけん》のうわさ。
人工《じんこう》	自然《しぜん》の物《もの》に人《ひと》の手《て》を加《くわ》えること。

使い分けのポイント

人口《じんこう》には人《ひと》の数《かず》という意味《いみ》のほかに、世間《せけん》のうわさという意味《いみ》もある。人工《じんこう》は人《ひと》の手《て》を加《くわ》えること。

例文

♥日本《にほん》の人口《じんこう》は少《すこ》しずつ減《へ》っていくと予測《よそく》されている。

♥人工衛星《じんこうえいせい》の打《う》ち上《あ》げを見《み》たい。

なるほど!

人口《じんこう》に膾炙《かいしゃ》する

世間《せけん》に広《ひろ》く知《し》れ渡《わた》る、人《ひと》のうわさに上《のぼ》る、という意味《いみ》の言葉《ことば》。膾《なます》や炙《あぶりにく》は誰《だれ》でもおいしく感《かん》じられるということが由来《ゆらい》。「彼女《かのじょ》は人口《じんこう》に膾炙《かいしゃ》するような賞《しょう》を取《と》った」のように使《つか》う。

さいかい

再会《さい》《かい》・再開《さい》《かい》

街《まち》を歩《ある》いていたらロイと再会《さいかい》した
あっ！お前《まえ》たち生《い》きていたのか!!
ロイ！も～大変《たいへん》だったんだよ～
だろうな…
その子《こ》は？
ベティよ ひとりで山《やま》にいたけど今《いま》は一緒《いっしょ》に旅《たび》をしているの
さあ 食《た》べ歩《ある》き再開《さいかい》よ！
ロイも一緒《いっしょ》に！
ビュ
ぴょこん
あ！ぼうし…
おい！その子《こ》逃《に》げ出《だ》した魔王《まおう》の娘《むすめ》じゃないか!!
え？
やっぱり

再会《さいかい》	再開《さいかい》
しばらく会《あ》わなかった人《ひと》にまた会《あ》うこと。	中断《ちゅうだん》していた物事《ものごと》が、もう一度《いちど》始《はじ》まること。

例文

- 友人《ゆうじん》と、4年《ねん》ぶりの**再会**《さいかい》を喜《よろこ》び合《あ》った。
- 雨《あめ》のために中断《ちゅうだん》していた運動会《うんどうかい》が2時間後《じかんご》に**再開**《さいかい》された。

まだまだあるよ！同訓異字《どうくんいじ》

【とも】

友《とも》…仲《なか》のよい人《ひと》。好《この》んで親《した》しんでいるもの。
供《とも》…主人《しゅじん》につき従《したが》う人《ひと》。

- 彼《かれ》は心《こころ》から頼《たよ》りにしている**友**《とも》のひとりだ。
- 音楽《おんがく》を**友**《とも》としている祖父《そふ》がうらやましい。
- 桃太郎《ももたろう》のお**供**《とも》はイヌとサルとキジの3匹《びき》だ。

対義語

興奮《こうふん》 ↕ 冷静《れいせい》

宿屋《やどや》
あたしが魔王《まおう》の娘《むすめ》なのは本当《ほんとう》…
お父《とう》さんが討《う》たれた後《あと》ずっと閉《と》じこめられていて…
でも仲《なか》よくなった番兵《ばんぺい》さんが逃《に》がしてくれて
だから独《ひと》りで旅《たび》してたの
ロイは興奮《こうふん》して言《い》った
まずいよ！衛兵《えいへい》に知《し》らせないとだめだって!!
そんなことできないよ…
ロイは冷静《れいせい》になるべき
エマたちはいい人《ひと》だから
一緒《いっしょ》にいると迷惑《めいわく》をかけちゃう…
お父《とう》さんが魔王《まおう》だってベティには関係《かんけい》ない!!
居場所《いばしょ》がないなら私《わたし》たちとずっと旅《たび》を続《つづ》ければいい

興奮《こうふん》	気持《きも》ちが高《たか》ぶること。
冷静《れいせい》	落《お》ち着《つ》いていること。

例文

♥「そんなに興奮《こうふん》するなよ、ちょっと落《お》ちつけって」

♥緊迫《きんぱく》した試合中《しあいちゅう》こそ、冷静《れいせい》な判《はん》断《だん》が求《もと》められる。

まだまだあるよ！ 同訓異字《どうくんいじ》

【ふるう】

奮《ふる》う……力《ちから》が発揮《はっき》されて、勢《いきお》いづくこと。

振《ふ》るう…力《ちから》や能力《のうりょく》を発揮《はっき》すること。

♥勇気《ゆうき》を奮《ふる》って彼女《かのじょ》に告白《こくはく》した。

♥台風《たいふう》が猛威《もうい》を振《ふ》るい、大《おお》きな被害《ひがい》が出《で》た。

対義語

危険《きけん》⇔安全《あんぜん》

あー…
わかったよ
オレも行《い》く
ロイ…!!
いいの?
お前《まえ》たち3人《にん》だけじゃ危険《きけん》だ
わたしたちがいるから大丈夫《だいじょうぶ》
モンスターも出《で》るしきっと逃《に》げ切《き》れん
ベティが安全《あんぜん》にすごせる場所《ばしょ》を探《さが》そう
あせらずいこうな
みんな…
ありがとう

危険《きけん》	安全《あんぜん》
危《あぶ》ないことや害《がい》がありそうなこと。	危《あぶ》ないことや害《がい》がないこと。安心《あんしん》して過《す》ごせること。

例文

♥スタントマンは危険《きけん》を承知《しょうち》で出演《しゅつえん》している。

♥「少《すこ》し遠回《とおまわ》りだけど、こっちの道《みち》のほうが安全《あんぜん》なんだ」

なるほど!

「安全《あんぜん》」と「安心《あんしん》」

「安全《あんぜん》」は物理的《ぶつりてき》に落《お》ちついている状態《じょうたい》、「安心《あんしん》(▼218)」は精神面《せいしんめん》で落《お》ちついている状態《じょうたい》という違《ちが》いがあるよ。

同訓異字

きる

切《き》る・斬《き》る

こうして今《いま》も
わたしたちは旅《たび》を続《つづ》けている
モンスターと戦《たたか》うときは
まずロイが剣《けん》で斬《き》りつけて
それからエマが弓矢《ゆみや》で攻撃《こうげき》
リンが魔法《まほう》でとどめをさす…
あたしは?
ベティはそばにいてくれればいいよ
いつかきっとたどり着《つ》く
指《ゆび》切《き》っちゃった
リンなおして～
大丈夫《だいじょうぶ》か?
はいはい
素敵《すてき》な場所《ばしょ》を探《さが》して——

切《き》る	斬《き》る
刃物《はもの》で物《もの》を断《た》つ。物事《ものごと》のつながりを断《た》つ。何《なに》かをやめる。	刀《かたな》などの刃物《はもの》を使《つか》って何《なに》かを断《た》つこと。

使い分けのポイント

切《き》るは、道具《どうぐ》を使《つか》って大《おお》きなものを小《ちい》さくしたり、つながりを断《た》ったりすることに広《ひろ》く使《つか》われる。切《き》るという行為《こうい》のうち、刀《かたな》や剣《けん》で切《き》ることを**斬《き》る**と書《か》く。

例文

- 画用紙《がようし》をはさみで**切《き》っ**て、カードをつくる。
- 「話《はなし》の途中《とちゅう》で電話《でんわ》を**切《き》る**なんてひどいや」
- トランプをよく**切《き》っ**てから配《くば》る。
- 時代劇《じだいげき》には侍《さむらい》が悪人《あくにん》を**斬《き》る**シーンがある。

まだまだあるよ！ 類《るい》義《ぎ》語《ご》

短所《たんしょ》	よくない部分《ぶぶん》。
欠点《けってん》	特《とく》に物《もの》や構造《こうぞう》のよくない部分《ぶぶん》。
弱点《じゃくてん》	そこを突《つ》かれると困《こま》る部分《ぶぶん》。

例文

♥自分《じぶん》の短所《たんしょ》は怒《おこ》りっぽいところ。

♥新《あたら》しいスマホは非常《ひじょう》に性能《せいのう》がいいが、高価《こうか》なことが欠点《けってん》だ。

♥相手《あいて》チームの弱点《じゃくてん》を研究《けんきゅう》しよう。

適当《てきとう》	条件《じょうけん》や目的《もくてき》に合《あ》っていること。ほどよいこと。いいかげん。
適切《てきせつ》	状況《じょうきょう》や目的《もくてき》に合《あ》っていること。ふさわしいこと。

例文

♥父《ちち》は仕事《しごと》でショッピングモール建《けん》設《せつ》に適当《てきとう》な土地《とち》を探《さが》している。

♥塩《しお》とコショウを適当《てきとう》に加《くわ》えるとおいしくなるよ。

♥めんどうだから適当《てきとう》な返事《へんじ》をしてごまかしておこう。

♥今考《いまかんが》えると、あのときの判断《はんだん》は適《てき》切《せつ》だったといえる。

特色《とくしょく》	他《ほか》と比《くら》べて異《こと》なる点《てん》や優《すぐ》れている点《てん》。
特長《とくちょう》	他《ほか》と比《くら》べて特《とく》に優《すぐ》れている点《てん》。

例文

♥いくつかの高校《こうこう》の特色《とくしょく》を比《くら》べて、行《い》きたい高校《こうこう》を選《えら》んだ。

♥新《あたら》しい靴《くつ》の特長《とくちょう》は、防水性《ぼうすいせい》に優《すぐ》れているところだ。

非難《ひなん》	相手《あいて》の欠点《けってん》や間違《まちが》いを責《せ》め立《た》てること。
批判《ひはん》	物事《ものごと》をよく調《しら》べたり考《かんが》えたりして良《よ》し悪《あ》しを判断《はんだん》すること。

例文

♥失敗《しっぱい》に対《たい》して必要以上《ひつよういじょう》の非難《ひなん》をされて泣《な》きたくなった。

♥彼《かれ》は記録《きろく》に挑戦《ちょうせん》しないことを批判《ひはん》されたが、何《なに》か理由《りゆう》があるようだ。

命中《めいちゅう》	ねらったところに当《あ》たること。
的中《てきちゅう》	ねらったところや予想《よそう》したことが当《あ》たること。

例文

♥投《な》げた石《いし》が向《む》こうの岩《いわ》に命中《めいちゅう》した。

♥嫌《いや》な予感《よかん》が的中《てきちゅう》した。

♥刑事《けいじ》ドラマの犯人《はんにん》の予想《よそう》が的中《てきちゅう》することはよくある。

まだまだあるよ！

対義語《たいぎご》

移動《いどう》	他《ほか》の場所《ばしょ》へ動《うご》くこと。
固定《こてい》	一定《いってい》の位置《いち》から動《うご》かさない、動《うご》かないこと。一定《いってい》して変化《へんか》しないこと。

例文
- 絵《え》の具《ぐ》を持《も》って図工室《ずこうしつ》に移動《いどう》する。
- 木材《もくざい》をくぎで固定《こてい》する。
- あのお店《みせ》には固定《こてい》のお客《きゃく》さんがついている。

運動《うんどう》	体《からだ》を動《うご》かしてきたえること。目的《もくてき》のために活動《かつどう》すること。物《もの》が動《うご》くこと。
静止《せいし》	止《と》まって動《うご》かないこと。

例文
- 休日《きゅうじつ》は父《ちち》の運動《うんどう》につき合《あ》っている。
- 生徒会選挙《せいとかいせんきょ》の運動《うんどう》が始《はじ》まった。
- 博物館《はくぶつかん》で振《ふ》り子《こ》の運動《うんどう》を観察《かんさつ》する。
- 鳥《とり》のハシビロコウがえものをねらってずっと静止《せいし》している。

感情《かんじょう》	刺激《しげき》を受《う》けて起《お》こる気持《きも》ち。
理性《りせい》	正《ただ》しい理由《りゆう》によって物事《ものごと》を判断《はんだん》する力《ちから》。また、善悪《ぜんあく》などを正《ただ》しく判断《はんだん》し、自分《じぶん》に道徳《どうとく》や義務《ぎむ》の意識《いしき》をあたえること。

例文
- 小《ちい》さいころのように感情《かんじょう》をむき出《だ》しにすることはなくなった。
- 科学技術《かがくぎじゅつ》は人間《にんげん》の理性《りせい》によって生《う》み出《だ》されたものだ。
- 彼《かれ》は怒《いか》りのあまり、理性《りせい》を失《うしな》ってしまったように見《み》えた。

客観《きゃっかん》	第三者《だいさんしゃ》の立場《たちば》になって物事《ものごと》を考《かんが》える見方《みかた》。
主観《しゅかん》	その人《ひと》ひとりのものの見方《みかた》。

例文
- 自分《じぶん》の行動《こうどう》を客観的《きゃっかんてき》に見《み》ることも大切《たいせつ》だよ。
- まずはあなたの主観《しゅかん》でこの作品《さくひん》を見《み》てほしい。

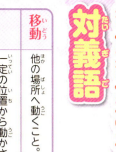

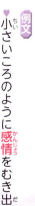

形式《けいしき》	外側《そとがわ》から見《み》た形《かたち》。手続《てつづ》きやルール。
実質《じっしつ》	物事《ものごと》にあらかじめ備《そな》わっている内容《ないよう》や性質《せいしつ》。
内容《ないよう》	中身《なかみ》のこと。

例文

♥クイズの出題《しゅつだい》形式《けいしき》はさまざまだ。
♥結婚式《けっこんしき》は形式《けいしき》にのっとっておごそかに行《おこな》われた。
♥値段《ねだん》はそのままでも中身《なかみ》の量《りょう》が少《すく》なければ実質《じっしつ》値上《ねあ》げなのではないか。
♥この文章《ぶんしょう》は内容《ないよう》がとぼしくておもしろくない。

権利《けんり》	ある物事《ものごと》を自分《じぶん》の意志《いし》でしてもよい、またはしなくてもよい状態《じょうたい》にあること。
義務《ぎむ》	それぞれの立場《たちば》に応《おう》じて守《まも》らなければいけないこと。

例文

♥18歳《さい》になると、選挙《せんきょ》で投票《とうひょう》する権利《けんり》があたえられる。
♥すべての国民《こくみん》は税金《ぜいきん》を納《おさ》める義務《ぎむ》がある。

なるほど!

権利《けんり》と義務《ぎむ》
権利《けんり》は放棄《ほうき》する(投《な》げ出《だ》す)ことができるけれど、義務《ぎむ》は放棄《ほうき》できないよ。

公用《こうよう》	国《くに》や会社《かいしゃ》などの公《おおやけ》の用事《ようじ》。
私用《しよう》	個人的《こじんてき》な用事《ようじ》。

例文

♥「公用《こうよう》で出張《しゅっちょう》するんだから遊《あそ》んでいるひまはないよ」
♥「その日《ひ》は私用《しよう》があるので話《はな》し合《あ》いに参加《さんか》できません」

自然《しぜん》・天然《てんねん》	手《て》を加《くわ》えていない、ありのままの様子《ようす》。
人工《じんこう》	人《ひと》の手《て》を加《くわ》えること。

例文

♥雄大《ゆうだい》な自然《しぜん》を見《み》ながら温泉《おんせん》に入《はい》る。
♥洞窟《どうくつ》の中《なか》には天然《てんねん》の氷《こおり》があった。
♥そのサッカー場《じょう》には人工《じんこう》の芝《しば》が敷《し》かれている。

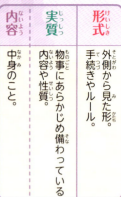

質疑《しつぎ》	会議《かいぎ》などで、わからないことや疑問《ぎもん》に思《おも》っていることについて説明《せつめい》を求《もと》めること。
応答《おうとう》	問《と》いかけに応《こた》えること。

例文

♥大臣《だいじん》は記者《きしゃ》からの**質疑《しつぎ》**に応《おう》じた。

♥インターホンを鳴《な》らしたが**応答《おうとう》**がなかった。

質問《しつもん》	わからないことや疑問《ぎもん》に思《おも》っていることを問《と》うこと。
回答《かいとう》	質問《しつもん》に対《たい》する返事《へんじ》のこと。

例文

♥「先生《せんせい》、**質問《しつもん》**があります!」

♥アンケート調査《ちょうさ》に**回答《かいとう》**したら粗品《そしな》をもらった。

重視《じゅうし》	相手《あいて》や物事《ものごと》を重要《じゅうよう》なものとして捉《とら》えること。
軽視《けいし》	相手《あいて》や物事《ものごと》を大《たい》したものではないと思《おも》うこと。

例文

♥彼《かれ》は学校生活《がっこうせいかつ》で給食《きゅうしょく》を最《もっと》も**重視《じゅうし》**している。

♥人《ひと》の命《いのち》を**軽視《けいし》**するなんてありえないことだ。

需要《じゅよう》	必要《ひつよう》なものを求《もと》めること。
供給《きょうきゅう》	求《もと》められたものをあたえること。

例文

♥夏《なつ》はエアコンの**需要《じゅよう》**が高《たか》まる。

♥大雨《おおあめ》による被害《ひがい》が原因《げんいん》で、野菜《やさい》の**供給《きょうきゅう》**が少《すく》なくなった。

生産《せいさん》	生活《せいかつ》に必要《ひつよう》な物《もの》をつくること。
消費《しょうひ》	お金《かね》や物《もの》、サービスなどを使《つか》ってなくすこと。

例文

♥この工場《こうじょう》では飛行機《ひこうき》の部品《ぶひん》を**生産《せいさん》**している。

♥このパソコンは電力《でんりょく》の**消費《しょうひ》**が激《はげ》しい。もう古《ふる》いからなあ。

促進《そくしん》	物事《ものごと》が早《はや》くはかどるように促《うなが》すこと。
抑制《よくせい》	勢《いきお》いを抑《おさ》えること。

例文

♥バラの成長《せいちょう》を**促進《そくしん》**させるために栄養剤《えいようざい》を使《つか》った。

♥「お小遣《こづか》いの残《のこ》りが少《すく》ないから、買《か》い物《もの》をしたい気持《きも》ちを**抑制《よくせい》**しないといけないね」

もうひとオシ! 「質疑応答《しつぎおうとう》」は、会議《かいぎ》などで行《おこな》われる質問《しつもん》とそれに対《たい》する答《こた》えのこと。

漢字《かんじ》使《つか》い分《わ》け おさらいクイズ

シーンに合《あ》った「漢字《かんじ》の使《つか》い分《わ》け」は、AとBのどっち？

1

A

『スパスパ』のフィギュア!!
発売日《はつばいび》が延《の》びててなかなか買《か》えなかったんですけど

B

『スパスパ』のフィギュア!!
発売日《はつばいび》が伸《の》びててなかなか買《か》えなかったんですけど

2

A

すごい完成《かんせい》だな
ヒーローショーだって

B

すごい歓声《かんせい》だな
ヒーローショーだって

3

A

ユリさんの彼氏《かれし》見《み》たいっス!!
映《うつ》ってる写真《しゃしん》とかないっスか!?
ひょこっ!

B

ユリさんの彼氏《かれし》見《み》たいっス!!
写《うつ》ってる写真《しゃしん》とかないっスか!?
ひょこっ!

答《こた》えは255ページを見《み》てね。

答《こた》え　この本《ほん》に出《で》てきたクイズの答《こた》え

79ページ

見当《けんとう》（▶67ページ）

連絡《れんらく》

文化祭前日《ぶんかさいぜんじつ》の日直《にっちょく》って何《なに》か意味《いみ》があるのでしょうか。
何《なに》を書《か》けばいいのか検討《けんとう》もつきません。
そんなことより戦国武将《せんごくぶしょう》字典《じてん》でも読《よ》んでいたいです。

事典《じてん》（▶65ページ）

32ページ

1

「青執事《あおしつじ》」のイベントに行《い》ったらドウシがたくさんいたよ

アニメ好《ず》きドウシ、仲《なか》よくしたいな！

同士《どうし》
同志《どうし》
（▶26ページ）

2

学習習慣《がくしゅうしゅうかん》をカクリツしたいとは思《おも》っているよ？

カオリくんが成功《せいこう》するカクリツは低《ひく》いな…

確立《かくりつ》
確率《かくりつ》
（▶22ページ）

3

身体測定《しんたいそくてい》でイガイと体重《たいじゅう》が増《ふ》えてましたの…

豆腐《とうふ》イガイ食《た》べなきゃいいんじゃね？

以外《いがい》
意外《いがい》
（▶28ページ）

89ページ

❶ 答《こた》え B 返《かえ》ら

「覆水盆《ふくすいぼん》に返《かえ》らず」

意味《いみ》　一度《いちど》した失敗《しっぱい》は取《と》り返《かえ》しがつかないこと。

❷ 答《こた》え A 利《き》く

「顔《かお》が利《き》く」

意味《いみ》　名《な》が知《し》られていて信用《しんよう》があるため特別扱《とくべつあつか》いしてもらえること。

❸ 答《こた》え A 乗《の》せ

「口車《くちぐるま》に乗《の》る」

意味《いみ》　うまい言葉《ことば》でいいくるめられること。

42ページ

替《か》（▶39ページ）

ねぇお嬢《じょう》、こんどいっしょに
スマホ新《あたら》しいのに買《か》えない？
あとさー、数学《すうがく》で言《い》ってた
線大将《せんたいしょう》ってなんだっけ？
教《おし》えてオネガイ!!
ヨシノ♥

対称《たいしょう》（▶38ページ）

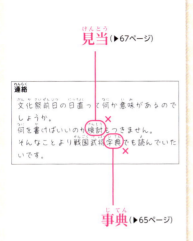

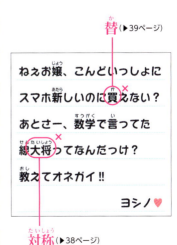

147ページ

❶ 答《こた》え Ⓒ 公演《こうえん》

（▶126ページ）

❷ 答《こた》え Ⓐ 測《はか》っ

（▶118ページ）

❸ 答《こた》え Ⓑ 硬《かた》い

（▶141ページ）

157ページ

❶ 答《こた》え Ⓐ 下《もと》

「灯台下暗《とうだいもとくら》し」

意味《いみ》　人《ひと》は身近《みぢか》なことほど、かえって気《き》づきにくいものだということ。

❷ 答《こた》え Ⓑ 厚《あつ》い

「面《つら》の皮《かわ》が厚《あつ》い」

意味《いみ》　ずうずうしい。あつかましい。

❸ 答《こた》え Ⓐ 打《う》つ

「あいづちを打《う》つ」

意味《いみ》　相手《あいて》の話《はなし》に合《あ》わせて、うなずいたり言葉《ことば》を返《かえ》したりすること。

109ページ

❶ 答《こた》え Ⓑ 継《つ》ぐ

（▶47ページ）

※「接《つ》ぐ」は、何《なに》かと何《なに》かを繋《つな》げること。

❷ 答《こた》え Ⓐ 効《き》き

（▶37ページ）

❸ 答《こた》え Ⓒ 後《あと》

（▶82ページ）

121ページ

買《か》（▶113ページ）

お姉《ねえ》ちゃん観察日記《かんさつにっき》★

○月《がつ》×日《にち》

お姉《ねえ》ちゃんの部屋《へや》に行《い》った。まだ

新《あたら》しいソファは飼ってていなかった。

安外《あんがい》気《き》に入《い》ってるんじゃないのかな。

それにしても毎日《まいにち》バイトばっかり

してて、ちゃんと勉強《べんきょう》してるのかな。

そうだ！　今度《こんど》あたしの宿題《しゅくだい》、替《か》わりに

やらせちゃお！

案外《あんがい》（▶28ページ）　代《か》（▶39ページ）

223ページ

鳴《な》（▶185ページ）

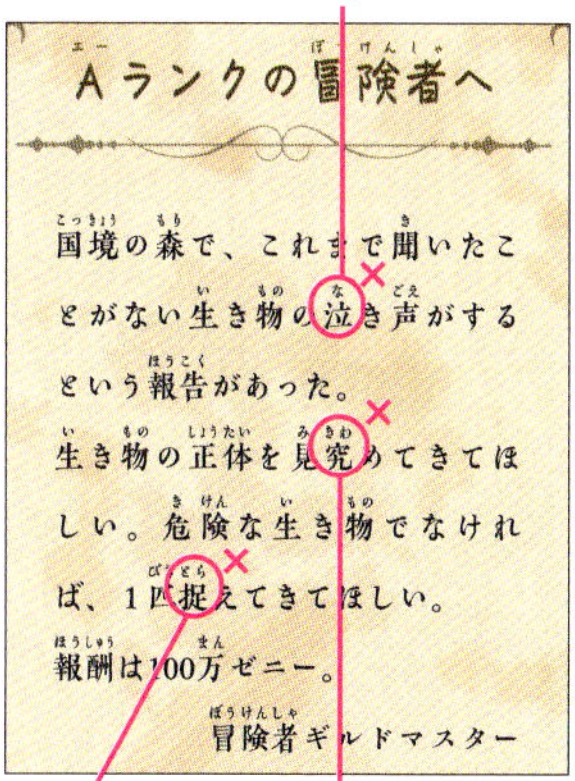

Aランク《エー》の冒険者《ぼうけんしゃ》へ

国境《こっきょう》の森《もり》で、これまで聞《き》いたことがない生《い》き物《もの》の泣《な》き声《ごえ》がするという報告《ほうこく》があった。

生《い》き物《もの》の正体《しょうたい》を見究《みきわ》めてきてほしい。危険《きけん》な生《い》き物《もの》でなければ、1匹《ぴき》捉《とら》えてきてほしい。

報酬《ほうしゅう》は100万《まん》ゼニー。

冒険者《ぼうけんしゃ》ギルドマスター

捕《とら》（▶57ページ）

極《きわ》（▶56ページ）

171ページ

熱《あつ》（▶148ページ）

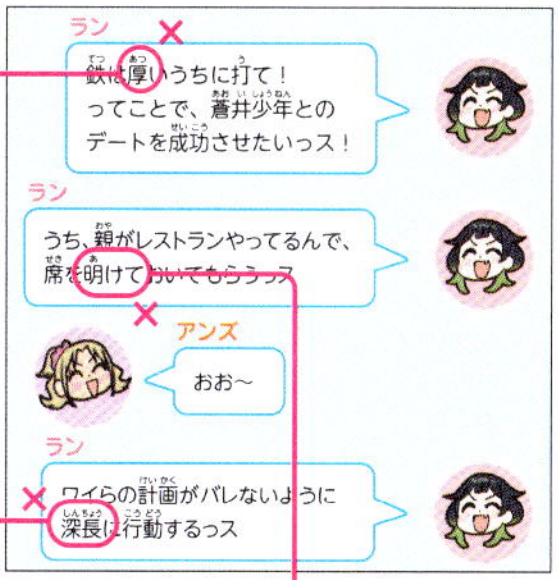
ラン
鉄《てつ》は厚《あつ》いうちに打《う》て！
ってことで、蒼井少年《あおいしょうねん》との
デートを成功《せいこう》させたいっス！
ラン
うち、親《おや》がレストランやってるんで、
席《せき》を明《あ》けておいてもらうっス
アンズ
おお〜
ラン
ワイらの計画《けいかく》がバレないように
深長《しんちょう》に行動《こうどう》するっス

慎重《しんちょう》（▶101ページ）　空《あ》けて（▶164ページ）

「鉄《てつ》は熱《あつ》いうちに打《う》て」

意味《いみ》　関係者《かんけいしゃ》の熱意《ねつい》があるうちに物事《ものごと》を運《はこ》んだほうがよいこと。精神《せいしん》が柔軟《じゅうなん》な若《わか》いうちにきたえたほうがよいこと。

231ページ

❶ 答《こた》え　A　歓声《かんせい》（▶183ページ）

❷ 答《こた》え　B　採《と》っ（▶227ページ）

❸ 答《こた》え　A　賭《か》け（▶228ページ）

191ページ

❶ 答《こた》え　B　上《あ》げる（▶168ページ）

❷ 答《こた》え　C　立《た》っ（▶178ページ）

❸ 答《こた》え　C　付《つ》いちゃっ（▶132ページ）

252ページ

❶ 答《こた》え　A（▶54ページ）

❷ 答《こた》え　B（▶183ページ）

❸ 答《こた》え　B（▶146ページ）

監修　深谷圭助(ふかや　けいすけ)

1965年愛知県生まれ。立命館小学校校長、ロンドン大学東洋アフリカ研究学院客員研究員を経て現在、中部大学現代教育学部教授、NPO法人こども・ことば研究所理事長。子どもが自ら学ぶ力をつけるための国語辞典、漢字辞典、英語辞典を活用した「辞書引き学習法」の開発、提唱をしている。

デザイン・DTP　ダイアートプランニング(石坂光里、髙島光子、松林環美)
イラスト・マンガ　1章　いちこ
2章　宮奈ちか
3章　はなこ
4章　空豆とむ
5章　光星影月
6章　星茨まと
イラスト制作協力　MAKO.、宮村奈穂
執筆協力　タカクボジュン
校閲　青木一平
校正　村井みちよ
編集協力　株式会社KANADEL
企画・編集　成美堂出版編集部(原田洋介・芳賀篤史)

※見出しにある言葉の中には、ストーリーの都合上マンガに登場できていないものもあります。

漢字使い分け大百科

監　修　深谷圭助《ふかやけいすけ》
発行者　深見公子
発行所　成美堂出版
〒162-8445　東京都新宿区新小川町1-7
電話(03)5206-8151 FAX(03)5206-8159
印　刷　広研印刷株式会社

ISBN978-4-415-33503-2
落丁·乱丁などの不良本はお取り替えします
定価はカバーに表示してあります